激情与财富

休谟的人性科学与其政治经济学

启真馆 出品

启 蒙 运 动 研 究

激情与财富

休谟的人性科学与其政治经济学

张正萍 著

ZHEJIANG UNIVERSITY PRESS
浙江大学出版社

本书承蒙浙江大学董氏文史哲研究奖励基金资助出版

推荐序（一）

休谟在其一生的学术生涯中将建立他所说的人性科学视为己任。人性科学根本上说是要通过探究人性中的某些根本原则及其相互作用来说明和理解人类生活的各个主要方面，其中不仅包括人与自然的认知关系和价值关系，也包括人类的各种社会活动得以确立的原因和运行机制，并在此基础上探究人类社会的兴衰变迁和人类历史的演化。我们今天所说的政治经济学（或者18世纪所说的"立法者科学"）是休谟所设想的人性科学的一个本质部分。休谟对政治经济学的探究在古典政治经济学的发展中占据了一个极其重要的地位，他的有关思想对这门科学的历史发展产生了重大影响。然而，与休谟在自己的一生中作为历史学家已经取得的声誉以及他在去世之后到目前位置在哲学中所占据的显赫地位相比，他在政治经济学方面的思想尚未获得应有的地位和关注。就像休谟在其他方面的思考一样，他对政治经济学和有关经济制度在人类生活和好的人类生活中的地位和作用的思考也是建立在他自己对人性的全面理解和深入研究的基础上，因此就具有了一种不可多得的优势——试图按照人性中的某些根本原则例如激情和利益来思考经济生活的动机和经济制度运转的机制，并将之与人类生活的其他方面联系起来。这样，与当代一些经济理论相比，休谟的政治经济学显然具有无可取代的思想深度，能够为探究和处理当代经济生活中出现的某些核心问题提供有力的启示和洞见，并有助于我们深入理解经济在人类生活中的恰当目的。

国外对休谟的政治经济学的研究可以说才刚刚起步，而在国内，仅有少数学者与休谟的社会 - 政治哲学相联系论述了他的政治经济学的某些思想。张正萍博士的这部论著不仅试图从思想史和解释学的角度来系统探究休谟的政治经济学，而且也把休谟的有关思想置于多学科和跨学科研究的视野中，因此很好地再现了休谟本人对政治经济学的思考及其目的。我相信这部著作不仅有助于填补国内休谟研究的一个空白，也为探究规范经济理论和经济思想史提供了一条必要的思路。这部著作思路清晰、资料详实、语言平实，是一部不错的学术著作。综上考虑，我特别推荐这部著作的出版。

徐向东

推荐序（二）

自苏格兰启蒙运动以来，英国的政治经济学就深深地扎根于人性科学的基础上，而从未作为一门依据简单的利益原理加以证成的科学存在。在商业社会中，人们的经济活动是由人性中的同情机制及其形成的认知过程而不断展开的，同亚当·斯密一样，大卫·休谟乃是这种由激情到财富、由印象到认知、由商业到政治而完整展开的集大成式的学说系统。本书的论述视角，紧紧扣合着休谟的此种大格局，结合了休谟几乎所有的重要文献以及较为全面的晚近研究成果，由激情的传导机制，即同情的原初哲学问题出发，疏证和解析了激情与利益、财富与利益两个重要论题，全面论述了休谟视野中人性内在的心理秩序以及社会秩序、商业秩序，乃至因由德性构建基础上的市场和政治秩序的完整构架，呈现出现代社会形成初期人性以及整体社会秩序之构建的理想格局，对于深入理解英国乃至西方现代世界图景具有深刻的理论意义，亦对于理解政治经济学的人性以及文明形态之前提，拓展这一学科的元问题之初始设定和社会关切，也都具有反思性的现实意义。就此而言，本书立论明确、疏证严谨、结构完整、在一些最基本的议题论说上审慎、详实而富有创见，是近年来政治经济学原理这一研究领域难得一见的佳作，完全达到了出版要求，特此推荐。

书稿唯一的可调整之处，是在"消费社会的奢侈辩证法"部分中，将休谟与鲍德里亚做对比，稍显仓促。

渠敬东

目　录

缩　写

T.，David Hume, *A Treatise of Human Nature*

PW, David Hume, *The philosophical works of David Hume*

PD., David Hume, *Political Discourses*

TMS, Adam Smith, *The Theory of Moral Sentiment*

WN, Adam Smith, *An Inquiry into the Nature and Causes of the Wealth of Nations*

绪　论

对于本书来说，首先需要回答的问题是：为什么是大卫·休谟？为什么是他的人性科学？又为什么是政治经济学？前两个问题毋庸赘言，看看学术界以"休谟"或"休谟哲学"命名的研究性著作，就可知道这两个问题在思想史上的重要性。然而，为什么是休谟的政治经济学？要知道，"政治经济学"在18世纪的内涵绝非今天缩小了的范畴，这是一个包含了政治、经济、法律甚至公共管理在内的宽泛概念，是一门"立法者科学"。而作为哲学家的休谟，他所建构的，正是在哲学的基础上以他对人性的理解来阐释的政治、经济理论。这些关于贸易、信用的经济理论，不仅仅属于经济学，也与政治学有关，更在哲学的范畴之中。因此，研究休谟的政治经济学，必须了解他提出了哪些经济思想，又是在何种理论前提下提出的。"休谟的人性科学与其政治经济学"，所探讨的就不仅仅是其经济思想——尽管经济思想是首要内容，还应包括其哲学基础和与其相关的政治理论。

在当代经济发展节奏越来越快、人们越来越丰裕的物质生活得到满足时，研究休谟的人性科学与其政治经济学，是希望每个个体的人能够更清楚地了解自己的经济行为动机，创造一个更美好的生活秩序；希望"立法者们"能够更明晰地洞察人性中丰富的情感机制，引导每个个体建设一个更美好的社会秩序。

一、重估休谟经济思想的两个维度

1. 休谟在经济思想史中的地位

西方经济思想史作家在写作通史著作时，基本都会在古典政治经济学的奠基人亚当·斯密之前提到斯密同时代的另一位思想巨擘——大卫·休谟。而且，无论古典经济思想的名单上可以开列出多少其他重要人物，诸如重商主义和重农主义的重要代表人物，又或者斯密之前其他一些"自由贸易"思想的提倡者等等，在一长串的名单之后，休谟必定是不可缺席的，并往往被视为前古典经济思想或者说前斯密时代最为重要的人物之一。这样的写法已司空见惯，熊彼特的《经济分析史》中自然不会漏掉休谟这样重要的人物，马克·布劳格的《经济思想的回顾》、阿列桑德罗·荣卡格利亚的《西方经济思想史》这些鸿篇巨著专辟篇幅论述休谟的经济思想，即便是其他编辑的经济思想史著作，比如托德·罗利（S. Todd Lowry）编辑的《前古典经济思想：从古希腊到苏格兰启蒙》（1987）一书，休谟很自然成为最后出场的一位重要人物。[①] 如果再详细一些，休谟之后、斯密之前，可能还会加上詹姆斯·斯图亚特，斯皮格尔《经济思想的成长》便是如此安排的，不过他对斯图亚特的评价却是："对斯图亚特来讲，这只钟表总是出错；对斯密来讲，任其自然则会运转良好。"[②] 比较他对休谟、斯图亚特、斯密三人的评价，休谟还是卓有见地的，只是斯皮格尔奇怪地将休谟与加里安尼和斯图尔特放在一章，冠之为"不合潮流的经济思想"。相比起来，马克·布劳格的评价倒是更为中庸一些，他特别强调休谟在货币理论方面的贡献，重商主义陷入的货币流通的两难

---

① See *Pre-classical economic thought: from the Greeks to the Scottish Enlightenment*, edited by S. Todd Lowry. Boston: Kluwer-Nijhoff Pub., 1987.

② 亨利·威廉·斯皮格尔，《经济思想的成长》，晏志杰等译，北京：中国社会科学出版社，1999 年，第 190 页。

问题，"对于前辈休谟来说并不是真正的二难推理"。①

或许，这样的顺序并不太能说明休谟是斯密之前最为重要的一位经济思想家，因为按照时间的先后顺序，休谟的确是在斯密之前、而位列其他人之后；但读者可以看到，经济思想史作家对休谟的赞誉之词相比前古典经济学时期的其他思想家更多、更有力。熊彼特对休谟虽然着墨不多，但相比他对斯密的评价，他显然对这位思想家的睿智是充分肯定的。他在脚注中写道："大卫·休谟（1711—1776 年），特别对 A. 斯密产生了极大的影响。需要我们给予注意的是他在以下三个完全不同又几乎互不相关的领域取得的成就。作为经济学家，他处于我们现在讨论的自然法潮流之外；作为历史学家，他取得的成就我们马上就将讨论到；作为哲学家和玄学家，他取得的成就正是我们现在要讨论的。他年轻时的著作《人性论》（前两卷出版于 1739 年，第三卷出版于 1740 年），是洛克和康德之间最重要的阶梯。从该书可以看出，休谟的智力水平远远高于洛克，而几乎与康德平起平坐。"② 熊彼特认为休谟的经济思想在自然法潮流之外，但他更看重的是休谟的人性科学这一分析工作，还不是休谟在经济思想这一领域的见地。在这段引文中，熊彼特排除了对休谟经济思想的分析，强调的是休谟哲学对经济分析的影响。此论一语中的。

真正将休谟在经济思想史上提升到重要地位的是马库斯·阿尔金（Marcus Arkin）。在马克·布劳格编辑的《大卫·休谟（1711—1776）和詹姆斯·斯图亚特（1712—1780）》中，马库斯·阿尔金借对休谟《论古代国家之人口稠密》一文的分析，对货币、利益、税收、贸易平衡与贸易猜忌、社会信用等各篇文章做了简要的评价。他认为休谟的人口论是比马尔萨斯人口论还早的基石，最后在比较休谟和斯密之后得出结论说："在很多方面，休谟的论文相比一些经常被引用的继承者来说有着更深刻的洞察力。当今的时代应该是，教师和学生们直接将他们

① 马克·布劳格，《经济思想的回顾》，北京：中国人民大学出版社，2009 年，第 11 页。
② 约瑟夫·熊彼特，《经济分析史》，第一卷，朱泱译，北京：商务印书馆，1991 年，第198 页。

的时间表从 1776 年退到 1752 年，并将经济思想的历史划分成两个主要的时期——休谟著作之前和休谟著作之后。"① 这一评价已然抹去了斯密古典经济学创始人的荣誉，而以休谟替代。如此高度的评价就休谟在经济思想史上的地位来说实乃过誉之词，附和之声少之又少，但它不得不让读者对休谟另眼相看，至少需要研究者对休谟多投去几分关注。

即便不像阿尔金那样高度地评价休谟在经济学中的地位，其他的经济学家也对其显著的经济思想贡献给予了高度的肯定。② 而对休谟经济思想的关注聚焦在 1752 年发表的政治经济论文上。休谟著作一出版就获得成功的便是这部《政治论文集》(*Political Discourses*)。18 世纪的"政治论述"不只是单纯的政治问题讨论，也包括对经济问题的讨论，它集中反映了休谟在 18 世纪中期对政治经济问题的思考。在此前和此后，休谟围绕文集中讨论的问题曾与杜尔阁、奥斯瓦尔德、孟德斯鸠、亨利·霍姆、莫雷(Morellet)等人书信往来，阐明自己的观点。在休谟生前，这些论文经过不断修改和注释，并一版再版，从这个版本的变化中，我们也能看到休谟思想的一些变化。休谟身后，这些论文被选入不同的休谟著作选集。③ 1955 年，尤尔根·罗特温(Eugene Rotwein)抽取 9 篇经济论文以及相关的书信编辑成《经济学文选》④。经济思想史作家的评论大多从这 9 篇论文中而出。

---

① Marcus Arkin, "The Economic Writings of David Hume—A Reassessment: A Review Article", *The South African Journal Economics*, see *David Hume*(1711—1776) *and James Steuart*(1712—1780), Edward Elgar Publishing Limited, 1991, p. 87.

② See Feilbogen[1890], pp. 699-700; Johnson[1937], p. 163;Vickers[1968], p. 218; O'Brien[1975], pp. 7, 17;and Arkin[1956], p. 217. Also see Thomas Mayer, "David Hume and Monetarism", *David Hume*(1711—1776) *and James Steuart*(1712—1780), p. 261.

③ 1777 年，休谟死后出版了一个文集，此后 18 世纪也由不同的编辑出版过不同版本的文选。关于版本问题，参见 *The philosophical works of David Hume*, including all the essays, and exhibiting the more important alterations and corrections, in the successive editions published, by the author, in four volumes, Volume I. Thoemmes Press, 1996 (This is a reprint of the 1854 edition). 1854 年《休谟哲学文集》第一卷对休谟文集的版本做了详细的说明。

④ 这 9 篇文章是论商业、论技艺的进步、论货币、论利息、论贸易平衡、论贸易猜忌、论税收、论社会信用、论古代国家之人口稠密。*Writings on Economics*, ed. by Eugene Rotwein, with an Introduction by Margeret Schabas, London : Thomas Nelson and Sons, 1955.

随着研究的深入，休谟的经济著作连同道德哲学的著作，越来越得到人们的重视，与经济学相关的杂志，也零星地发表以休谟为主题的文章，其中货币数量论等是讨论最多的话题。

2. 政治经济学在休谟人性科学中的地位

思想史上常常有这样的怪事：生前最受冷遇的作品死后大受热捧，而最受欢迎的作品却在身后悄无生息地消失。休谟经济思想的遭遇就是如此。"从休谟的政治经济学在其自己所处的时代以及 19 世纪美国联邦党人的著作中所发挥的重要作用来说，休谟经济思想在现代经济学和哲学著作中的边缘化，是一个非常奇怪的事实。"[①] 这是 J. G. A. 波科克等作家的一句评价。在很长一段时间以来，休谟的经济思想就处于这种双重的边缘境地。这样一位重要人物，身前成功的不是他最重要的哲学著作《人性论》及其改写的几篇论文，而是政治经济论文和历史著作《英国史》，而在其身后，哲学家的美誉得到普遍认同，经济学家和历史学家的光环迅速褪去，《政治论文集》和《英国史》也被其他人的一系列著作所湮没，同时在后人选择性地接受休谟的过程中，这两个领域的研究被众多的哲学研究论文和专著压倒了。除了后来的一些经济思想史作家们着意强调休谟在经济思想上的贡献以外，休谟研究者们在很长时间中似乎来不及整理他的经济思想：大多数研究休谟的专著忽视了休谟的经济思想，或者说研究兴趣不在于此。比如，对休谟研究影响颇为深远的诺曼·坎普·史密斯（Norman Kemp Smith，1872—1958）[②]，恩斯特·莫斯纳（Ernest Mossner，1907—1986）[③]，后来的邓肯·福布斯（Duncan Forbes, 1922—1994）[④]，

① *David Hume's Political Economy,* ed. by Carl Wennerlind and Margaret Schabas, Routledge, 2008, *Introduction*, p. 2.
② Norman Kemp Smith, *The Philosophy of David Hume: A Critical Study of Its Origins and Central Doctrines,* London: Macmillan, 1941.
③ Ernest Mossner, *The Life of David Hume,* University of Texas Press, Austin, TX, 1954.
④ Duncan Forbes, *Hume's Philosophical politics,* Cambridge University Press, 1975.

巴里·斯特德（Barry Straud, 1935—　　）[①] 等，这些专题性的哲学研究，经济思想的分量都不太重。当然，我们断然不能苛责这些学者，毕竟，休谟首先是一位哲学家，随着研究的深入，学者们才会越来越细致地梳理休谟思想中的各个细节。

可以说，休谟经济思想的被发掘与蔚为壮观的休谟研究密不可分。《休谟研究》（*Hume's Study*）发表的研究论文与人们的休谟研究热点密切相关，总体上以哲学探讨为主，直到 20 世纪后半期，经济学研究才渗入到休谟研究中，其经济思想才逐渐得以重新被重视。与此同时，一些编者也开始注重展现休谟的整体面貌，将经济思想作为一块重要的主题编入休谟的研究论文集中。像《剑桥休谟指南》（*The Cambridge Companion to Hume*, 1993, 2009）、《休谟指南》（*A Companion to Hume*, 2008）这样的文集，包括哲学、经济、政治、批评、历史、宗教等各个方面，对于理解休谟的思想提供了一幅很好的概略图。而《休谟的政治经济学》（*David Hume's Political Economy*, 2008）一书作为劳特利奇经济学史丛书的一种，从侧面表明休谟也可正式列入经济学家的行列。[②] 其《政治论文集》以及其他一些著作中的政治经济思想得到当代的重视。国内对休谟政治经济学思想的研究，较早的或许要数高全喜先生的《休谟的政治哲学》，该著虽然论述的是休谟的政治哲学，但对休谟与斯密的政治经济学比较也有一章多的内容。现在的研究者仍然可以沿着这一路径继续前行。

《政治论文集》的发表在 18 世纪中期掷地有声，这些篇幅长短不一的随笔性论文"代表了他在《人性论》中发展的有关人类本性的系统思想的延伸"。[③] 一些学者已经尝试从休谟的人性科学来阐释其经济思想，尤其是经济发展的动力这一问题。《政治论文集》中关

[①] Barry Straud, *Hume*, London and New York, Routledge and & Kegan Paul plc, 1977.
[②] See *David Hume's Political Economy*, ed. by Carl Wennerlind and Margaret Schabas, Routledge, 2010.
[③] 斯皮格尔，《经济思想的成长》，第 179 页。

于政治经济问题的分析与《人性论》中印象与观念，激情与理性，利益与政府、正义、权力等的论述一以贯之。尤其是，有两位作者在其合著的《激情的自然史：休谟框架》（*Hume's Framework for a Natural History of the Passions*）一文提出，"支配性激情的理论与改进理论（the theory of refinement）的结合，是休谟关于激情自然史的框架核心；这一充满活力的激情变化框架为阐释经济制度和政治制度的发展提供了基础。"① 该文是对艾伯特·赫希曼《激情与利益》（*The Passions and Interests,* 1977）一书的回应。与此同时，还有学者特别从休谟的激情论出发分析他的社会哲学，尤其是激情对社会秩序的建构（Christopher J. Finlay）。这些论文或论著似乎头一次让读者和研究者们关注到休谟的"论激情"，其有力的论证让人受益匪浅。

不断深入的研究不仅有利于开拓人们对休谟经济思想的视野，同时也有利于理解一个完整的休谟。在 18 世纪中期，关于经济问题的争论涉及利息、地税、商业、货币、信用等方面，反映了休谟与重商主义、重农主义的不同观点。当人们将 1752 年的政治论文集放在这场争论中时，休谟政治经济学在思想史的地位才能被清晰地认识到；而将这些论文置于其人性科学的框架之下时，一个比较完整的休谟对于当下的经济思想研究更具启发意义。

二、休谟政治经济学的重新解读

1.发掘方向

思想史上的发掘工作总是与某领域的研究推进有关。休谟经济思想的发掘与以下几个因素有关：

首先，随着人们对 18 世纪英国政治经济思想的研究，对休谟的阐释角度也发生了变化。J. G. A. 波科克的研究著作《马基雅维利时

① Till Gruene-Yanoff and Edward F. McClennen, "Hume's Framework for a Natural History of the Passions", see *David Hume's Political Economy,* pp. 86-87.

刻》(*Machiavellian Moment*, 1975) 和《德性、商业和历史》(*Virtue, Commerce, and History*, 1985a) 中，称赞休谟对经济制度和现象如何适于更广阔的政治和文化背景的深刻理解。[①] 休谟对政治经济学的洞见成为后来研究者确立休谟在政治经济史中关键地位的一些依据。[②] 在波科克写作《德性、商业和历史》之前，经济学家艾伯特·赫希曼著名的《激情与利益》已经出版。波科克如此评价道：它吸引人们关注"经济人"的内核，关注 18 世纪的道德和哲学著作对"合理的自私变成有益社会的行为"的讨论。[③] 在波科克看来，"休谟是捍卫贵族金钱利益的哲学先驱"。[④] 对休谟的这种论断在当时并不特别，因为在其他地方也能找到类似的声音；[⑤] 这似乎成为 20 世纪 80 年代学者们对休谟的一个基本认识。笔者并不赞同对休谟的这一定位，本书以下篇章的论述表明，休谟更多是在为他所谓的"中层生活"的人们发言。[⑥] 而对"经济人"从合理自私带来社会利益的论断，休谟著作中有着详细的阐释，不过在人性的激情之中，"自私"的说法或许应该换一种看法。

其次，即便不以 18 世纪的政治经济学为研究对象，仅仅从休谟研究来看，其经济思想一直以来也都得到一些断断续续的关注。上文所说的 1955 年罗特温编辑的《经济学文选》即为一例。1994 年，哈孔森重新编辑整理了休谟的《政治论文集》，并就休谟的政治学——确切地说是政治经济学，虽然其侧重是政治学——写了一篇长长的导

[①] J. G. A. Pocock, *Virtue, Commerce, and History*: *essays on political thought and history, chiefly in the eighteenth century,* Cambridge: Cambridge University Press, 1985.

[②] *David Hume's Political Economy,* ed. by Carl Wennerlind and Margaret Schabas, Routledge, *Introduction*, p. 2.

[③] J. G. A. Pocock, *Virtue, Commerce, and History*, Cambridge: Cambridge University Press, 1985, p. 114.

[④] *Ibid.*, p. 204.

[⑤] *Wealth and Virtue: The Shaping of Political Economy in the Scottish Enlightenment*, edited by Istvan Hont, Michael Ignatieff, Cambridge: Cambridge University Press, 1983.

[⑥] 从休谟对商业、中等生活等文章的论述中可知，他注重人的自由、人的解放。本书第六章、第八章都表明了这一观点。

言。在这篇导言中，哈孔森将休谟的政治经济学作为一个整体分析，联系休谟所处时代的英国政治状况，融合对其自然法的剖析，这一研究更像是他的另一部著作《立法者科学》（*The science of a legislator: the natural jurisprudence of David Hume and Adam Smith*, 1981）的延续。而且，他更倾向于将所有的政治经济学问题视为政治问题，因为在他看来，《政治论文集》中的话题与当时英国的政治社会状况密切相关，经济问题也是政治问题，立法者的科学便解决这些问题，诸如政治自由、权利信念（opinion of right）和利益信念（opinion of interest）这些政府建基原则等问题，都与经济发展有很大关系。[1]哈孔森的这一论断完全正确，只是他更偏重政治层面，对于经济问题比如利息、税收较少涉及。

最后，休谟政治经济学研究的兴起，与20世纪六七十年代兴起的苏格兰启蒙运动研究也有一定的关系。这一研究重在解读18世纪苏格兰的启蒙思想家，并关注这一时期哲学、政治、经济、批评等各个领域。这一时期，有三位苏格兰人的经济思想备受关注，即休谟、詹姆斯·斯图亚特和斯密。有一种观点认为，这三人构成了政治经济学这门学科形成时期的三足鼎立。[2]安德鲁·斯金纳在《苏格兰启蒙运动》（*The Cambridge Companion to Scottish Enlightenment*, 2003）《经济学理论》一章中，虽然是一般性论述，却也非常明确地指出休谟经济思想中的一些"恒常原则"，"既包括各种欲望，比如对行动的欲望，对活力的欲望，以及让经济学家尤其着迷的贪婪欲，即对财富的欲望；也包括使评论家们至少在政治经济领域可以进行一些科学概

[1]　David Hume, *Political Discourses,* ed. by Knud Haakonssen, *Introduction*, Cambridge University Press, 1994，或许将18世纪的经济学视为立法者科学更符合当时的历史背景，因为当时的政治经济学、政治学，其实都是立法者科学。详见本书第五章《利益基础上的政治经济学》，引言部分。
[2]　Ikuo Omori, "The 'Scottish Triangle' in the shaping of political economy: David Hume, James Steuart, and Adam Smith", see *The rise of political economy in the Scottish Enlightenment*, edited by Tatsuya Sakamoto and Hideo Tanaka, London and New York: Routledge, 2003, p. 104.

括与归纳的运动的恒常规则。"[1] 斯金纳也特别提到常被遗忘的"古代国家人口稠密"一文的重要意义。这样的研究虽然是概略性的，但也可以让我们从"启蒙"这一视角来思考问题。

第四，休谟经济思想（或者说政治经济思想）的研究受益于经济学与道德哲学的交叉研究，更确切地说，受益于斯密研究成就的增长。自 20 世纪六七十年代斯密研究复兴以来，从唐纳德·温奇 1978 年的《亚当·斯密的政治学》（*Adam Smith's Politics*）到爱玛·罗斯柴尔德的《经济学的情感》（*Economic Sentiments: Adam Smith, Condorcet, and the Enlightenment*, 2001），已然突显了斯密经济学和道德哲学的共同基础。[2] 斯密研究的这一趋向同样影响了休谟研究：斯密研究是从经济学回到道德哲学，而休谟研究则是从道德哲学进入经济学领域。在这个有趣的互动研究中，人们重新回到 18 世纪，从心理学、哲学、自然史等方面发掘斯密和休谟的魅力。而实际上，就在我们所说的经济学领域，斯密之后的经济学家——这些人往往不止经济学家一个头衔——马克思、凯恩斯、哈耶克等人，认为休谟是"经济学的开拓者和源发性的思想家"。[3] 因而，应该说，这样的交叉研究更有助于还原思想家的本真面貌。

以上几个方面的研究时有交叉，单独的休谟研究与经济学、哲学的交叉研究互有借鉴，如此一来，休谟的经济思想不仅仅是经济学某个领域，比如货币数量论方面的研究对象，而且成为经济学哲学交叉研究的重要对象。当然，它也总是政治哲学提及的对象，更是启蒙思想中的重要一笔。

---

① 安德鲁·斯金纳，《经济学理论》，见亚历山大·布罗迪编，《苏格兰启蒙运动》，杭州：浙江大学出版社，2010 年，第 171 页。

② *David Hume's Political Economy,* ed. by Carl Wennerlind and Margaret Schabas, Routledge, *Introduction*, p. 3.

③ Tatsuya Sakamoto, "Hume's Economic Theory", see *A Companion to David Hume*, ed. by Elizabeth S. Radcliffe, Blackwell Publishing, 2008, p. 373.

2. 研究状况

从经济学的视角来看，休谟为经济学贡献了这样一些重要概念：消费（consumption）、效用（utility）、货币（money）（see Annette Baier, *Progress of Sentiments: reflections on Hume's Treatise*, 1991），还有流通（circulation）、社会信用（Public Credit）等等概念，延伸出一些理论，比如货币理论（Monetary Theory）、穷国—富国之争（The "Rich Country-Poor Country" Debate），以及自由贸易思想（Free Trade Ideology）等等。但是，经济思想的研究依然是滞后的。罗杰尔·L. 爱默生 2009 年出版的著作中，有一段专门统计过经济思想研究在休谟研究中所占的比例：直到现在，单独研究休谟经济思想的个人专著仍然没有出现，主要是以单篇论文结集成书的形式出现。杂志论文发表也好不了多少。1987 年，《18 世纪研究》（*Eighteenth Century Studies*）这份美国协会的 18 世纪研究期刊，前二十年的目录索引收入的已发表的 600 篇文章中，关于休谟的论文只有 10 篇，占 1.6%。没有一篇是关于他的经济理论的。《休谟研究》这份主要参考书目，从 2006 年起开始被关注，发表的 385 篇文章有 4 篇关于经济学的，占 1%。1993 年，《休谟研究》论文索引发表，1 篇关于历史的论文，5 篇关于经济学的论文——2 篇是关于过去萧条阴影的，1 篇是关于维特根斯坦和休谟的，还有 2 篇是研究休谟和几何学的。在 20 世纪 90 年代，这份杂志发表了 185 篇论文，5 篇论历史，6 篇论经济，占 3%。从 2000 年到 2005 年，发表 97 篇文章，4 篇讨论经济，占 4%。[①] "对于大多数人来说，休谟是个无趣的经济学家。人们不会想到，他 1752 年那本运用这些经济理论创作的伟大历史为经济理论开创了一个新局面。他的《英国史》更多关注价格和经济变化，而不是以前英国史所关注的那些主题。今天的休谟仍然是位哲学家，但他

---

① Rogier L. Emerson, *Essays on David Hume, Medical Men and the Scottish Enlightenment, 'Industry, Knowledge, and Humanity'*, Ashgate, 2009, pp. 155-156. 文中所引数据根据爱默生本人的文章内容，因国内数据收集并不十分方便，这里暂且转引他的数据统计，作为一个依据。

却如此不同于人们平常阅读的不列颠人，其人作为历史学家位列于不列颠博物图书馆，因为政治经济学论文及其《英国史》为18世纪的欧陆作家所熟知，而不是因为其哲学。休谟，的确是一位重要的政治经济学家。"[1] 这一统计数据一方面说明休谟经济学思想研究的薄弱，似乎遗漏了经济思想史作家的努力，另一方面，最后一句也表明休谟作为政治经济学家的重要意义。虽然如此，还是有经济思想史家概略性地总结了休谟在经济思想史上的突出贡献。马克·布劳格就是其中一位，他认为休谟对经济思想史的贡献在于以下几个方面：

第一点，是休谟对所谓的"硬币流通机制"的论述，这一点是他对在支付平衡中维持长期盈余的重商主义问题的回答。一个国家价格水平的变化直接与货币供应有关，与贸易量相反，休谟运用这一货币数量论表明，随着出口超过进口而来的黄金的流入将自动抬高国内的价格，进而挫败出口，刺激进口。在自由贸易的条件下，各方、各国的支付平衡将会及时地达到平衡，也就是说，硬币的国际分布是根据各国的经济发展水平而定的。由于这些理由没有完全被理解，所以斯密没有提到休谟抨击重商主义学说的论证。但无论如何，硬币流通机制成为古典自由贸易理论的重要原理，后被李嘉图阐述，进而由西尼尔详细阐述，由穆勒再次申明。

第二点，同样不能说休谟鼓吹了我们现在所说的"缓慢通胀理论"。当然，休谟否认，一国货币供应的绝对数量对经济活动有任何差异，但是，他承认，货币供应的缓慢增加能够产生额外的产出和就业。古典经济学家尽量忽视休谟思想的这一要素，是因为它与所有货币万能药——他们认为有旧的重商主义谬论嫌疑——相悖。

第三个贡献是现代商业社会中的政治自由与商业、制造业带来的个人主义、政治去中心主义之间的内在联系这一主张。简言之，政治自由源于经济自由。对斯密来说，无论如何，这都是一个重大的贡献，他反复引用了好几次。

---

[1] *Ibid.*, p. 156.

　　最后一个贡献，是《人性论》中的著名命题，用现代的语言说，就是"你不能从'是'中推出'应该'"——这世上所有的事实都不能加上道德或伦理判断。正是这种哲学声明，躲在众所周知的实证经济学和规范经济学之间的区分之间；这一区分早在 1830 年代西尼尔的著作中就清楚地提出了。[①]

　　布劳格在总结时说休谟对经济思想的贡献可分为四点，这大概是将"缓慢通胀理论"视为货币理论的延伸。这一总结不仅归纳了休谟经济思想的内容，而且，对其中的思想演变还作了概括性的梳理，一方面反映了休谟关注的经济问题的时代变迁，另一方面也足以说明，为什么现代以来还有那么多经济学家会从休谟出发分析当代经济学现象。在布劳格对休谟经济思想的归纳范围之内，现代研究者们都曾有怎样的论述呢？

　　首先从人们常常谈起的货币理论以及延伸出来的缓慢通胀理论来看。休谟在《论货币》[②]一文中提出几个要点：第一，货币不是商业的一个齿轮，而是使商业运转更自如的润滑油。第二，价格取决于流向市场、或可能流向市场的商品以及流通中货币的绝对数量。第三，货币流入一国之后不会立即引起价格上涨，而有一个缓慢通胀的过程，这个过程有益于增加就业，促进经济发展。第四，休谟分析货币问题时往往与风俗习惯、生活方式联系在一起，即斯金纳说的，"总是将原始经济体同高级经济体的状况加以比较"。[③]

　　经济学界对休谟货币理论的关注大概从 20 世纪七八十年代开始，那时，通货膨胀已成为经济生活的一个事实，由此，休谟的著作开始受到很多人的关注。一直到今，仍然有研究者从他的货币理论中演绎出模型。1980 年，托马斯·梅耶（Thomas Mayer）发表在《经

①　*David Hume*（*1711—1776*）*and James Steuart*（*1712—1780*）, Edward Elgar Publishing Limited, 1991, Introduction, p. 1-2.
②　David Hume, *PW*, Vol. III, *Of Money*, Thoemmes Press, 1996, pp. 309-323.
③　斯金纳，《经济学理论》，见亚历山大·布罗迪编，《苏格兰启蒙运动》，杭州：浙江大学出版社，2010 年，第 172 页。

济学季刊》上的《休谟与货币主义》指出：在现代货币主义的 12 个特征中，有 5 个已经在休谟的文章中非常突出，即：数量论、芝加哥学派货币传导过程（the Chicago Transmission process），私人部门稳定性（private sector stability），菲利普斯纵向曲线论以及自由市场选择——这些起源于休谟。另外两个并不明显，是将分配细节和价格关注作为一个联合体的枝蔓问题。简约形式模型选择适于休谟的因果论。稳定的货币增长选择适于休谟论述的整个要旨。目标和指标下的两个前提与休谟的时代无关，但休谟拒绝货币主义者对通胀的强烈反对。[1] 这篇论文正好补充论证了布劳格所说的休谟货币理论和通胀理论分析。

在梅耶之前，还有大量文章对休谟的货币支付平衡以及调节机制进行了分析。梅耶在文章中提到，哈耶克曾撰文《理查德·康蒂龙与大卫·休谟开启现代货币理论的发展》（1976, p. 23）；弗里德曼讨论最近二十五年货币的重新发现时写道："我们只在这两个方面比休谟进步了：一是，我们现在能够更准确地抓住涉及的数量范围；二是我们比休谟多了一个函数的即时变化率（derivative）。"(1975, pp. 176-177)[2] 后者归功于这一事实，即那时休谟将稳定价格作为一个标准，而现在我们必须关注膨胀率的变化。梅耶说，这些论述休谟货币理论的研究，还不包括货币支付均衡的理论，因为在那时，这一点还不清楚是否是本质上的货币主义的一部分（see Laidler[1978], Fausten[1978]）。而且，它同样也开放性地讨论休谟是否应该被视为鼻祖（see Fausten[1979], Frenkel[1976], Keleher[1978], Parkin[1977]）。[3]

此外，70 年代关于休谟货币理论的论文还有鲁特莱尔（C. B. Luttrell）的《托马斯·杰斐逊论货币和银行：休谟拥趸以及现代货币

---

[1] Thomas Mayer, "David Hume and Monetarism", *The Quarterly Journal of Economics*, Vol. 95, No. 1 (Aug., 1980), pp. 89-101, pp. 89-90.

[2] *Ibid.*, p. 89. see note 1.

[3] *Ibid.*, p. 89. see note 2.

理论的先驱》，讨论休谟对美国建国时期经济政策的影响。杰斐逊[①]
与苏格兰启蒙思想家之间来往密切，很多思想受到苏格兰人的影响。
该文主要分析杰斐逊的货币思想，包括他在殖民地和新共和国的货币
问题上的经验，他的货币和银行业计划以及货币观点，和大卫·休谟
以及当时一些作家的相似点。[②] 斯坦利（C. E. Staley）《休谟和瓦伊
纳论国际调节机制》，这篇论文针对阿诺德·科勒利（Arnold Collery,
1971）提出的问题，即支付平衡调节理论历史中两个不同的话题。第
一个问题是如何阐释休谟开拓性分析的地位。雅各布·瓦伊纳在其
《国际贸易理论研究》（Jacob Viner, 1937）认为休谟提出了这样的命
题：既定物品在所有国家的金价都是相同的，然而，休谟的某些评论
又表明，他认为这一点对作为均衡条件很有必要，同时对于整个调节
过程中也不是完全必要的。斯坦利分析了瓦伊纳结论的准确性，并解
释人们在这一点上对休谟模式的不同解释所导致的价格—货币流通机
制的不同模式。[③]

关于支付平衡的货币理论，福斯顿在《关于当代支付平衡货币措
施的休谟渊源》（Fausten, 1979）中写道，很多研究者在七十年代分
析支付平衡、调节、相关政策以及国际经济关系等的货币措施时追溯
到休谟的"调节机制"概念，尤其是休谟创造的"价格—货币流通机
制"（the price-specie-flow mechanism, Johnson, 1972, p. 13），并将这
一图景形式化（Johnson, 1976b, p. 274），以及"源于休谟价格—货

---

① 据美国金融史研究者指出：美利坚共和国从建国一直到今，"整个美国政治史基本
上可以被看作是汉密尔顿主义者和杰斐逊主义者之间的一场旷日持久的斗争。"（约翰.
S. 戈登，《伟大的博弈：华尔街金融帝国的崛起（1653—2011）》，祁斌译，北京：中信出
版社，2011 年，第 17 页）建国之初，美国国会采纳了汉密尔顿的偿债法案，但遭到杰
斐逊主义的抵制。这两派在金融货币政策上的分歧以及争斗，是美国金融史上非常值得
关注的事件。杰斐逊曾在苏格兰活动，必定受到休谟以及当时其他人的货币政策影响。
② C. B. Luttrell, "Thomas Jefferson on Money and Banking: Disciple of David Hume and
Forerunner of Some Modern Monetary Views", see *David Hume*（*1711—1776*）*and James
Steuart*（*1712—1780*）, p. 176.
③ C. E. Staley, "Hume and Viner on the International Adjuustment mechanism", see *David
Hume*（*1711—1776*）*and James Steuart*（*1712—1780*）, p. 193.

币流通机制的支付平衡理论的古典和新古典传统"（Johnson, 1975, p. 220），进而认为"支付平衡的货币理论拥有悠久坚实、学理源远的历史"（Frenkel and Johnson, 1976, p. 29）。作者认为，对休谟货币措施的渊源大量具体的考证需要十分细致，当今研究努力探索的正是这个缺口。①

关于休谟货币调节机制的相关讨论，杜克（Michael I. Duck）在其1979年《休谟与货币调节》一文中简要介绍了一个背景：E. A. J. 约翰逊（E. A. J. Johnson）提到休谟对国内价格水平变化过程的论述时说道，"流入国内的货币因刺激工业而对国内经济有短暂的益处"。马库斯·阿尔金这样总结休谟的观点，"控制膨胀言简意赅的理论，具有所有不能解决的模糊性"。这些作家以及其他作家都共同倾向于认识，休谟断定通胀会带来有益的结果，但却是不确定的。而罗特温也站在这一阵营，他指出："休谟推断，货币增长的有益结果从根本上说是短暂的，……无需多说，他对数量论的坚持与他第二部分的分析完全不一致，因为这里他想强调的是勤勉习性的基本变化蕴含在这个过程中。"② 道格拉斯·维克斯（Douglas Vickers, p. 232）拒绝对休谟在没有数量化的情况下鼓吹通胀是有益政策做出批评："休谟提出的是自然的、未经中断的货币过程的运行。他认识到需要一个适中的扩张体系，并意识到过快的发展速度最根本的自我维持的特性。"然而，维克斯对休谟蕴含在自己讨论中的调节过程以及实践局限没有充分的解释。（see pp. 584-85, below）约翰·梅纳德·凯恩斯（p. 343）注意到休谟描述中的动态性质，不过没有详细讨论；莱昂纳·罗宾斯（Lionel Robbins, 134-35; II）和维克斯一样，只是简要讨论了货币变化的动态效果，忽视了所蕴含的实践限制。詹姆斯·穆勒

① Dietrich K. Fausten, "The Human Origin of Contemporary Monetary Approach to the Balance of Payments", *The Quarterly Journal of Economics*, Vol. 93, No. 4 (Nov., 1979), pp. 655-673, p. 655.
② David Hume, *Writings on Economics*, edited and introduced by Eugene Rotwein, Nelson, 1955, *introduction*, lxiv-lxv.

（James Mill）引介了休谟动态货币调节过程的古典观点（in Winch, pp. 294-295）。他错误地认为休谟肯定即刻的价格上涨与上涨后的价格能刺激生产。他重申实际物品工资基金学说（real goods wages-fund doctrine），指责休谟没有理解生产的决定性因素，而没有看到休谟对就业效果以及货币增长的心理学影响的讨论。穆勒的引介基于这一断定，即休谟认为价格调节是瞬间的、完全的，直接从一个稳定状态到另一个稳定状态。杜克认为上述争论都没有理解休谟的货币理论，是有欠缺的，他在自己的文章中指出，很多人都关注休谟的货币数量论、货币流通机制，却几乎没人讨论国内价格调节的过程。而休谟对国内价格调节过程的描述是解释他的数量论模式以及通胀观点的关键所在。他的目的是描述休谟讨论货币数量变化导致的国内经济价格调节的各种因素，并以古典体系中的加德纳·艾克利（Gardner Ackley）模型作为讨论基础描述休谟的调节过程。休谟观察到货币供应的增减对就业、产量、生产力以及价格的影响。他对这一过程的讨论将以失业条件下的货币调节加以描述。[①]

　　经济学界对休谟货币理论以及通胀理论的研究基本上伴随着货币主义的盛行[②]，但即便货币主义理论思潮逐渐暗淡，作为休谟经济思想的一个部分，货币论与其他理论也密切相关。比如，21世纪以来玛格丽特·沙巴斯（Margaret Schabas）的研究，就没有从货币主义的角度分析货币流通理论，而将《人性论》中的激情理论与《政治论文集》联系起来，分析货币流通与劳动、习性、风俗之间的关系。作者的结论是："货币一步步影响到习惯和风俗。它刺激节俭和勤勉，反过来促进商业和贸易的发展。当商人'像导管一样服务带来的勤勉'时，他们不是仅仅为贸易披上了货币的外衣，而且是他们驾驭的商业

---

① Michael I. Duke, "David Hume and monetary adjustment", *David Hume*（1711—1776）*and James Steuart*（1712—1780）, pp. 253-254.

② 相关的文献还有：Frank Petrella, "Adam Smith's Rejection of Hume's Price-Specie-Flow Mechanism: A Minor Mystery Resolved", *Southern Economic Journal*, Vol. 34, No. 3 (Jan., 1968), pp. 365-374; J. F. Berdell, "The Present Relevance of Hume's Open-Economy Monetary Dynamics", *The Economic Journal*, Vol. 105, No. 432 (Sep., 1995), pp. 1205-1217; Etc.

的各种风俗（manners）和激情。货币既是促使商业兴旺发达的希望，也是刺激商业发展的欺骗和幻象。"[1] 这与货币主义的分析路径已然不同，这是一个有趣的切入点，它将本人的兴趣也引到这里，但以上货币主义的理论分析对于理解休谟货币论动态过程的环节也有很多启发。

需要说明的是，西方在 20 世纪七八十年代关注休谟的货币论时，由于中国的经济发展尚处于转型时期的开端，中国经济学界的关注点似乎还不是休谟或者其货币理论。1984 年，《休谟经济论文选》由商务印书馆出版，也是休谟经济思想研究的一件幸事。胡企林先生就休谟的经济理论做了简短的评述，尤其是货币论，几乎占了简评的一半篇幅[2]，对其他利息、赋税等的论述合起来才与货币论篇幅相当。休谟经济论文中译本的出版表明国人对休谟这位大哲经济思想的关注，同时，对休谟经济思想的简评也反映了中国学界对休谟货币思想的研究受西方研究方向的影响。[3]

其次，休谟对自由主义思想的论述，已经成为众多自由主义者寻找理论来源的依据。现代崇尚古典自由主义的作家们，往往回到 18 世纪的苏格兰启蒙时期，在休谟、斯密、弗格森等人的著作中发掘论据，为其理论佐证。在这方面，以哈耶克为代表的奥地利学派最为显著。哈耶克不止在一部著作中提到大卫·休谟、亚当·斯密、亚当·弗格森这些苏格兰道德哲学家以及埃德蒙·柏克、威廉·佩利等一起形成的"英国传统"，他引用亚当·弗格森《文明社会史论》的表述，"各民族于偶然之中获得的种种成就，实乃是人的行动的结果，而非实施人的设计的结果"，以说明自己的观点——政治秩序，绝不是一般人所想象的条理井然的智识的产物；又引用斯密强调"被人们

---

[1] Margaret Schabas, "Temporal dimensions in Hume's monetary theory", *David Hume's Political Economy*, p. 144.

[2] 参见胡企林，《简评休谟的经济理论》，见《休谟经济论文选》，陈玮译，北京：商务印书馆，1984 年。

[3] 国内对休谟货币论的研究，仅有陈晓明，《大卫·休谟货币数量论研究》，载《江西社会科学》1986 年第 3 期。

认为极有作用的种种实在制度（positive institutions），乃是某些显而易见的原则由自生自发且不可抗拒的发展而形成的结果，——并且表明，即使那些最为复杂、表面上看似出于人为设计的政策规划，亦几乎不是人为设计或政治智慧的结果。"① 在比较英法两种传统在人性假设的方面，哈耶克认为进化的理论试图表明"某些制度性安排是以什么样的方式引导人们最佳地运用其智识的，以及如何型构制度才能使不良之徒的危害减至最小程度"②，这个意思显然抽取了休谟《论公民自由》中的一个说法。在《自由秩序原理》等书中，哈耶克反复申明的"自发秩序"（spontaneous order）、"无意图的结果"（unintended consequences）术语，源于苏格兰道德哲学家们的思想。③ 在哈耶克之前，另一位奥地利学派代表人卡尔·门格尔在其《国民经济学原理》中也非常赞同休谟、弗格森等苏格兰道德哲学家们开创的传统。④ 现在，虽然奥地利学派已消融在各种学说之中，但离我们尚不遥远的这些学者们仍然启发着后来的研究者，从此入手探讨自由主义，就像雷切恩·萨利（Razeen Sally）等，他们仍然在休谟、斯密中间发掘政治经济学中的古典自由主义思想。⑤ 西方对休谟自由主义思想的研究声势浩大，这一研究常常超过了经济学领域，在政治哲学、社会理论领域也非常常见。专注于休谟思想的研究者们，比如哈孔森，更愿意将政治与经济的自由联系起来思考。

而那些考察前资本主义政治经济学理论的研究者，如赫希曼，更倾向于在政治经济学这个总称下看待休谟那一代的思想家。1975年，

① 弗里德里希·冯·哈耶克，《自由秩序原理》，邓正来译，北京：三联书店，1997年，第64—65页。
② 同上，第70、340页。
③ 关于哈耶克"自发秩序"原理与苏格兰启蒙运动之间的思想关联，参见 Craig Smith, *Adam Smith's political philosophy: the invisible hand and spontaneous order*, London: Routledge, 2006。
④ 卡尔·门格尔，《国民经济学原理》，刘絜敖译，上海：上海人民出版社，2005年，第204页。
⑤ Razeen Sally, "David Hume, Adam Smith and the Scottish Enlightenment", *Society,* Jan/Feb 1999; 36, 2; ABI/INFORM Global.

赫希曼《激情与利益》的发表对休谟、斯密这样的道德哲学家的研究有着深远的影响——至少，很多论文或著作直接承认受到赫希曼的影响。皮耶尔·福斯（Pierre Force）就在《亚当·斯密之前的自利：经济科学的系谱学》的导论中明言自己深受赫希曼《激情与利益》的影响："赫希曼指出了现代自利概念的兴起与 17 世纪道德哲学和国家理论中理性的发展之间的重要关联。这本书将增加一系列证据以支持进而补充赫希曼的见地，进一步论述一些重要观点。比如，我将表明，将一切激情都瓦解为对'增加财富'的追求时，斯密借用了卢梭的心理学。"[1] 诸如此类，《激情与利益》的影响在整本书中到处可见。这种影响同样也渗透在休谟经济思想的研究中。休谟自己在哲学、历史学、政治经济学各个领域的成就，尤其是《人性论》中对激情、利益的分析，与《政治论文集》中的直接运用，足以为让后来者沿着赫希曼所指的方向深入研究。卡尔·魏南德和玛格丽特·沙巴斯编辑的《大卫·休谟的政治经济学》[2] 中，同样可以看出研究者们在论述休谟政治经济思想时更注重从激情、利益、风俗、历史等角度分析。玛格丽特·沙巴斯相关的论文还有《休谟政治经济学的群体与个体》。[3] 而收录在《苏格兰启蒙运动剑桥指南》（2003）、《休谟剑桥指南》（1993，2009）中有关休谟经济思想的论述，其关注领域都拓展到休谟生活的那个时代，关注休谟的经济思想与时代争论的互动，关注哲学、历史学、心理学与经济学之间的互动。在这种视野之下，《论商业》、《论货币》、《论技艺的进步》等文章以另一番阐释而新意盎然。

　　本文的标题受益于赫希曼《激情与利益》的启发，并在某种程度上承续了"激情与利益"这个主题，从"激情"（人的经济行为动机）到"财富"（经济行为目的）来分析休谟的政治经济学。在今天，

---

[1]　Pierre Force, *Self-Interest Before Adam Smith: A Genealogy of Economic Science*, Cambridge University Press, 2003, p. 2.

[2]　*David Hume's Political Economy*, Ed. by Carl Wennerlind and Margaret Schabas, Routedge, 2008.

[3]　See Carl Wennerlind and Margaret Schabas, "Groups Versus Individuals in Hume's Political Economy", *The Monist*; Apr 2007; 90, 2; Academic Research Library, 2007.

我们应该直接回到休谟的整个文本，从《人性论》《人类理解力研究》《道德原理探究》《英国史》《道德、政治、文学论文选》（*Essays, Moral, Political and Literary*）等文献中分析其经济思想的丰富蕴涵。以这种视野研究休谟经济思想或许尚属新颖。

自1984年《休谟经济论文选》出版以来，国内学术界对休谟经济思想的研究着实算不上兴盛，甚至算不上起步阶段。搜索期刊网发现，直到2008年，还有文章重复布劳格所说的休谟经济思想几个方面的贡献；[①] 而将人性科学与经济思想联系起来研究的仅有一篇[②]，其他关于休谟经济正义的研究更是屈指可数。[③] 究其原因，一方面，热闹的经济学界无暇顾及思想史研究，而休谟经济思想的研究更实属偏僻；另一方面，休谟经济思想的地位尚未得到充分的认识和了解。

最后，略微谈谈布劳格所说的休谟对实证经济学与规范经济学之间区分的贡献。这一区分经常争论的所谓的"休谟铡刀"，在《人性论》中却非常类似"闲来一笔"。[④]《人性论》第三卷《论道德判分不来自理性》一节的最后一段，休谟说自己禁不住要加上一条评论，人们或许会发现这条评论非常重要。"到现在为止，我所论及的这种道德体系中，我已然注意到，笔者在一段时间按照平常的推理方式进行，确定一位神的存在，或品评人类事务；此时我突然惊讶地发现，我所论述的不再是平常的'是'和'不是'连接的命题，所有命题无不以'应该'和'不应该'连接。"（*Treatise*, III. i. 28）从这段话出发，从"是"推不出"应该"，事实—价值两分这样的命题便被命名为"休谟铡刀"。正如布劳格所说，自1830年西尼尔提出以来，"休

① 余方，《大卫·休谟经济学说的三个"第一"》，载《中国财政》2008年第9期。
② 韩升、谢丽威，《休谟经济哲学的人性之维与经济之维》，载《湖北经济学院学报》2006年第2期。同样作者的同一篇文章还刊载在《理论与现代化》2006年第3期。
③ 参见国内讨论休谟经济正义的相关文献：张清，《论休谟的正义观》，载《道德与文明》2004年第3期；何建华，《休谟的经济正义思想》，载《伦理学研究》2003年第3期；赵修义，《试论休谟的经济伦理思想》，载《华东师范大学学报》1998年第6期；黄济鳌，《对休谟正义理论的一种解读》，载《江汉论坛》2004年第9期等等。
④ 参见高全喜，《休谟的政治哲学》，北京：北京大学出版社，2004年。

谟铡刀"的命题就成为长篇大论的对象，比如凯恩斯、弗里德曼以及其他一些大名鼎鼎的经济学家们[①]，又比如哲学家们研究 is 和 ought to 的专著、论文层出不穷。直到今天，无论中外，无论经济学还是哲学，这个问题仍然争论不休。

"休谟铡刀"的命题在经济学中几乎成为一个永恒的话题，由于本书的研究目标所致，姑且悬置起来，故而对这方面国外、国内的研究综述亦简略带过。

本书在介绍休谟经济思想研究状况的开始就曾提到休谟为经济学贡献的关键词，诸如流通、货币、效用、消费、社会信用等等，因此在马克·布劳格所说的几个贡献以外，也有博弈论者从休谟的《人性论》中推演出合作模型[②]，福利经济学家们更是从休谟的效用概念中不断做出新阐释。休谟对"效用"概念的使用，就连边沁也坦承深受其影响，这就足以让人们对休谟是否是功利主义先驱提出各种猜想；不少学者将休谟视为"功利主义者"，又有不少学者撰文论述休谟没有功利主义的思想。[③]无论如何，在休谟的著作中，他对"效用"与苦乐概念的阐释的确产生了很大的争议。特别是福利经济学的发

---

① 米尔顿·弗里德曼，《实证经济学方法论》，见丹尼尔·豪斯曼编，《经济学的哲学》，丁建峰译，上海：上海人民出版社，2007 年；以及 W. D. Falk, "Hume on Is and Ought", *Canadian Journal of Philosophy*, Vol. 6, No. 3 (Sep., 1976), pp. 359-378. etc。关于这个问题的讨论，国内国外文献实在太多，无法一一枚举。

② 博弈论者研究休谟的文章可稍加列举，Peter Vanderschraaf, "Hume's Game-Theoretic Business Ethics", *Business Ethics Quarterly*, Vol. 9, No. 1 (Jan., 1999), pp. 47-67。

③ 关于休谟"效用（或功利）"的讨论，可参见：Bernard Wand, "Hume's Non-Utilitarianism", *Ethics*, Vol. 72, No. 3 (Apr., 1962), pp. 193-196; D. D. Raphael, "Hume and Adam Smith on Justice and Utility", *Proceedings of the Aristotelian Society*, New Series, Vol. 73 (1972—1973), pp. 87-103; John R. Bowlin, "Sieges, Shipwrecks, and Sensible Knaves: Justice and Utility in Butler and Hume", *The Journal of Religious Ethics*, Vol. 28, No. 2 (Summer, 2000), pp. 253-280.

展，效用理论的不断拓展，促使研究者回到休谟。① 尽管本书会涉及效用、苦乐等概念，但与效用理论切入的路径是不同的，因而对这方面的研究综述不多赘论。

三、研究路径

阿马蒂亚·森总结赫希曼《激情与利益》的工作时说，"人们对资本主义早期辩护者们所理解的那种资本主义大加赞赏，而《激情与利益》对资本主义早期辩护者们的思想做了系统的研究。"② 序言最后对赫希曼的这一研究进行了高度评价。"激情与利益"这样一个复杂而感性的话题，在经济学家的笔端变得理性而明晰。1996 年，赫希曼在该书 20 周年纪念版自序中说道："关于激情与利益这一论题的原始性的东西，显然是一个复杂而跌宕起伏的故事。它的丰富内容及其富有讽刺性的特点，使我认识到我的研究是深刻的，所以我从未想到要修正这一研究。"③ 此书自 1976 年出版以来，自利、利益和激情在经济史研究——尤其是前斯密时代的经济史研究中得到更多的关注，而且，这些话题也让人们更为谨慎地对待前资本主义辩护者的理论贡献。尤其是在学科尚未明晰、经济学还没有从道德哲学中分离的时代，早期辩护者们的思想更要从整体出发，对激情和利益问题的考察正是历史与细节结合④、经济学置于道德哲学考察的方式。

当然，赫希曼在《激情与利益》中留下了很多话题有待进一步探讨，尤其是概念演变问题，就像阿马蒂亚·森在序言中说的"无害

① 有关休谟效用论思想的讨论文章: Susan M. Purviance, "What Makes Utility the Moral Quality of Actions?", *History of Philosophy Quarterly*, Vol. 11, No. 2 (Apr., 1994), pp. 191-203; Frank I. Michelman, "Property, Utility, and Fairness: Comments on the Ethical Foundations of 'Just Compensation' Law", *Harvard Law Review*, Vol. 80, No. 6 (Apr., 1967), pp. 1165-1258; etc.
② 艾伯特·赫希曼，《欲望与利益: 资本主义走向胜利前的政治争论》，李新华、朱进东译，上海: 上海文艺出版社，2003 年，序，第 3 页。
③ 艾伯特·赫希曼，《欲望与利益》，自序，第 15 页。
④ 罗卫东，《激情还是利益》，http://book.douban.com/review/1209729/

的利益与有害的激情"，利益与激情的特征是否如两位经济学所言？又指出"强烈的激情对当代世界的可怕影响"，激情"能否通过抑制资本主义和人的贪婪本性从而使人们摆脱它们的损害行径"。① 显然，无论是森还是赫希曼，在他们看来，激情是具有破坏性的，而利益则可以驯服欲望，以理性的姿态出现。顺着这个话题，利益与自爱的转化、利益进入商业、社会的后果、利益与公众福利（the public good）的关系等问题，接踵而来。同时，"自利"如何进入经济学以及进入经济学之后带来的状况也得到更细致的梳理。这样的解读势必与早期资本主义辩护者的文本有关。同一个文本可以有不同的解释，同一个概念也可以有不同的理解。激情和利益，这些概念或许并不像赫希曼认为的那样。如何接近真实呢？皮耶尔·福斯提出，可以用伽达默尔阐释学的姿态看待这些文本，"以阐释学的路径进入卢梭和斯密，应该从我们所了解的这些作家的熟悉形象入手；进而在陌生化这些形象的过程中质疑这些形象；最后，我们将更了解斯密和卢梭，更重要的是，这个过程让我们更清楚那些前概念，这些概念是我们已经定义的、结构化了的对这些作家的理解，它们无需被抛弃。实际上，它们不能被抛弃，因为它们作为历史存在构成了我们讨论的核心。我们仅仅因这些历史存在较为了解而已。阐释学路径的根本目的在于自我了解（self-knowledge）。"② 在这一路径下，皮耶尔·福斯向读者展现了自利与商业社会千丝万缕的联系。休谟同样也在他的考察之下，不过是在"自利"的线索之下。这种分析当然有助于我们从另一个侧面了解休谟在17、18世纪作家群中某个方面的贡献，但在这条长线之下，我们依然看不到作为经济思想者的完整休谟。这是线性研究不可避免的问题。笔者非常赞同福斯这种接近文本的方式，现在，让我们聚焦到休谟的文本，这样的问题或可免之。

另一方面，休谟研究者们则从人性科学接近休谟的社会哲学，这

① 艾伯特·赫希曼，《欲望与利益》，序，第4页。
② Pierre Force, *Self-Interest Before Adam Smith: A Genealogy of Economic Science*, Cambridge University Press, 2003, p. 4.

一做法对于深入了解休谟的经济思想大有裨益，它为我们指出了另一条道路。

克里斯托弗·J. 芬利在综述休谟研究时说道，自邓肯·福布斯《休谟的政治学》发表以来的三十年中，在思考休谟对人性永恒性的论断时，对其历史性著作连贯性的考察大大推动了学术研究。这一研究有两个重要的维度：首先，《人性论》三卷的连贯性常常被以往的研究者忽略，这一研究为《人性论》的完整理解提供了一个基础；其次，这一研究为人性历史的真实讨论做出了创造性贡献。[①] 人性在社会和文化语境的根本变革中是否也永恒不变？休谟在精神科学中采取实验推理方法的尝试——论人的本质，是要像牛顿那样建立一门"人的科学"。越来越多的学者着手于这门科学来研究休谟，他们是：邓肯·福布斯、安纳特·拜耶（Annette Baier）、克里斯托弗·J. 贝瑞（Christopher J. Berry）、S. K. 沃兹（S. K. Wertz）、理查德·H. 狄斯（Richard H. Dees）、列昂·波帕（Leon Pompa）、西蒙·伊夫奈（Simon Evnine）等。芬利所著的《休谟的社会哲学:〈人性论〉中的人性和商业社会性》也同样是从人的科学出发，着重分析《人性论》中激情与市民社会结构的关系，包括骄傲与自尊、爱、理性、利益和意志、同情、修辞与社会观念的交流等方面。与赫希曼和福斯的大历史勾勒相比，芬利的分析更能让我们弄清休谟对待商业社会的态度，尤其是休谟如何从人性科学看待商业社会的种种现象。尽管芬利没有强调休谟的经济思想，但我们可以在他的分析基础上更进一步，深入到休谟的经济思想中去。

相对于孤立地研究休谟在货币、商业、利息等经济问题，在人性科学的整体中看待经济思想，对于理解早期资本主义辩护者的思想势必更有优势；同时，从人性科学出发，我们所看到的不仅是赫希曼所说的激情与利益的较量，还能看到休谟对早期资本主义财富的认识。

[①] Christopher J. Finlay, *Hume's Social Philosophy: Human Nature and Commercial Sociability in A treatise of Human Nature*, Continuum, 2007, p. 5.

亚当·弗格森对市民社会的腐败感到无可奈何[①]，斯密对商业社会带来的败德行为而产生悲观情绪[②]，比这两位长十二岁的休谟，其对待商业社会的态度常常被认为是乐观主义的，并常常因此受到批判，然而大多数人似乎没有去想休谟为何是乐观的，为何看到社会的奢侈腐化仍然鼓励改进技艺？这个问题，可以从休谟的财富观和消费观中得到一些回答。"在休谟看来，财富主要不在于拥有什么，而在于做了什么。"[③]哈孔森谈到休谟的货币论时如此说道，这可以视为对休谟财富观的最佳注脚。既然财富不在于钱，那么获取金钱的行动之于财富的意义又在何处？这是人性科学的关键所在。

休谟说，"激情是一切行动的缘由"[④]，又说"理性是，而且应该是激情的奴隶"。显然，休谟是重视人的情感的。赫希曼将利益视为激情的对立面——理性，战胜了具有破坏性的贪欲。赫希曼的目标是解释资本主义前夜的理论交锋，他将利益抽象为另一种理性。然而在休谟那里，利益本身就是一种激情，所谓的"理性"是一种平静的激情[⑤]，因此，并不存在利益与激情的较量，或者理性与激情的较量，如果说存在某种较量，那也是激情与激情之间的较量。在激情的较量与传导过程中，个人与个人、个人对群体、对社会的相互影响逐渐形成了秩序和风俗。正是从人本身出发，休谟构建了他的政治经济学。

本书将分为三篇内容。上篇三章内容将着重论述休谟如何看待激情的较量，利益的激情如何最终占得上风，成为商业社会中人们行为的支配性激情。在休谟的激情论中，同情机制是休谟认识论在激情论中的精确运用，是人与人之间、人与社群之间情感传导的机制，这种

① 亚当·弗格森，《文明社会史论》，林本椿、王绍祥译，沈阳：辽宁教育出版社，1999年。

② 亚当·斯密，《道德情操论》，谢宗林译，北京：中央编译出版社，2008年，第71—77页；罗卫东：《情感 秩序 美德——亚当·斯密的伦理学世界》，北京：中国人民大学出版社，2006年，第77页。

③ David Hume, *Political Discourses*, ed. by Knud Haakonssen, Cambridge University Press, 1994, 中国政法大学影印本, Introduction, xxii.

④ David Hume, "Of commerce", see *PW*, Vol. III, p. 285.

⑤ 休谟，《人性论》（下），关文运译，北京：商务印书馆，1980年，第476页。

传导机制与后来斯密的同情体系有着很大的差异——尽管也有着很多相似之处，这种异同也反映在两人对商业社会的看法之上。休谟曾以镜子比喻同情对激情的反射过程，第一章便是讨论同情之镜与激情的传导机制。作为人类的本性，骄傲与爱是关涉自我和关涉他人的两类基本激情。涉己的激情——骄傲，和涉他的激情——爱，与人所感受到的利益、优势、好处等外在条件密切相关。虽然美与德性也与足以成为骄傲和爱的充分理由，虽然休谟在《论激情》中分析了外在条件与内在优势的蕴涵，并且赋予同等重要的意义，但在经济生活中，利益的激情逐渐获得了支配性趋向。第二章讨论骄傲、爱与利益，分析激情较量的过程。当利益的激情取得支配性地位，人们在此激情驱使下的行为是勤勉、逐利，甚至贪婪，但是贪婪不能无限膨胀，必须受到制衡，使其成为一种温和的、有益的激情。第三章讨论休谟著作对勤勉与贪婪的看法，这与经济行为直接相关。与此相关的，是休谟在经济论文中对 industry 一词词义的用法。对这个词义的分析，我们不仅可以更清晰地从用词上看到勤勉的精神与商业、制造业之间互动，而且还可以看到休谟的劳动观、财富观。

中篇三章内容将分析利益及其基础上的政治经济学。在休谟的人性科学中，利益究竟有哪些特征，又是如何互相区别的，个人利益、社会利益，涉利交往（interested commerce）、不涉利交往（disinterested commerce），这些利益让人们在社会中采取怎样的相应行动？第五章、第六章讨论的是利益基础上的政治经济学。18 世纪的政治经济学，在今天看来，其实都应归于立法者科学。在利益的基础上，休谟为立法者科学构建了制度层面的政治经济学，也提出了具体实施层面上的政治经济学。休谟并不认为人的自私是社会行为的基础，自私或有限慷慨才是这一基础。以此为基础，政府、正义才得以建立，并拟定具体的经济措施。

下篇包括两章内容，讨论利益与效用的关系，以及财富与德性之争。第七章讨论利益与效用之间的关系。很长时间以来，休谟的效用论不断被误解，以致休谟常常被当代功利主义者视为鼻祖。然而我们发现，"效用"这个概念只是在《道德原理探究》中高频率地出现，而"利益"一词则在《人性论》中高频率地出现，为什么休谟后来会强调效用、弱化利益的角色？利益与效用之间有着怎样的联系？休谟的效用论与现代经济学的效用论有着怎样的联系和影响？这种行为的最终目的与经济学中的功利主义，即效用最大化有何异同？第七章试图给这些问题一些答案。

财富和德性一直以来都是哲学家思考的问题。贫穷并不一定就是德性的母体，财富是否就一定会败坏德性呢？人的本性在追求财富中的变化是否与道德滑坡直接相关？商业社会的败德与人性的残缺或完满的问题该如何应对？换言之，激情与财富的相依、相悖，这门人的科学，休谟的答案能否解决人类一直以来的困惑？相应延续的是一篇附录，是从人性论出发对奢侈消费做出的简短评论。

休谟的人性科学体系恢弘，可从哲学、政治、经济、历史、宗教等各个方面进行解读。本书不打算从现代学科分立的意义上看待 18世纪的政治经济学，而是尝试回到休谟所处的时代，剖析人性科学与政治经济学的密切关联，从人的本性出发分析政治经济行为的动机与目的。

上 篇　激情与利益

第一章　同情之镜：激情的传导机制

在 18 世纪的启蒙思想家那里，同情（sympathy）的内涵逐渐扩大，并被赋予了新的意义。大多数情形下，同情作为一种情感，只是人类众多情感中的一种，用以表示对他人痛苦的怜悯之心、恻隐之情。霍布斯曾指出，"为他人的苦难而悲伤谓之怜悯，这是想象类似的苦难可能降临在自己身上而引起的，因之便也称为共感，用现代的话来说便是同情。"[①] 对怜悯、共感、同情的强调，概因这三个词有相近之意、不同表达而已。而稍早于休谟的弗朗西斯·哈奇森提到"同情"时也将其与悔恨、羞耻并列，以"悔恨、羞耻、同情之苦"对应"荣誉、祝贺之乐"[②]，认为同情是一种痛苦，显然并没有赋予同情什

---

① 霍布斯:《利维坦》，黎思复、黎廷弼译，杨昌裕校，北京：商务印书馆，1985 年，第 42 页。这一含义是"同情"的基本意义，即便休谟和后来的斯密赋予同情更多、更丰富的内涵，但他们也都没有否认这一基本意义。对照《利维坦》的原文，这里使用的词语是 fellow-feeling 和 pity。前者被译为"共感"，或者译为"同情"。笔者在处理休谟和斯密文本中的 pity，都将其译为"怜悯"。汉语中的"同情"常常是"怜悯"的意思，而因"怜悯"他人往往会产生一丝痛苦之意，哈奇森对同情的用法也属于其中一种。
② Francis Hutcheson, *An Essay of the Nature and Conduct of Passions and Affections, with Illustrations on the Moral Sense*, Edited and with an Introduction by Aaron Garrett, Liberty Fund, Indianapolis, 2002, p. 5.

么重要的地位。最早提出同情是人天性中一个强有力的秉性[①]、赋予同情在传达各种激情时的特殊作用、强调同情的重要地位的，莫过于休谟的《人性论》。[②] 在休谟的情感理论中，同情在道德哲学、政治经济学、审美等领域有着至关重要的作用。

在《人性论》中，休谟将同情视为人性中强有力的秉性，这种天性成为激情传导过程中的一个机制，将人们对苦乐的同情与认同心理机制联系起来，而这种认同包括审美与道德，涉及同情利益带来苦乐的认同，也涉及同情领域大小的认同，诸如民族性、风俗习惯的形成等问题，因此，"同情"就关系着个体与社会沟通往来、意见观念以及舆论影响等重大问题。正因为如此，我们就有必要从 18 世纪苏格兰启蒙思想的背景中厘清休谟同情理论的特征。本章将从三个方面逐步分析：一，在休谟体系中，同情作为重要的人性之一，这种类似生物学的解释不容忽视；二，同情的认识论基础，是同情之镜的哲学实践；三，人们在同情过程中的愉快和痛苦究竟是如何产生的？为什么观赏悲剧却能获得巨大的愉悦？最后，讨论一下这种同情机制在社会生活中的影响。

---

① David Hume, *T*, III. iii. 1. 10, including all the essays, and exhibiting the more important alterations and corrections, in the successive editions published, by the author, in four volumes, Volume II. Thoemmes Press, 1996, p. 364. 同情是人的秉性，这一点在 18 世纪得到休谟、柏克、斯密以及法国卢梭、狄德罗等人的认同。他们在道德、审美领域普遍运用同情理论，但这种同情说似乎在 19 世纪被遗忘，直到 20 世纪后半期为人关注。自 1990 年以来，以同情为论题的论文和专著才逐渐产生。

② 休谟的《人性论》第二卷发表于 1739 年。笔者认为，卢梭、斯密、柏克等人均受到休谟同情理论的巨大影响，后面几位作者的主要论著发表在时间上大多晚于《人性论》，而从他们与休谟的关系来看，对于《人性论》应该都是熟悉的。当然，休谟之前的哈奇森提出的同情理论也对后人有影响，但不像休谟这样在《人性论》中强调同情在人类情感交往中的作用。

一

1. 同情是人性中强有力的秉性 [①]

一般认为，"同情"恰切的含义是用以表示我们与他人悲伤共

[①] 18 世纪，休谟、柏克、斯密以及法国卢梭、狄德罗等人都认同同情是人的秉性，但不像休谟这样强调"同情是人性中强有力的秉性"。这里解释一下休谟这个论断的两层含义：首先，同情是人的秉性，这一秉性在有些动物那里也是存在的，比如狗、马等高等哺乳动物，也有某种情感的反应能力。狗见到同伴撒欢，自己也会随之共欢。动物的这种能力，休谟并没有忽视。其次，"同情是人性中强有力的秉性"，意在说明同情在人性中的强大影响力，其强大的程度或许可以对于人类的生物进化有着重要的影响。虽然狗、马这些动物也能反射同伴的激情，但激情的反射和被反射的情形并不像人类那样复杂，而可能是一个单一的过程。在群居的类人猿中，同情的反射机制或许要高于散居的动物。但是，人的同情秉性是最强有力的。休谟提到"同情是人性中强有力的秉性"，似乎暗中参照了其他动物。本节下文将会涉及这个问题。

与休谟不同，在卢梭和斯密的著作中，少有人与动物同情能力的比较。

卢梭在 1753 年发表的论文中写道："其实，除了对弱者、罪人、或对整个人类所怀有的怜悯心外，还有什么可以称为仁慈、宽大和人道呢？即所谓关怀、友谊，如果正确地去理解，也无非是固定于某一特定对象上的持久的怜悯心的产物；因为希望一个人不受任何痛苦，不是希望他幸福还是什么呢？即使怜悯心实际上也不过是使我们设身处地与受苦者起共鸣的一种情感（这种情感，在野蛮人身上虽不显著，却是很强烈的，在文明人身上虽然发达，但却是微弱的），这种说法，除了更足以论证我所持的论点外，还有什么其他意义呢？事实上，旁观的动物对受苦的动物所起的共鸣越深切，怜悯心就越强烈。那末，十分明显，这种共鸣，在自然状态中比在推理状态中，当然是更深切得不止几千万倍。产生自尊心的是理性，而加强自尊心的则是思考。理性使人敛翼自保，远离一切对他有妨碍和使他痛苦的东西。"（卢梭：《论人类不平等的起源与基础》，李常山译，北京：红旗出版社，1997 年，第 87—88 页，着重号为笔者所加）

卢梭认为，在自然状态下的人身上，对情感的共鸣更强烈，所以他们的怜悯心是强烈的，虽然不怎么显著；但在文明状态下的人，共鸣的能力所以在语言、理解力的协助下变得发达，但去刻意克制自己的情感共鸣，防止给自己带来痛苦。所有他们的怜悯心是微弱的，虽然非常发达。卢梭这种态度与他对文明社会的悲观情绪直接相关。

斯密在他 1759 年初版的《道德情感论》中则没有提到同情能力在不同状态下的人身上的区别。开篇便是："无论人被认为多么自私，他的本性中显然还存在某些秉性，使他关心别人的际遇，视他人之幸福为自己之必需，尽管除了目睹别人之幸福所感到的快乐之外，他一无所获。" See Adam Smith, The Glasgow edition of the works and correspondence of Adam Smith(1981), *TMS*, Oxford: Clarendon Press; New York: Oxford University Press, I. i. 1. 1. 这个"人"究竟是什么状态下的，这一点斯密在《道德情感论》是非常模糊的。斯密所预设的人，似乎不同于卢梭自然状态的人，而直接是一个"社会人"。比如斯密写道："大自然，当她为社会塑造人类时，总是赋予他对快乐的 （转下页）

感①，休谟在其他地方也将"同情"用作对悲伤的共感、对不幸的怜悯之情②，但在《人性论》的"论激情"中第一章十一节《论对名誉的喜爱》中，专门就同情的本质作出论断时说：

> 人性的天资（quality of human nature）中，就其本身及其各种结果来说，最值得注意的莫过于我们**得**（have to）同情他人的倾向，通过传导（communication）获得他人的各种偏好（inclinations）或情感（sentiments）——尽管这些偏好和情感与我们不同，甚至与我们相反。（*T*, II. i. 11. 2）

所以这里必须明确一点："同情本身不是激情，不应该与恻隐之情、怜悯或移情混淆。它同样不应该和人道之爱——哈奇森所说的普遍的仁慈，休谟否认我们有这种感受——混淆。"③虽然同情的确包含与别人的悲伤同情共感——如霍布斯所言，但显然休谟这里所指的是激情沟通过程中的机制。

其次，人性中最明显的特性，即"我们不得不同情他人"、"我们

（接上页）与生俱来的欲望，以及他对冒犯他的同胞的与生俱来的厌恶。"（III. 2. 6）类似的"自然造人"的句子似乎都可以表明：斯密笔下的"人"是一个生活在"社会"或者说"群体"中的人，很少有迹象表明，斯密所说的人是霍布斯或卢梭笔下的自然状态下的人。

① 参见 Adam Smith, *TMS*, I. i. 1. 5; I. iii. 1. 1. 斯密指出同情的这个层面，但在其《道德情感论》中，他与休谟对同情的运用是一致的。*TMS*, I. i. 1. 5 写道："怜悯和恻隐之心是用来表示我们对别人悲伤的共感的词语。同情共感（Sympathy），虽然原意可能也是如此，但这里用来表示我们对任何激情的共感也没什么不合适。"

② David Hume, "Of Tragedy", see *PW*, Vol. III., p. 240, p. 245.

③ Charlotte R. Brown, "Moral Rationalism, Sentimentalism, and Sympathy", see *A Companion to Hume*, Edited by Elizabeth S. Radcliffe, MA: Blackwell Pub., 2008, p. 232. 这段评论中尤其提到同情与移情的混淆。同情是与对方情感的同情共感，是对在现实和现象中与对方情感的互动，而移情则是寄托情感，是没有这种互动的。因而，同情不是移情。

现实中的情感互动是可以理解的，想象中的情感互动如何理解？可以从休谟所举的例子。比如，一个躺在原野上的人，不知道一匹马正向他飞奔而来，也就是说他本人没有感到这种危险。但是，旁观者看到并感受到了，这时候旁观者对这个人的同情共感便是在想象中获得的，情感的原点是受到危险的这个人而不是旁观者。这一点与移情不同。虽然移情是一种情感的寄托，对象也毫无察觉，但对象只是在主体的想象中承载了主体的情感而已，情感的来源是主体本人。同情与移情最大的差别大概就在于此。

得同情他人"的这种倾向, 深植在人的心灵之中, 人与人的沟通激发
起它的运作。这里的"不得不"虽然在语气上没有"必须"这样的词
语强烈, 但至少说明, 这种倾向、天资是人性中不可缺少的, 是有强
制性的。后来斯密的同情理论继承了这种语气。他在《道德情感论》
的篇首也将同情视为人类的秉性, 并且强调同情的必需性。他说,
"无论人被认为多么自私, 他的本性中显然还存在某些秉性, 使他关
心别人的际遇, 视他人之幸福为自己之必需, 尽管除了目睹别人之幸
福所感到的愉悦之外, 他一无所获。"(TMS, I. i. 1. 1) 在这一点上,
两位作家的语气是一致的。① 至于同情为什么是人的秉性, 这个问题
休谟和斯密都没有做出回答。②

不过, 休谟还将同情机制扩展到一些动物身上:"显然, 同情,
或激情的传导也发生在动物身上, 并且不比人类中的同情少见。恐
惧、愤怒、勇敢以及其他意向 (affections), 往往从一个动物传给另
一个动物, 而它们却不知道产生这种原始激情的原因。动物的悲痛和
人类一样, 同样凭借同情而被获知, 几乎产生相同的结果, 激起相同
的情绪。一条狗的嚎叫与哀鸣在其同伴中产生明显的关切。"(T, II.
i. 12. 6) 同情, 即激情的传导机制在动物——休谟主要指的是兽类
(brutes)——身上也不例外, 这倒从生物学的角度说明, 同情机制并
非人类独有。③

最后, 从休谟对同情对象、同情方式等的论述中, 我们可以推

---

① 只是斯密更强调同情的愉悦, 而休谟则没有这一层次。休谟、斯密关于同情的愉悦
这一点的争论, 参见欧内斯特·莫斯纳、伊恩·辛普森·罗斯编,《亚当·斯密通信集》,
北京: 商务印书馆, 1992 年, 第 76 页。在休谟的论述中, 即便是目睹别人的幸福, 与
他人的幸福形成了同情共感, 这种幸福的快乐可能也未必在目睹者心中占据主导地位,
因为休谟还强调人的另一秉性: 比较。
② 这个问题或许要借助现代生物学对人类和类人猿的镜像神经元的研究成果。现在
的神经元科学发现, 在人和高级动物身上都有这样一种系统, 像镜子一样将自己的情
绪反射另一个同类身上。关于此研究的结果, 请参阅: Leonie Welberg, "Mirrors, mirrors,
everywhere?", *Nature Reviews*, Vol. 11, June 2010. Also see Roy Mukamel, Arne D. Ekstrom,
Jonas Kaplan, Marco Iacoboni and Itzhak Fried, "Single-Neuron Responses in Humans during
Execution and Observation of Actions", *Current Biology* 20, 750–756, April 27, 2010.
③ 休谟对不同种类同情的分析, 参看本章第 4 小节的第一个脚注。

论，同情在人身上表现得更为强烈。由于同情是获悉他人情感必不可少的机制，是人的一种基本能力；生活在群体中的人，只有通过同情这种能力获得别人的激情、情感、意见甚至信念等等。因此，这种能力在人类身上会产生更大的影响。休谟说，"这一点不仅在儿童身上非常明显，他们盲从地接受向他们提出的任何意见；而且，在有着最有判断力和理解力的成年人身上也非常明显，他们发现很难顺着自己的理性或偏好，而反对他们朋友或日常伴侣的理性或偏好。"（*T*, II. i. 11. 2）儿童接受社会熏陶而拥有社会性，成年人要维持社会关系，即便看到与自己相左的意见或偏好，也不能完全按照自己的喜好行事。[①] 正因为人的天性中有如此强大的秉性，无论小孩大人都有同情的能力，所以，人才有结成社会的能力。兽类虽也有同情，也能够传导激情，却很少有像人类这样结成社会、影响一个群体的特性，因为它们不像人类"有较高的知识和理解力"（*T*. II. i. 12. 5）。[②] 因此，除了同情这种看似生物性的能力之外，知识和理解力对于社会的缔结和持续存在也是非常重要的。以下从休谟的认识论来分析同情机制的运行过程。

二

2. 同情的认识论基础

休谟认为，人类的一切知觉均可分为印象与观念：印象的名目

---

① 休谟这里提到同情在儿童与成人身上的不同之处。如果把儿童看作比较接近自然的人、把成人看作更接近社会和文明状态的人，那么，休谟认为同情在这两者之间的迹象同样明显，这一断言就与上面脚注中提到的卢梭观点不同了。

② 《人性论》中，休谟不仅关注人的理解力、观念与印象、激情、理性、道德等，同样也关注动物的激情、理性甚至道德。当然，休谟这里所说的动物更多的是指高级动物。他甚至比较这两者的异同。这也是休谟作为一个启蒙思想家非常独特的一个方面。除了在《人性论》中提及，休谟还有专门的论文："Of the Dignity or Meanness of Human Nature", *PW*, Vol. III, pp. 86-93. 另外还可参阅：Denis G. Arnold, "Hume on the Moral Difference between Humans and Other Animals", *History of Philosophy Quarterly*, Vol. 12, No. 3 (Jul., 1995), pp. 303-316。

下包括初次出现在心灵中的一切感知（sensations）、激情（passions）和情绪（emotions）；观念则是指这些感知、激情和情绪在思维和推理中的模糊（faint）意象。人与人之间激情的传导，正是依靠同情机制实现观念、印象之间的转变。在这一转变过程中，意向（affection）① 起了一个非常关键的传递作用。休谟说：

> 当任何意向以同情注入时，这种意向最初被认知仅仅是因意向的各种结果（effects），是因为面容和谈话中的那些外在的迹象，这些传达了意向的观念。这个观念立刻转换成一个印象，并且获得了如此大程度的力量和活跃性（force and vivacity），以致变成这种激情本身，产生了和原始意向相同的情绪（emotion）。无论这种观念转换成这种印象的变化是多么短暂，它都来自于某些观察和反思（views and reflections）。（T, II. i. 11. 3，着重号为笔者所加）

当"我"看到一张满面笑容或愁苦的脸时，会有怎样的心理过程呢？按照休谟的论述，意向被"我"接受，是因为"我"看到了它的结果——笑脸或愁容这些外在的迹象，这些迹象向"我"传达的是此意向的"观念"。此观念在"我"这里立刻转变成一个印象，而且获得了很大的力量和活跃性，足以变成这种激情，最终产生与原始意向相同的情绪，比如笑脸或愁容所表示的情绪。这个过程有时转瞬即成，非常短暂，但意义十分重要，它完成了"他人情感传导给我并使我也具有某种情感"这样一个过程。

从他人到"我"的这个过程借助的是观念与印象的推移和转变，依靠的是"我"的理解能力，这是《人性论》第一卷理解力体系的运用。这一推理与斯密对同情的论述有着很大的不同。斯密所借助的是"想象"："由于我们对别人的感受没有直接经验，所以除了设想自己

_____

① Affections，一般理解为受外界触动而生发的情感，是心之所向。这里权且以"意向"一词表示这个意思。

处在同样的环境将会有怎样的感受外，我们对他人的感受不会形成任何观念。"（*TMS*, I. i. 1. 2）这种想象通过角色的位置变换，同样也会形成某些观念、概念或者印象，借助概念的活跃性或明暗程度，人们的感受有所不同。休谟也曾提到"想象"在同情机制运行中的作用，不过他更强调的是观念之间的因果关系、类似和接近的关系，这些关系在"自我"和他人情感传递过程中是非常重要的。休谟写道：

> 显然，关于"自我"的观念（the idea of ourselves），或者不如说是关于"自我"的印象，总是密切地呈现在我们面前，我们的意识给予我们关于"我们"这一第一人称如此栩栩如生的概念，以至于不可能想象其他任何事情能够在这方面超过"我们"。因此，根据上文的各种原则，凡是与我们有关的对象，都必须以一种类似活跃的概念被想象（conceive）；尽管这种关系不如因果关系那样强烈，但它仍然有相当大的影响。类似和接近是不容忽视的关系；当我们从原因和结果推断，从外部迹象的观察推断，我们获悉这个对象的实际存在是类似或接近的时候，类似和接近的关系尤其不能忽视。（*T*, II. i. 11. 4）

观念或者印象被"我们"想象，换言之，"我们"能够对他人的情感形成观念或印象，盖因为这些观念或印象的种种关系。这些关系的建立乃是"自然"的杰作。休谟分析道："因为，显然，自然（nature）在人这种造物中保存了巨大的类似，而且显然，某种程度上，我们在自己身上没发现类似的激情，我们也不会觉察到别人身上的某种激情或某种秉性。心灵的构造、肉体的构造，其情形也是如此。无论各部分组件在形状或尺寸上如何不同，它们的结构和组织一般说来是相同的。它们即使再千差万别也还保留着惊人的类似；而这种类似肯定为我们体会他人的各种情感、柔顺而愉快地接受它们做出颇多贡献。所以我们发现，我们的风俗、个性、地区、语言上的特殊的类似性，促进了这种同情。我们自己和任何对象之间的关系越紧密，想象就越容易使那个相关的观念过渡、转换成那个活跃的概念，而这个概念是我们经常对"我们"第一人称形成的观念。"（*T*, II. i. 11. 5）用现代的语言说，"自然"在人身上植入了类似的基因，因为"我"与他人有着这些相似性，所以才能察觉到别人身上的激情。休谟以"构造"一词比喻心灵的结构，仿佛心灵由各种组件构成①。即使人与人之间有千差万别，但作为自然的造物，人与人之间的类似最终促进了同情机制；而关系的接近性也更容易让观念转变、推移。

至此，从理解力体系论述同情机制最终推到了"自然"，休谟就此止步，并在自然的基础上继续论述同情如何在观念与印象之间转变："同情之镜"非常清楚地说明了这一变化过程。

3. 同情的镜像映射机制

休谟在论述人们为什么总是会敬重有钱、有权之人时，以光学的映射理论比喻同情机制的运行。他将人的心灵比喻成一面镜子，每个人的心灵是另一个人心灵的镜子，心灵之镜的映射虽然反射彼此的情绪，但激情、情感、意见的光束总是互相照射，并不知不觉地消退，乃至衍生出另一些激情。

休谟分析道：有钱人从他的钱财中得到的愉悦，因投射到旁观者身上而产生了愉悦和尊崇。有钱人的愉悦投射到旁观者身上，在旁观者心中产生了愉悦和尊崇的情感，这是第一层投射。这些被旁观者感知并同情的情感增加了有钱人的愉悦，这是旁观者情感反射到所有者那里之后，在所有者心中产生的作用：增加所有者的愉悦。这是第二层反射。旁观者感受到的这些情感反射到所有者之后再次反射到旁观者心中，这个过程中的情感成为旁观者新的愉悦和尊敬的基础，这是第三次反射。

---

① J. V. Price, *David Hume*, updated Edition, G. K. Hall & Co. 1991, p. 32，休谟借这种比喻描述他论述的对象。

有钱人为什么会从钱财中获得愉悦呢？休谟将钱财的效用与这种愉悦联系起来。[①] 休谟说：

> 钱财具有让人们享受生活愉悦的能力，钱财产生的原始满足的快乐就源于这种能力（power）；这种能力正是钱财的本性和本质[②]，所以它必定是从钱财产生而来的所有激情的最初源泉。因此，这些最重要的激情之一便是他人心中的喜爱或尊敬之情，起源对拥有者的愉悦的同情。不过，拥有者在钱财中也拥有了一种次生的满足，这种满足产生于他因这些钱财而获得的喜爱和尊敬。这一满足不过是他本人所具有的原始快乐的次生的反思。这种次生的满足或虚荣成为钱财最主要的可贵品质之一，也是我们希望自己得到，或者尊敬有钱之人的主要原因。这是这种原始愉悦的第三次回弹，此后，意象（images）和反思（reflections）因其微弱和混沌就很难区分了。（T. II. ii. 5. 21）

钱财的效用带给拥有者的愉悦是一切情感之源，这种愉悦借助同情机制的传递，激起旁观者的喜爱和尊敬；旁观者的激情借助同情机制的传递，增加拥有者的愉悦；然后再次反射到旁观者，产生新的喜爱和尊敬。按照休谟的解释，这种新的喜爱和尊敬，其实是希望自己也得到财富或尊重有钱人这些激情。在此之后，可能还会产生各种各样的激情，但与那种原始愉悦的关系已经非常疏远了。原始的愉悦经过这三次反射之后已经逐渐"褪色"；而在这个过程中，拥有者、旁观者每次的激情可能也各有不同。

---

① 至于效用为什么让人感到愉悦，休谟在《道德原理探究》中专门论述了这一问题，本书将在第七章论述。
② 休谟再三强调钱财的这种本性或者说属性（参见 T. II. i. 10. 3），并特别强调属性中的能力（power）这一因素。参见 Christopher J. Finlay, *Hume's Social Philosophy: Human Nature and Commercial Sociability in A treatise of Human Nature*, 2007, p. 99.

"同情之镜"，休谟以这一形象的比喻将人们追求钱财的心理剖析地淋漓尽致。这一理论非常清楚地解释了：人们为什么总喜欢追逐金钱、名利，为什么总羡慕有权有势之人的种种心理。

除了同情的"镜像理论"，休谟还运用了另一个比喻来说明同情在激情传导中的作用，姑且称之为"弦线传导"。他写道："就像弦线同等程度地拉紧，一根运动会传达到其他弦线之上；所以，一切意向很容易从一个人传到另一个，并在每个人产生相应的趋向。"（T. III. iii. 1. 7）休谟以弦线运动的传导比喻激情从一个人传到另一个的机制，以力学原理解释同情机制。依此比喻，最开始的那根弦线的运动方向不变，其他的运动方向也不会改变，可能在运动力度的大小上有所不同。对于激情的传导来说，休谟的暗示是，原始激情方向如何，同情传导而生的那种激情，其性质和趋向与原始激情一致，尽管在程度上可能会有所不同。所以，休谟紧接着以一个例子说明这种具有传染色彩的同情："当我从一个人的声音和姿态中看到激情的结果，我的心灵马上从这些结果转到它们的原因之上，并且对这种激情形成一个非常生动的观念，以致这种观念马上转化成这种激情本身。同样，当我察觉到某种情绪的原因时，我的心灵获悉那些结果，并被同样的情绪所激起。"（T. III. iii. 1. 7）这是弦线传导机制是最简单的同情过程，较之"镜像理论"，只能属于第一层次的投射。休谟通过光学的反射原理和力学传导机制旨在说明激情的传导机制在方向上、力度上以及明暗程度的种种变化。而在各种变化中，想象扮演了一个非常重要的角色。

4. 同情机制中的想象力

同情之镜、同情之弦，仅仅描述了激情与激情之间的传递机制，似乎限于当前的瞬间；除此，休谟还提出"同情并不总是限于当前的瞬间"，"我们往往通过传导感受到他人并不存在的、只是借助想象的力量预见到的苦乐"。（T. II. ii. 9. 13）这种情形有两点值得注意：一是他人并不存在这样的激情；二是"我们"通过想象预见到并进而感受到了这些苦乐情感。在这个同情过程中，想象发挥了非常重要的作用；没有想象，同情便不可能发生。

这种例子非常多见。比如：我看到一个完全陌生的人睡在田野上，正处于被马蹄践踏的危险，我会立即跑去救他；在这里，激励我的正是同情秉性，它使我关心那个陌生人当前的痛苦，并想去帮助他。在这个例子中，陌生人对于他自己所处的危险是不知道的，但因为"我"预见到他马上面临的可能的危险，所以"我"想马上跑过去帮他。当我们想到某人将来可能的、或然的状况时，我们体会它的方式是，以一个非常鲜明的概念使它为我们所关切的对象，以这种方式意识到既不属于我们自己也不是当前实际存在的痛苦和快乐（T. II. ii. 9. 13）。休谟以此解释我们对那个即将被马蹄践踏的人将要面临的危险的同情。

对于这种同情，休谟在另一个例子中认为是一种"不完整的同情"（partial sympathy）①。他举例说："我们为那些在我们面前举止鲁莽的人们的行为感到羞愧，尽管他们没表示任何羞耻感，也没丝毫意识到他们的鲁莽。这一切都来自同情，但是一种不完整的同情，只是从一方看待同情的对象，而没有考虑到另一方。另一方具有相反的结果，彻底消除了最初流露的情绪。"（T. II. ii. 7. 5）当事人并没有意识到自己行为的鲁莽，而作为旁观者的"我们"却仍然感受到"羞愧"，某种意义上，这种羞愧是"我们"替当事人感到的。斯密也曾论述过这种情形下的同情，不过他认为这种同情源于了解到那种境

---

① 就同情作为激情传导机制而言，休谟暗示有很多种类。

上文分析的"同情之镜"似乎是一个非常完整的同情。在这个过程中，当事人和旁观者双方都有充分的同情。首先，旁观者对当事人愉悦的同情产生了喜爱和尊敬；其次，旁观者的喜爱和尊敬又得到了当事人的同情，进而在当事人心中增加了愉悦；再次，这种愉悦再次反射给旁观者，产生了新的喜爱和尊敬。

"不完整的同情"与这种同情的不同之处在于，"当事人"的那些激情，或者根本不存在的激情，是旁观者借助想象同情而生。这种同情无法与对方形成互动，因而是不完整的。

下文谈到的"双重的同情"则是从旁观者角度、对不同对象的同情，并涉及到第三方。例如，对不幸的怜悯，自然会让人想到造成不幸的那一方。人们对不幸者产生怜悯之情的同时，还会对另一方产生憎恶之情。而对双方的同情往往会表现出不同的激情。怜悯或憎恶，哪种更强烈，完全取决于旁观者的心灵活动。

在第二章中谈到"延伸的同情"，与这种"双重同情"内容大致相同。

况。他说："同情共感与其说是源于看到某种激情，不如说是源于了解到激发这种激情的境况。我们有时会感受到别人似乎都完全不可能感受到的激情；这是因为，当我们置身于他的处境时，通过想象，我们心中会产生那种激情，尽管现实中，他心中并没有产生这种激情。"（TMS, I. i. 1. 10）斯密强调换位思考在同情过程中的作用；休谟则强调想象对观念和印象的影响："想象受到一般规则的影响，让我们心怀那种激情的生动观念，或者不如说是感受到这种激情本身，与那个人仿佛真的受到这种激情刺激的方式一样。"（T. II. ii. 7. 5）虽然斯密和休谟都运用了假设条件，但是，斯密借助想象将"我"置换到当事人的情境之中感受，而休谟则通过想象"我"感受到当事人不曾存在的激情而在自己心中形成某种观念。如果不上升到哲学层面，斯密和休谟描述的其实是同一种现象；或许可以说，斯密强调情境的变换，而休谟则强调观念的推移，前者注重的是社会情景，后者则从认识论上更直接地揭示这种同情的认识过程。

想象在我们心中激起了关于那种激情的生动观念，换言之，让心灵感受到那种激情——尽管当事人并没有感受到它。这个过程用休谟的认识论来解释就是，"同情是由一个观念到一个印象的转换，与比较相比，它要求更大的力量和活跃程度"（T. III. iii. 2. 5），又说"同情只不过是转变成印象的一个生动的观念"（T. II. ii. 9. 13）。无论如何，想象似乎增强了观念的力量，促成了观念与印象（激情是印象）之间的转变，促成了同情机制的运行。

除了想象，在休谟的同情理论中，还有一点非常重要，确切地说是激情之间的较量，是心灵中各种激情哪种能够获得主导性地位的斗争过程。这与休谟在第三卷《道德篇》第三章第二节《论心灵的伟大》中提出的比较秉性的运用原理相同。休谟指出同情和比较是人性中两个显著的秉性①；而激情的较量是指心灵察觉到各种不同的激情，有的甚至方向相反，最终会呈现出何种倾向的激情，就与这些激情的力度有关了。这一点在休谟论悲剧审美的愉悦时尤为明显；当然，它同样也存在于一般现实生活中。

三

5. 同情的愉悦与痛苦

我们看到，在休谟的体系中，同情而生的激情既有痛苦也有愉悦，这与斯密的"同情的愉悦"一说全然不同。这种不同在于，休谟将同情看作激情的传导机制，而斯密则赋予同情"认同"的特征②。

---

① 休谟指出："直接观察他人的快乐，自然给我们以一种快乐；因此，在与我们自己的快乐相比较时，就产生一种痛苦。他的痛苦，就其本身而论，是令人痛苦的；但是却增加我们自己幸福的观念，而我们以快乐。"（T. Ⅲ. iii. 2. 5）《人性论》，商务印书馆，1980年，第637页。这是比较秉性的直接运用，但比较秉性和同情秉性一起起作用时，最终起作用的要看观念的强弱程度。如果按照这种比较秉性单独运行，与霍布斯、曼德维尔的体系相差无几了，但休谟在这两位的基础上向前推进了一步：休谟赋予同情秉性非常重要的地位，尽管他也非常看重比较的秉性，但从休谟的整部《人性论》来看，同情秉性更为重要。参见 T. Ⅲ. iii. 2. 6《人性论》，商务印书馆，1980年，第637页），休谟对这两种情形做了阐释。
② 参见 Adam Smith, TMS, I. i. 3. 9。注释写道："有人反驳我说，如果我以同情共感为基础确立认同的情感——这种情感总是令人愉悦的，那么，承认令人不快的同情共感就与我的体系产生了矛盾。我的回答是，认同的情感有两点需要注意：一是旁观者同情共感的激情；二是旁观者注意到自己的同情共感的激情与当事人的原始激情完全一致而产生的情绪。后一种情绪中存在着认同的情感，它总是令人愉快和高兴的。另一种激情依据原始激情的性质，可以是令人愉快的，也可以是令人不快的。原始激情的各种特征必然会在某种程度上保留下来。"这里，另一种激情应指第一种旁观者同情共感的激情。
　　笔者认为，休谟与斯密同情理论的最大区别在于斯密的同情理论中缺少比较秉性的作用。尽管斯密赋予同情认同的含义，而认同无论如何都是愉悦的，但是，除了这种愉悦之外，斯密把他说的"原始激情的特征"完全抛在同情过程之外。而这个"原始激情的特征"在整个同情过程中却是非常重要的，因为人们最终表现出来的情感，是那程度和力度最强的激情。
　　而斯密只有在引入"旁观者"这一概念之后，他以"认同的同情"作为道德哲学的出发点，方能成为一个完整的体系。即便如此，斯密的同情理论似乎还是不能很好解释休谟所反驳的医院情形的例子。
　　在休谟的同情理论中，"旁观者"的作用是非常微弱的。旁观者是一种规范、规则，休谟的"道德篇"则完全根据同情和比较秉性在人性中的运用，让人类的本性进行自我规范。这是一种更接近自然主义的人的科学的态度。

两种不同的同情理论，影响了两者的道德哲学体系。这里暂且先论休谟的同情说。休谟认为，在同情过程中，如果不是其他激情的加入，"悲伤永远不能带来快乐"①；之所以人们在同情别人的痛苦时还能获得一些愉悦，这是因为同情过程中衍生了其他激情，最终的愉悦与占主导的激情有关。

最明显的例子是怜悯、慈善和爱的激情的混合：人们在怜悯他人、心生恻隐之情时，感受的激情是怎样的？表现出来的激情又是如何？休谟将怜悯和恶意（malice）作为一对相反的激情加以描述，它们的对象是同一个，都是对待他人不幸的态度。"怜悯是对他人不幸的关切，而恶意是对他人不幸的喜悦。"（T. II. ii. 7. 1）简单地说，怜悯是一种恻隐之情，而恶意则是幸灾乐祸。这种恻隐之情是希望别人快乐、厌恶别人身处不幸的欲望，而慈善，或说爱的欲念，也是希望所爱之人快乐、厌恶别人身处不幸的欲望，因而，怜悯总和慈善相连，就像一条锁链将它们扣在一起。在这里，休谟认为，怜悯或慈善都不是原生的激情，而是次生的激情。他的分析是，考察怜悯和恶意这些意向时，我们会发现它们是次生的意向，起源于原生的意向，是被思维和想象的某种特殊倾向改变了的。（T. II. ii. 7. 1）他人的痛苦、悲伤等借助同情在我们心中产生的，是与原始激情类似的情绪，而怜悯不过是次生的激情，是在原始激情的基础上借助思维和想象的某种倾向改变了的激情。怜悯、慈善总是与爱相关，恶意、愤怒总是与恨相关。所以，人们为亲友的悲伤感到忧伤；甚至对一个陌生人也是如此，这样的怜悯往往带有爱意，总是令人感到舒服的。但是，有些情形下，怜悯激发的并不是爱，而是恨，这又是为何？对此，休谟解释说，我们看到一个人身处不幸，会因怜悯和爱而感动；但是，造成这种不幸的人却成为最强烈痛恨的对象，我们对他的憎恶超过了相应的怜悯之情。这种结果是双重的同情（double sympathy）所致。因此，怜悯所表现出来的最终情形可能是对不幸者的爱怜之情，也可能是对与不

---

① David Hume, "Of Tragedy", see *PW*, Vol. III, p. 241.

幸者对立的一方的痛恨之情。无论哪种情形，不幸者的原始激情——悲伤、痛苦之类的激情特征，借着同情仍然在同情者那里保留下来。

如此，我们再来分析一下同情的愉悦与痛苦，以休谟关于父母对生病婴儿的同情、生者对死者的同情的论述为例。[①] 这种同情属于休谟说的"不完整的同情"，婴儿无法体会到父母、死者无法体会到生者的同情。父母、生者通过想象，在自己心中生发了那样一些激情，但这种"不完全的同情"也能够为父母、为生者带来其他的激情。休谟说："父母通常最疼爱身体最孱弱的孩子，在抚养他的过程中，这个孩子孱弱的身体给父母带来了最大的痛苦、烦恼和焦虑。这里，慈爱（affection，或译为"血亲之爱"）这种令人愉快的激情从那些令人不安的情感中获得了力量。"[②] 孩子的痛苦带给父母的仍然是痛苦，但父母在抚养的过程中衍生出的慈爱，也让他们获得某种愉快。这种愉悦并不是痛苦带来的，而是由这种痛苦衍生出来的。生者对死者的同情也是如此。休谟说："最让我们珍爱朋友的，莫过于因朋友亡故带来的悲伤。他的相伴所带来的快乐都没有如此强大的影响。"[③] 显然，朋友亡故令人悲伤，但它却使我们更加珍爱友情。珍惜友谊的情感由悲伤而来，但不是悲伤。

这只是同情带来的情形之一，也可能产生一种情形：因为，激情的较量结果往往是不确定的。"过多的嫉妒会使爱情窒息，过多的挫折会使我们变得冷漠，过于孱弱的孩子会使自私无情的父母生厌。"[④] 虽然一点嫉妒可以增加爱情的甜蜜，一些挫折可以磨炼人的意志，小病小灾会让父母更加疼爱孩子，但是，太多的嫉妒会让情人反目，太多的挫折会摧垮人的意志，大灾大难会让父母更加焦虑不安。一种激情的力量太强，压制了另一种激情，呈现出来的就是前一种激情的特征。

一个最明显的例子是人们置身医院的情形。休谟在给斯密的通信

① 这两个例子同样出现在斯密 TMS 中，见 TMS, I. i. 1. 12, I. i. 1. 13.
② David Hume, "Of Tragedy", see PW, Vol. III, p. 243.
③ David Hume, "Of Tragedy", see PW, Vol. III, p. 243.
④ David Hume, "Of Tragedy", see PW, Vol. III, p. 247.

中提到这个例子。他写道：

听说您正在为新版做准备，并打算做一些补充和修改，以便消除一些反对意见。我想直率地提出一点建议，如果这个建议还有些分量，您可以重视一下。我希望您已经详细充分地证明：所有的同情都必然是令人愉快的。这是您体系的枢纽，但您仅仅在第 20 页（I. ii. 2. 6）中简单地提到此事。现在看来似乎还有一种令人不快的同情，和令人愉快的同情一样存在。而且，事实上，由于同情而生的激情是原来激情的反射的意象，因而，前者必定分享了后者的各种特征，如果后者是痛苦的，前者也应该是痛苦的。实际上，当我们与一个我们能完全同情共感的人交谈时，也就是说，有一种温暖的、亲密的友谊，这种敞开心扉的真诚交往压倒了令人不快的同情的痛苦，使得所有倾向都变成令人愉快。但在一般情形下，这是不可能发生的。一个坏脾气的人，一个厌倦和憎恶一切事情的人，总是让人烦；虚弱有病的人、抱怨的人、焦虑不安的人，总是让同伴感到明显的沮丧，我想这也可以用同情解释，但却是令人不快的同情。

从悲剧中的眼泪、悲伤和悲悯获得愉悦，解释起来总是个难题。如果所有的同情都是令人愉悦的，这些都将不是事实；而医院将会是一个比舞会更愉快的地方。我担心在 99 页和 111 页（TMS, I. ii. 5. 4, I. iii. 1. 9）中，这个**前提**被您遗漏了，甚至和您那里的推理搞混了。你明确说："体会（enter into）悲伤是痛苦的，我们总是不愿体会它。"您可能需要修改或解释一下这种情感，使之与您的体系一致。①（着

① 休谟致斯密，1759 年 7 月 28 日，see *The Letters of David Hume*, edited by J. Y. T. Greig, Volume I, Oxford at the Clarendon Press, 1932, I：312f, also see Adam Smith, *The Correspondence of Adam Smith*, vol. III, Oxford: Clarendon Press; New York: Oxford University Press, 1987, No. 36.

重号为笔者所加）

休谟针对的情形是斯密在《论相互同情的愉悦》中的一段话。斯密说，"我们与那个心中一切激情能被我们完全同情共感的人交谈时的愉悦，似乎足以弥补我们看到他们的处境而感受到的痛苦。"（*TMS*, I. i. 2. 6）同情共感而生的愉悦弥补了看到处境感受到的痛苦，因而我们的同情仍然是令人愉悦的。对此，休谟并不赞同这种解释。从休谟的体系来看，这种愉悦来自朋友间敞开心扉的坦诚友谊，而非斯密所说的"认同"。因而，休谟认为斯密体系的"枢纽"是存在矛盾的。[1]

---

①不仅休谟反对斯密提出的"同情的愉悦"，同时代的其他人以及后来的批评家都曾对这个命题提出过质疑。该文作者接着写道：

休谟对斯密体系核心理论的批评仅仅在置于文本之中时，才显得是措辞温和的否定的判断。作为我们道德情感起源的理论，斯密的体系似乎面临两难问题：要么，同情"表示与任何激情的共感"（*TMS*, I. i. 1. 5），从而在道德上是中立的；要么同情是道德认同的同义词。如果同情仅仅指与他人情感的分享，那么（从休谟提供的理由来看），它如何解释一切道德认同的起源是不明显的；进而没有什么可以得到解释，"同情和认同总是和相同的对象联系在一起、缺乏同情和不认同也是如此"，将只是一般的事实。对斯密理论的同样批评也来自同时代人，以及19世纪的批评家；休谟未必没有想到这一点。（David R. Raynor, "Hume's Abstract of Adam Smith's Theory of Moral Sentiments", *David Hume* (*1711-1776*) *and James Steuart* (*1712-1780*), pp. 304-305）

他还在注释中详细介绍了对斯密同情说的批评：

这种批评来自弗格森提供的一份鲍斯维尔传记式（Boswellian）的记录，该记录是休谟、斯密和罗伯特·克拉克（Robert Clerk）三人围绕《道德情感论》的讨论。

克拉克：如果同情意味着不加区分地分享激情，我看不出，一种被分享的激情只是那种被分享的激情的影子或某种程度上的激情，而不是另外一种激情。如果我分享了一个人的愤怒，我也愤怒了；如果分享了他的快乐，我也高兴了：但是，这两者都不是道德认同。

斯密：我并不是这个意思，但是，一个人分享了另一个人的激情，他必然认同这种激情。刺激每个人行动的每种激情或强烈的动机都会自我判断，如果其他人赞成它或同情它，他们也会认同它……

克拉克：总得说来，别人称作良心，你称作同情……大多数人都相信这个事实，即人天生被赋予良心这一秉性。但是，你认为通常说良心的事实是同情或缺乏同情，这一设想的理论不过是变换了说法而已。

——E. C. Mossner, "Of the Principle of Moral Estimation: A Discourse Between David Hume, Robert Clerk, and Adam Smith': An unpublished MS by Adam Ferguson", *Journal of the History of Ideas* 21(1960), 229f.

19世纪对斯密的批评参见 T. D. Campbell, *Adam Smith's Science of Morals* (London, 1971), 89ff.

人们置身医院时，尽管非常同情病人的痛苦——无论人们与病人形成了多么一致的同情共感，但却丝毫感受不到任何快乐。而置身舞会时，尽管可能会情绪低落，但当融入到舞会欢快的气氛中时，那些沮丧也自然地消融在欢快中了。

因而，无论是镜子之喻，弦线之喻，还是想象为同情增添的力量，因同情而生的激情显然保留了原始激情的很多特征。在这个基础上，同情而生的激情在方向、力量、程度上可能与原始激情有很大的不同。这种不同包括多种情形：或者弱于原始激情的程度，或者比原始激情还要强烈，或者衍生出了其他相关的激情，而同情表现出来的最终性质，则取决于那种占主导地位的激情。值得注意的是，休谟特别强调：决定激情特征的，不是当前单独的感知或暂时的苦乐，而是这种激情自始至终的整个倾向或趋势（*T. II. ii. 9. 2*）。这一论断可以作为以上论述的补充论证。

6. 同情与悲剧审美

休谟在《论悲剧》篇首描述人们观看悲剧时的痛苦与快乐形象生动地描写了悲剧审美的心理过程，人们越是感到恐惧、焦虑、悲伤，就越喜欢这幕悲剧。这是为什么呢？人们为什么在欣赏悲剧时却能感到愉悦？休谟认为这份愉悦来自悲剧欣赏过程中的其他激情。

在论述悲剧审美的愉悦之情，休谟首先分析了雄辩为什么会激起人们的愉悦。西塞罗描述维勒斯屠杀西西里人的场面，让人们从不安的心底产生的愉悦究竟是什么呢？休谟将其归功于雄辩的特殊效果。

（雄辩）这种天赋需要栩栩如生地描绘事物，需要汇集各种凄惨细节的技巧，需要处理细节展现的判断力；我敢说，对这些非凡才能的运用，以及表达的力度，演说中数字的漂亮运用，能使听众感到最大程度的满足，能激发他们最愉快的内心趋向（movements）。通过这种手法，阴郁之情所带来的焦虑不安不仅被某种相反的、更强大的东西压制和消除，而且那些激情的所有冲动都转化成了愉悦，将雄辩在我们心中引起的快乐予以放大。①

栩栩如生地描绘事物，汇集各种凄惨细节的技巧，处理细节展现的判断力，这些才能的运用，加上演说时表达的力度，对数字恰如其分的运用，震撼听众的心灵，激起听众愉悦的心理趋向。雄辩描绘的阴郁场景产生了悲悯、愤慨，但由此也激发了听众的内心冲动和热烈的心情，前一类激情逐渐沦为次要地位，后一类激情逐渐上升到主导地位，愉悦由此产生。激情地位的这一变化在心灵中是如何反应的呢？休谟运用比喻来形容这个过程。他说："情感之美一旦具有支配性，就会捕获整个心灵，把那些冲动或热情转化成情感之美，至少给它们刷上强烈的色彩，乃至从根本上改变它们的性质。与此同时，被激情唤醒、陶醉在雄辩中的心灵，感受到强烈的内心趋势，那种彻底的快乐的趋势。"② "捕获心灵"、"刷上色彩"、改变性质，唤醒后的心灵感受到强烈的愉悦，激情的这一系列动作，最终使得愉悦成为支配性激情，进而占据人的心灵。这正是雄辩带来的愉悦。

悲剧、绘画审美的愉悦同样如此。休谟补充说，悲剧是一种模仿艺术，模仿总是令人愉悦的。③ 模仿能够"进一步软化激情的心向（motions），将全部感情转变成统一的、强烈的快乐享受"④。休谟评价悲剧愉悦与痛苦时说，"悲剧的虚构性软化了这种激情，是因为注入了新感受（feeling），而不单是因为是减弱或者消除了悲伤。你可以一步一步地减弱原来的悲伤，直至它完全消失；但是，不管在哪一步，悲伤都不会给人带来快乐；除非，或许，一个人碰巧正处于昏然的懒

① David Hume, "Of Tragedy", see *PW*, Vol. III, p. 240.
② David Hume, "Of Tragedy" , see *PW*, Vol. III, pp. 240-241.
③ 休谟和斯密都有类似的观点。参见 David Hume, "Of Tragedy", see *PW,* Vol. III, p. 241. Adam Smith, "Of the Nature of that Imitation which Takes Place in what are called the Imitative Arts/ Of the Affinity between Music, Dancing, and Poetry", Part II, §16, §27. see Adam Smith, *Essays on the philosophical subjects*, Oxford: Clarendon Press; New York: Oxford University Press, 1987.
④ David Hume, "Of Tragedy", see *PW*, Vol. III, p. 241.

散之中，悲伤将他从没精打采的状态中唤醒。"① 也就是说，悲伤永远不能直接带来快乐。悲伤之所以能够最终带来快乐，那是因为有别的因素加入进来。

由此，人们观看悲剧中痛苦的场景、欣赏绘画中凄惨的场面、倾听演说中悲惨的描述时，虽然悲伤是最开始感受到的激情，并且单独出现时自然是痛苦的，但若是由出色的艺术表现激起，就会被其他激情软化进而变得柔和、温润。在这个过程中，各种激情需要相互较量，争夺支配性地位。一旦意向在心灵中活跃，就会激发巨大的气势和热情；一旦这些气势和热情力量足够强大，就会在心灵中转化成支配性趋向，进而在这种趋向的强力之下转变为快乐。

休谟认为，"不安的激情，如果单独产生却没有任何热情、天分和口才相伴，它所传达的就只是纯粹的不安，而没有能够将其软化成愉悦或快乐的激情相随。"② 所以必定是有新感受的加入，人们才能感受到同情的愉悦。休谟始终坚持存在一种令人不安的同情，与他的激情论是完全协调一致的。这也是他与斯密同情论的最大不同。

小结

上文的论述已经足以证明：在休谟的人性科学中，同情是人与人之间激情（或者说情感）的传导机制。它就像一面镜子，一根弦线，将原生激情的那些特征反射到、传递给接受者；同情而生的激情会保留原生激情的特征。当然，在这个过程中，可能还有别的激情进入，或削弱、或加强，从而会改变原生激情的那些特征，进而呈现出不同性质的激情，最终呈现出来的激情，取决于心灵中占主导地位的激情。痛苦或快乐，只是激情较量的结果。

那么，人的天性中究竟有哪些激情呢？它们又是如何通过同情机制表现出来？最终会带来怎样的结果呢？下一章内容讨论的便是这些问题。

---

① David Hume, "Of Tragedy", see *PW*, Vol. III, pp. 241-242.
② David Hume, "Of Tragedy", see *PW*, Vol. III, pp. 247.

第二章　骄傲、爱与名誉之好

——同情与社会秩序的形成

在休谟对激情的划分中，直接激情是指直接起源于善恶、苦乐的激情，包括好恶悲喜、希望与失望、害怕与安全。间接激情是指来自这些相同的秉性但有其他特性与之结合而生的激情，是混合的激情。骄傲与谦卑、爱与恨，属于间接激情[①]，以直接激情为基础。

骄傲与谦卑是关乎自我的激情，是人在群体或社会中的自我认识、自我定位；爱与恨，是关于他者的激情，是自我与他者的相互判断。两者的相互结合为行动提供了明确的方向。[②] 在行动之前，人们

[①]　David Hume, *T*. II. i. 1. 4. 休谟并没有解释这种划分的理由。他将骄傲、谦卑、雄心、虚荣、爱、恨、嫉妒、怜悯、恶意、慷慨以及依附于它们的激情划归到间接激情；而将欲念、厌恶、悲伤、喜悦、希望、恐惧、绝望和安心划归为直接激情。第二部分第三章《论猛烈激情的原因》中，猛烈的激情、平静的激情是另一种划分，包括直接激情和间接激情在内。

[②]　激情与行动并非 18 世纪的新话题，在 17 世纪，这一话题就已经非常显著地出现在哲学家们的著作中，而且并不仅仅出现在英国哲学家的著作中，笛卡尔、马勒布朗士等人都曾论到。参见: Susan James, *Passion and Action: The Emotions in Seventeenth-Century Philosophy*, Clarendon Press · Oxford, 1997。这一话题在 18 世纪仍然流行，并被英国哲学家中反复强调。

需要弄清楚哪些因素产生了何种激情，在行动之中，人们需要了解何种激情影响影响了行动的过程，进而带来怎样的秩序。本章将分为四部分：一，分析骄傲与谦卑这组激情是如何在认识论上看待"自我"的；二、骄傲与爱的联结，如何借助同情机制影响人们的判断；三，这些判断如何反过来影响人们的欲望和动机，以及同情在这个过程中的作用。四，在此基础上，我们再来理解激情与行动、秩序建立之间的互动。

——

1. 骄傲与自我（Pride and Self）

休谟对激情的分析有一些是成对成组出现的，骄傲与谦卑因为其对象同为"自我"而成为一组激情，而产生骄傲和谦卑的原因则是与自我相关的其他事物。这一点以观念和印象之间的关系解释更容易理解。以骄傲为例，刺激骄傲情感的那个观念是骄傲的原因，骄傲一经刺激起来被我们观察时所参照的那个观念则是骄傲的对象。前者多种多样，包括心灵和身体的禀赋以及外在于心灵和肉体的与自己有关的任何事物：想象、判断、记忆或天赋等心灵中每种有价值的品性；巧智、良好的判断力、学识、勇气、正义、正直，所有这些心灵和灵魂中值得肯定的品性都是骄傲的原因；美貌、力量、敏捷、风度翩翩、舞技、骑术、剑术以及任何体力劳动和制造技艺方面的灵巧等等，这些身体的优势也是骄傲的原因；此外，自己的国家、家庭、儿女、亲戚、财富、房屋、花园、犬马、衣服等等，这些外在的与自己有关的事物，都可以成为骄傲或谦卑的原因。（T, II. i. 2. 5）

产生情感的原因又可分为其性质和主体。例如，一个人对自己的豪宅感到虚荣，其对象是自我，而原因则是豪宅。这个原因又分为作用于虚荣的那个性质以及那个性质寄存的主体，前者指豪华这个性质，后者指房屋这个主体。如果豪华不和自我联系起来则无法激起虚荣，因而只有结合起来才能产生虚荣这种激情。

是什么决定了骄傲的对象及其原因呢？休谟说，骄傲的激情将自我作为对象，不仅由一种自然的，而且还是由一种与生俱来的属性决定的。从这种属性运行的恒常性和稳定性来看，没人怀疑它是自然的。骄傲的对象永远是自我。不仅如此，这种属性起源于与生俱来的特性（original quality），或者说初始的冲动（primary impulse）。这些都是自然赋予的。"若不是自然赋予心灵某些与生俱来的特性，心灵永远不能产生任何次生的性质；因为在那种情形下，心灵没有任何行动的基础，而且也无法自我运行。"（T, II. i. 3. 3）休谟将这些归功于"自然（nature）"时，这些特性便是自然而然的，而且是与生俱来的，骄傲和谦卑的对象正是这样一种性质。而骄傲和谦卑的原因虽是自然的，却不是与生俱来的。因为，"除了数量巨大之外，大多数是技艺的结果，部分来自勤勉、部分来自奇思怪想（caprice）、部分来自人的好运。勤勉让人建造房屋、制作家具、纺织衣物。奇思怪想决定了它们的具体种类和性质。好运揭示了不同事物混合和联合产生的那种结果，往往促成了这一切"（T, II. i. 3. 5）。归根结底，各种外在因素导致人们形成了骄傲和谦卑的情感。

休谟为何要如此细致地讨论原因之中的性质和主体呢？盖因为他要将这些最终归因于苦乐。因为，在产生骄傲和谦卑的原因中，起作用的那些性质都一致产生了苦乐的感觉，这种性质是这些激情在心灵中激起的、并构成骄傲和谦卑激情的存在和本质的具体情绪。如此一来，这些激情本身有两种确定的属性，即它们的对象是自我（观念），对它们的感知（sensation）是苦乐（印象）；而且，这些激情的原因还有两种假设的属性，即它们与自我的关系，它们产生独立于这种激情的苦乐趋向。

休谟仍然以观念与印象的关系解析骄傲和谦卑这些激情。他说，"如果这些前提都正确，那么正确的体系就不言而喻了。激起那种激情的原因和自然赋予那种激情的对象关联；原因单独产生的感知和那种激情的感知关联：那种激情就起源于观念与印象的双重关系中。观念很容易转化为与之相关的观念；一个印象很容易转化成与之相似、相应的印象：这些活动相互促进，心灵从观念与印象的关系中获得双

重冲动时，这种推移是多么地顺利！"（T, II. i. 5. 5）不妨仍然以上
文例子来理解这段话中的指代。比如，一个人因拥有一座豪宅而感到
虚荣。这里虚荣的两种确定属性是：其对象是自我，其感知是快乐；
虚荣原因的假设属性是：豪宅属于"我"，豪宅产生的快乐的倾向。
那么对应起来就是，豪宅与自我关联，豪宅产生的快乐倾向与虚荣的
快乐关联，从豪宅推到自我、从豪宅带来的快乐与"我"感到的快
乐，这些观念与观念之间、印象与印象之间的推移是非常顺利的，因
为在事实中，前者与后者的关联是实际存在的，因而那个"假设"便
成为现实。

就骄傲与谦卑而言，它们是如何从观念与印象的双重关系中产生
的呢？休谟再次将原因推给了"自然"。① 他说，"我们必须假设，自
然赋予人类心灵的各个器官以某种适于产生特殊印象或情绪的倾向，
我们称之为骄傲；她为这种情绪分配了一种观念，即自我。这种情绪
始终会产生这种观念。"（T, II. i. 5. 6）如果自然没有赋予人类这种倾
向、没有赋予自我的观念、如果心灵的倾向不适合产生骄傲的激情，
我们就不会具有骄傲的激情，骄傲的激情也不总是指向我们自己，使
我们想到自己的特性和情形。

不过，并非有了"自我"的观念以及苦乐的印象就能完整地产生
骄傲或谦卑的激情。休谟为骄傲与谦卑的激情另外设置了五条限制。
第一，凡是与我们有关的、产生苦乐的每个对象，会产生骄傲和谦
卑；即苦乐与自我的相关性。第二，这个对象不仅与我们密切相关，
而且还要为我们所拥有，至少是我们少数人共有的；即所属关系以及
稀缺性。第三，产生苦乐的对象不仅为我们所感知，而且对其他人都
是显而易见的；即他人能够明显感受到自己的苦乐。第四，由于这些
激情的原因变化不定，和我们关联的期限短暂，所以，原因必须具有

---

① 从上文以及前一篇文章的论述中，我们已然可以看到休谟自然主义的思想。与同时
代的其他思想家一样，这种自然主义在休谟那里是非常明显的。巴里·斯特德在《休谟》
中专辟一章论述休谟认识论中的自然主义。参见巴里·斯特德，《休谟》，周晓亮、刘建
荣译，济南：山东人民出版社，1992 年。

恒常性和长期性。第五，一般规则对骄傲与谦卑的重要影响一如其他激情一样。（T, II. i. 6）实际上，这五条限制逐步增加"自我"的观念和"苦乐"印象：第一条是对这一体系的总设定；第二、三条都在强调"自我"观念，那个引人骄傲的对象不仅为我所有，其他人却很少拥有，这种稀缺性足以成为骄傲的原因，第三条实际上强调他人的感受——虽然自己能感受到稀缺性带来的快乐，但这种感受还需要他人也能感受到才行。

举个一个简单的例子：某人拥有一栋别墅。第一，必须是这个人拥有这栋别墅；第二，只有少数人能够拥有，大多数人都买不起别墅；第三，别人一眼就能看到住在别墅带给他的快乐；第四，这个人长期占有。第四点需要说明，如果这个人有了别墅，但没多久每个人都拥有别墅了，那他骄傲的资本便丧失了。这里的恒常性和长期性就失去了。骄傲和谦卑的原因的恒常性和长期性，还可以显赫家世为例来说明。家世显赫意味着财产和声望具有一定的恒常性和长期性，而且在历史上，此家族的财产一直由男性继承人流传下来。在以男性为尊的社会中，男性继承人的荣耀这种激情就受到一般规则的影响。另外，习惯、风俗对这些激情也有类似的影响。这都是一般规则带来的影响。

在这些限制下，"凡与我们自己关联着的一切愉快的对象都借观念和印象的连接而产生骄傲，而凡不愉快的对象则都产生谦卑"（T, II. i. 6. 1）这一点在理解力体系中已经得到很好的解释。休谟如此强调骄傲与谦卑这些激情，很重要的原因在于这些激情反映了人类对自己的真正认识；它们借助同情和比较，认识到自己的优劣之势，进而在群体中、在社会中认识自己。

2. "认识你自己"（Know Yourself）

骄傲是人的天性之一。17、18 世纪的人性论者对此基本达成共识。

无论他们的哲学体系存在多么大的分歧①，他们都会将骄傲这种激情作为人的重要天性。曼德维尔就从骄傲的角度出发论述人类行为的动机以及社会构成的秩序。他和同时代的其他哲学家一样认为，骄傲不仅是人的天性，也是动物的天性，但在人身上表现得最为明显。曼德维尔说："在人这种最完美的动物中，骄傲之心与人的本性便如此密不可分（无论有些人如何巧妙地学习隐藏与掩饰骄傲），乃至没有骄傲，构成人的复合物中便会缺少一种最主要的成分。……它们如此巧妙地适应着人的自我嘉许，乃至若将它们散布到众人中，它们不仅必定会获得敏于思辨者及大多数人的赞同，而且很可能会劝导一些人，尤其是人群中最激进、最果断、亦最优秀的人，去忍受上千种不便，去克服上千种困难，乃至使他们可能乐于将自己归为上述第二类人，由此认为自己具备了那类人的一切卓越之处。"②

　　骄傲是人的自我嘉许；同时，它也正是与个体与个体的比较之中获

---

①　自然赋予人"骄傲"的情感，这种说法在18世纪非常常见。而且，无论是曼德维尔、霍布斯，还是休谟、卢梭，他们都承认这一点。

　　霍布斯对骄傲以及类似激情的论述就不止一处。他说："过盛、过久而产生癫狂的激情要不是极度虚荣，便是心情极度沮丧，前者一般成为骄傲及自负。"《利维坦》，黎思复，黎廷弼译，北京：商务印书馆，1985年，第54页。又说："骤发的荣耀是造成笑这种面相的激情，这种现象要不是由于使自己感到高兴的某种本身骤发的动作造成的，便是由于知道别人有什么缺陷，相比之下自己骤然给自己喝彩而造成的。……"《利维坦》，商务版，第41—42页。霍布斯对"笑"这种激情的分析显然上建立在"骄傲"的某一层含义之上。为此，哈奇森针锋相对地驳斥了霍布斯的这一论断，参见 Francis Hutcheson, *Thoughts on Laughter and Observations on the Fable Bees in Six letters* (1758), Thoemmes Bristol, 1989, p.51.

　　曼德维尔在《蜜蜂的寓言》中进一步强调骄傲作为人的天性对社会产生的重要影响。曼德维尔说："骄傲是天赋的机能。"（伯纳德·曼德维尔，《蜜蜂的寓言》，肖隼译，北京：中国社会科学出版社，2002年，第94页）

　　卢梭写道："从这种发展中所产生的新的知识，使人增加了他比别种动物的优越性，而且也使人认识了这种优越性。"（II.6）（卢梭，《论人类不平等的起源与基础》，第109页）

　　休谟在实质上承认并接受了曼德维尔的这一观点，但"休谟对骄傲的影响提出了重要的限制，这是曼德维尔（以及此前的霍布斯）人性的意象所缺失的。"参见 Christopher J. Finlay, *Hume's Social Philosophy: Human Nature and Commercial Sociability in A Treatise of Human Nature,* Continuum, 2007, p. 88.

②　伯纳德·曼德维尔，《蜜蜂的寓言》，第34页。

得的自我认同；这种激情进而在人心中产生新的刺激和激励，去满足那些令人骄傲的条件。曼德维尔对骄傲的辨析已经涉及到人的自我认同、他人对"我"的认同，以及这种天性所产生的激励机制。这一论述基本包含了骄傲的几层含义。洛夫乔伊（Arthur O. Lovejoy）清晰地指出了17、18世纪"骄傲"及相关术语意指的三层含义：（a）被认可，希望得到别人的认可或赞美，一个人的行为、成就在他的同胞之上，用这些来表达这种感受——喜欢被赞扬；（b）自尊（self-esteem），某人自身或某人品质、行为、成就的"良好意见"的倾向或意念；（c）好胜心，渴望别人相信自己在这个或那个方面或所有方面是优于他人的，希望这种优势得到与他相关的人们的承认，由他们表达这种承认。①

芬利对休谟"骄傲"概念的分析是：Pride 的基本形式是 b，即，没有别人的观点，在整个占有关系中他人与自己相关所导致的爱和尊重的意思。但是，休谟在《人性论》（T. II. ii. 5. 15）中说，这种激情力量很弱，如果得不到他人意见的"支持"，这种他者的认同马上就消失了。所以，pride 就其本身意义来说是 b 的形式，即自我认同，是不需他者的认同而对自我的肯定，同时在社交语境中，也非常典型地用来表示 a 的意义，也就是渴望（b 意义上的）自尊被别人承认（a 意义上的）。② 于是，在自我与他者的相互认同的心理较量之下，产生了第三种意义上的"骄傲"。休谟对嫉妒和恶意（T. II. ii. 8）的讨论中，当我们的自尊感被某人的表情伤害，我们喜欢与这个人比

---

① 转引自 Christopher J. Finlay, *Hume's Social Philosophy: Human Nature and Commercial Sociability in A Treatise of Human Nature*, 2007, p. 92.

② 关于骄傲的这两层含义，在斯密的《道德情感论》中有相似的论述。"人不仅天生渴望被爱，而且天生渴望成为可爱之人；或者说，渴望成为自然且合宜的被爱对象。他不仅天生害怕被恨，而且天生害怕成为可恨之人；或者说，害怕成为自然且合适的被恨对象。他不仅渴望被赞扬，而且渴望值得被赞扬；或者说，尽管得不到任何人的赞扬，但是，他还是渴望成为自然且合宜的被赞对象。他不仅害怕被谴责，而且害怕该遭谴责；或者说，尽管没有遭到任何谴责，但是他仍然是自然且合适的谴责对象。"（TMS, III. 2. 1）斯密论述的是"对赞扬和值得赞扬的喜爱；对谴责和该受谴责的畏惧"。渴望获得别人赞扬的欲望，是人希望被认同的心理，属于这里骄傲的第一个层面；渴望成为值得赞扬的人的欲望，是人自我认同的心理，是骄傲的第二个层面。

较我们的劣势，此时产生的激情就是 c 意义上的，即好胜心，与别人相比，希望得到更多的尊重。在后一个意义上，b 意义上的骄傲被减损了。芬利认为，在社会语境下，休谟更多的使用的是第三层意义，即好胜之心。[①] 人们争强好胜一方面是为了获得被人爱和被人尊重的"骄傲资本"，另一方面也是为了极力保持自己自尊。这里可以对第三层含义多说几句。当"骄傲"这种激情映射到社会活动和行为之中时，会产生怎样的反应呢？其心理历程可能是这样：一个人在竞争中的优势，首先是得到他人的认可，然后在他自己心中也得到了充分的肯定，形成自尊，最后表现出对这种优势的再次认可。这三层含义暗含着"被他人认可、承认自己优势"的意思，即便"自尊"是对自己的认可，但也是以他人的意见为参照系的，这个过程是休谟"同情之镜"的很好例证。[②]"自我"一词潜在的一面便是"他者"。认识自己，自我认同，需要他者之镜。

我们可以先了解一下休谟所说的骄傲原因，然后再来判断他使用这一术语时的含义。美、名声、财富是激起骄傲的原始原因，没有这

---

① Christopher J. Finlay, *Hume's Social Philosophy: Human Nature and Commercial Sociability in A Treatise of Human Nature,* Continuum, 2007, p. 92.

② 好胜心则是满足被他人认同以及自我认同的心理。但是，休谟和斯密的论述很不相同。"我们对那些我们称赞的性格和行为自然而然怀有的热爱和赞美之情，必然使我们倾向于渴望让自己成为同样令人愉悦的情感的对象，希望自己像我们最热爱、最钦佩的人们那样和蔼可亲、令人钦佩。好胜心，即那种我们对胜过他人的焦躁不安的欲望，从根本上说建立在我们对他人优秀之处的钦佩之上。我们不会满足于仅仅因为合乎他人被钦佩的优点而被人钦佩。我们肯定至少相信自己是因为合乎他们值得钦佩的优点而感到自己是令人钦佩的。"（*TMS.* III. 2. 3）由于斯密引入"旁观者"，故而，"自我认同"更多是因为获得无偏旁观者的同情共感。然而，这个"无偏旁观者"很多时候是"内心的无偏旁观者"、"内心的法官"、具有"半人半神"的特性。这种"自我认同"具有强烈的自我规范、自我规训的色彩。这些"旁观者"已经与经验主义相隔甚远了。
　　然而，由于休谟的怀疑态度，自我认同是在自我与他人的互动之中获得的。同情是人自我认识的一个机制。当"我"的美貌、财富、德性这些优势条件投射到"我"交往的人群之中，他们的反应影响了"我"对自我的判断。当然，美貌、财富、德性这些本身也能带来快乐，这是最初始的原因，但正如下文分析的那样，这个初始的原因若没有此生原因即"他人的意见"几乎不能发挥作用。休谟这里的论述，表现出彻底的经验主义，完全是从人的经验认识过程出发的。而不依靠他人的认同就能获得自我的认同，休谟在《人性论》"道德篇"将这种自我的认同归因于"有用"和"快乐"。

些类似的原因，自然无法激起骄傲及其他激情；但还有一个同样重要的原因，对骄傲这些激情的影响同样重要，即他者的意见。休谟写道：

> 不过，除了这些骄傲和谦卑的原始原因（original causes）之外，他人的意见中存在着一种次生的原因（secondary causes），对这些意向（affections）有着同等重要影响。我们的名誉、我们的品性、我们的名声是极有分量、极为重要的考虑事项；甚至，骄傲的其他原因，如德性、美和财富，如果没有他人意见和情感加以支持，几乎没有什么影响。（T, II. i. 11. 1，着重号为笔者所加）

他强调原始原因和次生原因的影响同等重要；而且，没有次生的原因，原始原因的影响和作用几乎丧失。而这同等重要的次生原因正是他人的意见、他人的情感。那么，如何借助他人意见看待自己的名声、德性、财富进而评判自我？换言之，那些激起骄傲或谦卑的原因是如何刺激其自己的这些激情的呢？只有通过同情。在这个过程中，所有对被认同和自我认同的渴望都是同情的结果；只有通过同情，我们在他人看待我们骄傲和谦卑对象的知觉中理解他人的思想，进而认识并强化了我们所处的有利或不利的境况。

在前一篇文章中，笔者已经分析了同情作为激情传导机制的运作模式，尤其是财富的愉悦在所有者和旁观者①的相互反射的例子，一方面说明，激情借助同情机制在人与人之间的传导；另一方面也说明，在这一过程中，所有者与旁观者之间的比较与自我认识。骄傲与谦卑这些激情正是在这两个方面形成的。休谟论述骄傲这个体系的五条限制时已经说到，美、财富、德性等各种优势、长处必须与自我有关，必须对自己和对他人都非常明显，自己和他人都能感受到那些优势、

---

① 休谟使用的"旁观者"也是评判者，然而，这个评判者与斯密所说的"半人半神"的旁观者、"内心的旁观者"是大不相同的。休谟没有将他的"旁观者"提升到斯密所说的那种程度，更多指现实的评判者。

长处。比如自身的美貌、财富，与自己相关的亲戚的功德、财富等等，都是激起骄傲的原因。"凡有用的、美丽的、或令人惊异的事物得到人们赞同的原因在于产生了一种单独的愉悦，而非其他。因此，这种与自我关联的愉悦必定是这种激情的原因。"（*T*, II. i. 8. 5）因此，我们自身拥有的美貌、力量、巧智等给自己带来的愉悦，足以激起自己的骄傲。不仅如此，"亲戚的美貌、谈吐、功德、声望、荣誉，也会被谨慎地炫耀，作为人们虚荣心的最大来源。"（*T*, II. i. 9. 9）这些事物通过观念与印象的双重关系、一个印象到另一个印象的推移，也会激起人们的骄傲。财富是激起人们骄傲的重要原因，因为，"财富被认为一种获得令人愉悦的事物那种属性的能力，而且只有在这种看法下，它们才会对激情产生影响"（*T*, II. i. 10. 3）。能力（power）是一个非常重要的因素，财富具有的能力令人愉悦；简言之，财富有这个能力。财富对激情的影响力仅限于这一看法之下；一旦人们认为财富失去了这种能力——比如，"视财富为罪恶"[①]的情形，那么财富就不再影响骄傲或谦卑的激情了。在这里，虽然财富本身具有令人愉悦的能力，这一点拥有者是非常清楚的，但如果整个社会、或者拥有者周围的人群，不以财富为荣反以财富为耻，那么，拥有者的愉悦根本得不到他人的赞同，也激不起自己的骄傲，反而激起谦卑之情。当然，在人类历史中，财富所具有的这种能力几乎很少在人们心中"失去效力"，因而，拥有财富往往刺激起富人的骄傲，以及穷人的谦卑。美貌、德性[②]的情形也是如此。换言之，没有他人的认同，即便自己非常认同自己，或许也很难激起骄傲或谦卑之情。因此，在休谟这里，骄傲与谦卑这些激情，是人对自我在人群中的定位，是人借助人群或社会对自己的认识。同情的镜子就在人群之中，在社会之中。这

---

① 很明显的一例是西方中世纪的"高利贷者"，他们谋利但却在整个社会语境下却视为罪恶。可参见雅克·勒高夫，《钱袋与永生：中世纪的经济与宗教》，周嫄译，上海：上海世纪出版集团，2007 年，"钱袋与永生：炼狱"一章。
② 但德性的情形更容易受到他者（社会环境）的影响，尽管德性的确能够带来愉悦，而且总是令人愉悦的。道德败坏的社会环境之下，德性之美、德性带来的快乐常常受到各种打击。

种自我认识是作为一个社会人必需具备的，霍布斯所说的"认识你自己"同样适用于休谟。他说：

> ……认识你自己。这句话并不像现在所应用的那样意味着支持有权势者对地位卑微的人的野蛮态度；也不意味着鼓励低下阶层的人对地位高于自己的人那种不逊举动，所以每个人对自己进行反省时，要考虑当他在"思考"、"构思"、"希望"和"害怕"等等的时候，他是在做什么和他是根据什么而这样做的；从而他就可以在类似的情况下了解和知道别人的思想感情。[①]

人需要认识自我。人在考虑自己如何思考的时候，也应该推及他人如何思考。休谟论骄傲与谦卑的激情这类关涉自我的激情如何形成、如何传导，正是认识自我的尝试。"认识你自己"也是所有哲学家一直努力的方向。我们暂且按照休谟所指的方向来认识一下自己。

二

3. 骄傲、爱与同情（Pride, Love and Sympathy）

骄傲与谦卑是涉己的激情，相对应的，涉他的激情则是爱与恨，因为爱和恨总是指向外在于自己的有知觉的存在（sensible being）——当然，自爱不包括在这组激情之内。[②] 上述对骄傲、谦卑激情对象与原因的分析，同样适用于爱恨这组激情，只是指向的是他人。换言之，他人是爱恨的对象，而他人的德性、知识、机智、趣味，容貌、体格、灵活，财富、地位、所属的民族、气候等等，皆可成为爱恨的原因。与骄傲与谦卑的原因一样，爱恨的原因也是混合

---

① 霍布斯，《利维坦》，黎思复，黎廷弼译，北京：商务印书馆，1985年，第2页。
② "自爱"指向的是"自我"。休谟对此的论述参见 T. II. ii. 1.

的，包括在爱恨激情中起作用的性质和这种性质寄寓的主体。这里不再赘述。休谟将间接激情分为涉己与涉他两类，应该说非常全面地概括了人类的激情类型。

骄傲与谦卑、爱与恨，都是人与生俱来的激情，前者总是令人愉悦的，后者总是令人不悦的。"凡对自己的性格、天赋、财富感到满意的人，很少有不想在世人面前表现自己、获得人们的爱和赞同的。显然，那些成为骄傲和自尊原因的性质和条件，同样也是虚荣或名誉欲的原因；我们自己最为得意的那些特点，总会炫耀与人。"（T, II. ii. 1. 9）人们炫耀自己的所长，期望从他人那里得到爱和认可。能让自我骄傲的那些原因，恰是令他人爱的原因。这两类激情的彼此结合，以及其中各种关系，休谟曾以八组实验来说明，分析这两类激情在观念和印象之间转化的关系。比如，"我"的兄弟或儿子，他的德性必然使我爱他，而他的恶行必然使我恨他；如果这个人借着观念和印象的双重关系成为"我"的激情的对象，则相应地激起我的骄傲或谦卑。如此，"骄傲或谦卑这些激情必然产生于爱或恨。"（T, II. ii. 2. 12）也就是说，我的兄弟或儿子的德与恶不但激起我对他的爱或恨，而且还会激起我自己的骄傲与谦卑。在与自我密切相关的对象中，"正是他的认同产生了骄傲，正是他的不认同产生了谦卑。因而，难怪想象带着相关的爱恨激情返转回来。"（T, II. ii. 2. 27）[①]需要注意的是，休谟这里将骄傲与谦卑、爱与恨这些激情与赞同或反对联系起

[①]　参见《人性论》，第 383 页。这里强调"他的赞同（his approbation）"和"反对"产生了骄傲和谦卑。换言之，赞同与骄傲、反对与谴责，对骄傲与谦卑的产生关系重大。因为得到他人的认同，所以可以肯定自己；因为遭到他人的反对，所以否定自己。这种认同可以来自他人，也可以源于自己。自我的认同源于"对自己有用"、"令自己愉悦"。参见休谟，《人性论》，商务印书馆，第 633 页。最完美的德性需要同时具备"对他人有用"、"对自己有用"、"令他人愉悦"、"令自己愉悦"四个条件。这其中包括：获得他人的认同和称赞（"对他人有用"、"令他人愉悦"）、也获得了自己的认同和称赞（"对自己有用"、"令自己愉悦"）。这样的德性现实中是否存在？休谟认为是存在的。参见《道德原理探究》"结论"第一节对克利安提斯品性的论述。由于休谟找到了"对自己有用"、"令自己愉悦"这两个自我认同的来源，所以他没有像斯密那样求助于"半人半神"的旁观者。

来。当这两类激情与赞同与否联系起来时，它们对行动的影响就变得非常重要了。

爱与恨既然是涉他的激情，其对象就包括自我以外的一切对象。不过，爱恨又常常与骄傲和谦卑结合在一起。人们会自然地爱自己的亲友，爱慕富人和权贵，生发仁慈和愤怒的激情，怜悯、恶意、以及仁慈、愤怒和怜悯、恶意等混合在一起的激情；而且，爱与恨、骄傲与谦卑还时常结合在一起，形成尊敬和轻视的激情等等。人们爱自己的亲友，因为与自我有着密切关联，这其中蕴含骄傲的成分；人们尊重权贵，凭借同情机制感受到财富和权力带来的愉悦；人们因爱而仁慈，因恨而愤怒，因为"爱总是伴随着希望被爱之人幸福、不愿被爱之人不幸的欲望，正如恨总是希望被恨之人不幸、不愿被恨之人幸福"（*T*, II. ii. 6. 3）[①]；因爱而怜悯，因恨而厌恶、嫉妒；"爱或温柔（tenderness）总是和怜悯混在一起，恨或愤怒总是恶意混在一起"（*T*, II. ii. 9. 1）；人性中倾向于骄傲的秉性比谦卑强烈得多，因而，人总愿意受到他人的尊敬，而不愿被他人轻视。在这些激情中，爱恨、骄傲与谦卑的混合比较复杂的情形是当仁慈、愤怒与怜悯、恶意混在一起的情形，以及尊重与轻视的情形。

虽然骄傲与爱是令人快乐的，谦卑与恨是令人痛苦的，但有时爱与痛苦也会混合在一起，比如仁慈与怜悯、愤怒与恶意。前面的分析表明：怜悯是对他人不幸的关切；恶意是对他人不幸的喜悦。而仁慈（benevolence，抑或"慈悲"）产生于强烈的不幸，或者说产生于对不幸的强烈同情；恨或轻视则产生于轻微的不幸，或者说产生于对不幸的轻微同情。休谟再次提到同情，并列举了同情的类型来分析这些激情的相互混合。这里有必要再次谈到休谟的同情理论。我们如何同情他人的激情？休谟如此说道：

> 为了弄清哪些激情与这些不同类型的同情相关，我们必

[①] 休谟说，爱与恨、骄傲与谦卑在很多方面是一致的，只是在这方面不太相同。See *T*, II. ii. 6. 3。

须思考一下：仁慈是源于被爱之人的快乐而生发的原始快乐，以及源于被爱之人的痛苦而生发的原始痛苦：这些印象间的一致性，产生了相应的希望他快乐、不愿他痛苦的欲望。因此，为了使一种激情与仁慈平行，我们应该感受到这些双重的印象，与我们思考的那个人的那些印象一致。当我们只同情了一个印象，即那种痛苦的印象，这种同情因其传递给我们的不快就与愤怒和恨关联起来。不过，正如广泛的同情或有限的同情取决于最初同情的力度，所以，紧随的是，爱或恨的激情取决于同一原则。一个强烈的印象传递时具有激情的双重倾向，因其类似的方向与仁慈和爱关联，尽管最初的印象或许是多么的痛苦。一个微弱的痛苦的印象因感知的类似而与愤怒和恨关联。（*T*, II. ii. 9. 15）

同样是痛苦的印象，对其同情的强弱程度决定了最终的情感是仁慈还是鄙视。强烈的同情产生仁慈，微弱的同情产生轻视。休谟以贫穷为例，仆役或农夫的贫穷引起的不是人们的仁慈而是轻视，而乞丐的苦难强烈地流露出来时则会引起人们的慈悲和怜悯之心。前一种情形带着轻微的讨厌和鄙视，后一种情形则带有强烈的关爱。在这个过程中，有些同情可能是非常广泛的，而有些同情则是有限的。① 比如说，延伸的同情（extensive sympathy）是这样的："当另一个人目前的不幸对我产生了强烈的影响时，生动的想象便不仅局限于它的直接对象，而且还将其影响扩散在所有相关的观念上，并使我对那个人的所有情况形成一个生动的概念——无论是过去的、现在的、还是将来的，无论是可能的、或然的还是确定的。"（*T*, II. ii. 9. 14）而有限的同情则是减弱观念的活泼性，不再关心他人的遭遇，同情不再往前推进，最初想象的力量也无法扩散到关注对象的相关的观念上去。还以上面的例子说明，农民或仆役的苦难给人的印象比较微弱，因而激起

---

① 在第一章《同情之镜》中，笔者已经谈到，从同情的对象、同情的方式等等出发，同情可分为很多种。

的是轻视而非仁慈，而且还无法同情他的命运，更不会去关心与他相关的事情。这种同情即是有限的同情：苦难本该激起苦难，但因其观念的力量太弱，反而削弱了苦难，激起了轻视。但如果是一个被奸臣所害而沦为乞丐的国王，对他苦难的同情不仅激起了旁观者的怜悯之情，而且还会进一步延伸，激起对奸臣的愤恨之情。这种延伸到相关对象的同情，即是延伸的同情。

同样，尊敬与轻视这两种激情也混合着骄傲与谦卑、爱与恨。休谟说，人们考虑别人的品质和境况时，总喜欢与自己相比，并且喜欢将两种思维方式结合起来，因而，"从第一种思维方式来看，他人的好品质会产生爱；从第二种思维方式看，产生谦卑；从第三种（即混合第一、第二种）思维方式来看，产生尊敬，这是爱和谦卑两种激情的混合。同样，他人的坏品质，从我们考察它们的视角来看，产生恨、骄傲和轻视。"（T, II. ii. 10. 2）尊敬中夹杂着谦卑、轻视中夹杂着骄傲。而人们总是倾向于骄傲，不愿谦卑的。休谟说，正是这个原因，"轻视中掺杂的骄傲成分要比尊敬中掺杂的谦卑成分多得多，而且，我们看到低于我们的人时所感到的得意程度，比看到高于我们所感到的羞辱程度要高。"（T, II. ii. 10. 4）混合在尊敬和轻视中的爱与恨、骄傲与谦卑，以不同的形式激荡人们的心灵。"最能鼓舞和振奋人心的莫过于骄傲和自负，同时，最令心灵软弱无力的莫过于爱或温和。①"（T, II. ii. 10. 6）因而，人们更倾向于自我骄傲与轻视他人，而不愿意自我谦卑与尊敬他人。

当然，并不是所有的对象都能同时激起骄傲与轻视、谦卑与尊敬的激情，而仅仅只是激起纯粹的爱与恨。比如一个人的好脾气、幽默、机智等品质，非常适于在人们心中产生爱，很少参杂谦卑或尊敬。显然，在这里，比较原则以及决定激情最终性质的因素发挥着重要作用。"我"的好品质激起他人心中的爱的倾向非常强烈，而刺激"我"的骄傲的倾向却非常微弱；除非某个对象在直接观察时产生谦

---

① 休谟这里对激情的论述显然带有强烈的辩证意味，并不是所有的爱、温都是令人喜欢的，过于溺爱、过于温和可能会被视为软弱、不坚强等等。

卑，否则是不能凭借比较作用刺激起骄傲之情的。与之相反的一个现象是：我们通常和自己鄙视的人保持一定的距离，不让那些比我们地位的人即便在场所和位置方面接近我们。休谟的分析是：看到一个富人总会产生微弱的尊敬，看到一个穷人总会产生轻微的鄙视。对于旁观者来说，贵族和守门人在一起是极不相称、令人不快的，这种不快必然也会借助同情反射到贵族心中，因此，贵族为了与自己的身份相称，必然会与守门人保持距离；而感受到贵族优越性的人也会产生和他保持距离的倾向。如果人们不遵守这种行为，只能说并没有感受到贵族的优越性。（T, II. ii. 10. 9-10）休谟这里以一个诙谐而又十分恰当的比喻说明这些差异："距离"。这种身份上的巨大差异显然就是贵族与农夫的距离。在"情感论"中，休谟只分析"距离"的现象，不分析产生这种距离的原因。对原因的讨论，休谟放在了"道德篇"。

　　骄傲与谦卑、爱与恨等以不同方式混合而成的其他激情，诸如仁慈与鄙视，尊敬与轻视，借助同情机制在社会中传播，那些权贵自然获得别人的尊敬和爱戴，而卑贱之人则遭人轻视和厌烦。个体最初的长处、优势，在漫长的历史发展中，在同情之镜的映射下，缓慢地构建了社会秩序，与此同时所造了关于这种秩序的社会心理。① 这一点，正是休谟"人性论"的社会哲学。

---

①　此处亦可参考卢梭，《论社会不平的起源与基础》（第二部分）。虽然休谟与卢梭对商业社会的态度大相径庭，但在同情与社会秩序的形成这一点上，笔者认为卢梭这篇论文的论述过程（卢梭的结论与休谟完全不同）完全可以和休谟的人性论融为一体。休谟在《人性论》中论述的较少的部分，卢梭完全做到了。

　　且看卢梭是如何探讨人类是如何迈出社会不平等的第一步的。他说："每个人都开始注意别人，也愿意别人注意自己。于是公众的重视具有了一种价值。最善于歌舞的人、最美的人、最有力的人、最灵巧的人或最有口才的人，变成了最受尊重的人。这就是走向不平等的第一步；同时也是走向邪恶的第一步。从这些最初的爱好中，一方面产生了虚荣和轻蔑，另一方面也产生了羞惭和羡慕。这些新因素所引起的紊乱，终于产生了对幸福和天真生活的不幸的后果。"（卢梭，《论人类不平等的起源与基础》，第113—114页）这段话完全从情感的角度解释了最初的自我认同和被认同如何而来，并由此产生了怎样的后果。卢梭认为这种后果是不幸的，但休谟对这种后果并没有太多的抨击。

4. 想象的倾向与比较的秉性（The Turn of Imagination and The Principle of Comparison）

骄傲与谦卑、爱与恨，以何种方式结合，最终又以哪一种激情呈现？最终的激情是想象的倾向和比较原则下的结果。在休谟看来，想象易于由远及近、由小到大进行推移；凡影响最大的事情也最容易被人注意，凡最容易被人注意的事情，也最容易呈现在想象之中。（*T*, II. ii. 2. 20）观念之间、印象之间的推移转换同样遵守这一原则。人们容易因父而爱其子，因主而爱其仆，这种想象推移就比较容易；而因子而其父、因仆而爱其主，这种想象便不太容易发生。"我"兄弟的德性首先产生的是"我"对他的爱，然后才激起"我"自己的骄傲，而不是首先激起我的骄傲进而激起我对他的爱，后一种不符合想象的倾向。每个对象激起的情感与其大小、轻重相称。一个较大的对象会引起一种强烈的情绪，一个较小的对象引起一种微弱的情绪。继一个较小的对象之后的较大对象，它所激起的强烈情绪紧随前者的微弱情绪，这就使得微弱的情绪变得更强烈，超出它平常的比例。但由于每一种情绪往往都伴随着一个对象的大小，当情绪增强时，我们自然想象那个对象也增大了。这是想象的倾向所致，与比较的秉性没有太大关系。

在另一种情形下，比较秉性发挥的作用更加重要，它增强或减弱人们的情绪，而且，还会常常出现相反的感觉。"一个小的对象使一个大的对象显得更大。一个大的对象使一个小的对象显得更小。丑本身产生不快；但是若将它与一个美的对象比较而使后者益增其美，于是丑就使我们接受到一种新的快乐；正如另一方面，美本身产生快乐，可是它如果与一种丑物对比，而使丑物益增其丑，那种美就使我们接受到一种新的痛苦。因此，关于幸福和苦难必然也是同样的情形。直接观察他人的快乐，自然使我们感到快乐，因此，在与我们自己的快乐比较时，就产生一种痛苦。他的痛苦就其本身来考虑是使我们感到

痛苦，但是却增强我们自己的幸福观念，并使我们感到快乐。"①（T,
II. ii. 8. 9）前一种情形，比如舞台上的小丑给人们带来了快乐，后一
种情形，诸如西施之于东施，东施效颦只会让她越发地丑；人的这一
秉性同样适用于人们对自己幸福的满意程度，所谓"比上不足、比下
有余"正是这个道理。休谟的这段分析强调了比较秉性在情感表达中
的作用，同时也可以解释，为什么看到别人比自己优越时产生爱、谦
卑和尊敬，比自己低微时产生厌恶、骄傲和轻视等情感。当然，人们
不会盲目地选择比较对象；比较往往在相近的对象之间进行。普通士
兵不会拿自己和将领作比，而是和班长等比较；大文豪不会被小文人
嫉妒，而是遭到同等地位的作家的嫉妒。

无论想象的倾向或比较的秉性在人们的情感中发挥着怎样的作
用，最终决定激情性质的，不是当前单独的感知或暂时的苦乐，而是
这种激情自始至终的整个倾向或趋势。（T. II. ii. 9. 2）这一点，在第
一章"同情的愉悦与痛苦"一节中已经论述过了。而人们的赞许或谴
责，正是以情感的最终性质为基础的。

三

5. 赞许与谴责（Approbation and Disapprobation）

休谟说："所谓赞许一种特性，就是面对这种特性感到一种与生
俱来的快乐。所谓谴责一种特性，就是感受到不快。"（T, II. i. 6. 5.）
所谓赞许或谴责一种行为、一种品性，就是从这种行为或品性中直接
感受到苦乐情感。

因而，为自己的容貌、财富、权力而感到骄傲，是由于这些本来
能带给自己直接的快乐，并且在同情共感之中感受到被他人赞许的快
乐，同时，他人赞许那些对象是因为他能从中感到快乐；这里的快乐
其实有三个层次：拥有者的直接快乐，旁观者借助同情从拥有者的快

---

① 休谟，《人性论》（下），第413页。

乐中感受到的快乐，拥有者通过与旁观者的赞许的同情共感而感到的快乐。反之，因为缺乏这些而感到谦卑，被他人的轻视，从而进一步感到痛苦。人们在骄傲与谦卑感受的苦与乐，是人最原始、最直接的情感。在"论激情"中，休谟谈论的只是事实，只与苦乐有关——而苦乐属于人的直接情感，是人最直接感受到的情感。休谟这里只谈事实，意即：人们感受到的是痛苦还是快乐，这些与价值判断似乎没有特别大的关联。

而在与自我密切相关的对象中，"正是他的赞许产生了骄傲，正是他的谴责产生了谦卑。"（T, II. ii. 2. 27）骄傲与谦卑、爱与恨这些激情本身其实已经暗含了赞许与谴责，这在上文的分析中已经非常明确地指出来了。但是，休谟并没有将骄傲与谦卑上升到道德的高度，或者说，他没有将二者直接关联起来。休谟说，骄傲与谦卑并不单是源于心灵的这些性质——根据一些庸俗的伦理学体系看来，这些性质被理解为道德哲学的一部分——而且还源于与快乐和不快关联的其他任何性质。（T, II. i. 7. 7）"这些性质"便是指快乐与不快。从休谟给骄傲和谦卑的定义来看，这些激情除了起源于快乐与不快，还有与之关系的其他性质，比如巧智、趣味、善恶等等。因此，骄傲与谦卑、德与恶，常常被联系起来看，认为骄傲是一种恶，谦卑是一种德。[①] 比如，曼德维尔就说，道德美德皆为逢迎骄傲的政治产物。[②] 休谟的反驳是：

> 我所理解的骄傲是那种源于心灵之中的令人愉快的印象，无论是我们的德性、美、钱财还是权力看法，令我们对自己满意的那种印象；我所说的谦卑是相反的印象。显然，前一种印象不总是恶的，后一种印象也不总是善的（virtuous）。最严格的道德规范也允许我们反思一件慷慨行为获得的愉悦；没人会认为想到过去的卑鄙和邪恶时感到的无益的悔恨是一种德。因此，让我们考察这些印象，思考印

[①] 有关这些说法，参见休谟，《人性论》，II. ii. 7.
[②] 曼德维尔，《蜜蜂的寓言》，第 37 页。

象本身，探究它们的原因——无论是从心灵还是肉体——时，不要以目前可能伴随它们的功过来困扰我们。（*T.* II. ii. 7.）[1]

　　显然，休谟在论述这类激情时是不考虑功过善恶的；骄傲与谦卑只是人的天性之一，它们只是一种存在（being），一种实存（existence）。换言之，它们只是"是"（*is*），还不是"应该"（*ought to*）；所谓"应该"，是一种价值判断，而个人的身体优势及其拥有的足以骄傲的各种条件，带给人们的快乐是直接的；反之，劣势和缺陷带来的则是直接的痛苦：这些苦乐是人的原始反应，无需价值上的判断。

　　最值得注意的是，当赞许或谴责暗含在这些激情之中，人们便逐渐意识到什么令自己骄傲、令他人产生爱、能让自己感到自尊、受到他人的尊重，什么会让自己感到谦卑，令他人产生厌恶的情绪。休谟反复强调，人的天性更倾向于骄傲，倾向于受到别人的尊重，而不是卑微地"仰视"他人。因而，在赞许与谴责的暗示下，人们开始追求那些能让自己骄傲、能让自己得到他人尊重的事物，名誉、财富、权力，只是人在激情的驱使之下的反应。

6. 名誉之好（The Love of Fame）

　　人的好名声包括很多方面：容貌、财富、地位、美德等等。凭借同情机制，好名声获得他人赞扬的快乐也会唤起当事人心中的快乐，因而，人们总是喜欢追求好名声。即便对于一个鄙视庸众的人来说，美名远扬也是令他愉快的，这是人之天性。[2] 剽窃者得到赞扬时也会感到高兴，尽管他们知道自己不配得到这些赞扬；这种赞扬不过是一种空中楼阁，想象以其虚构来自娱自乐，并力图借助与他人情感的同

---

[1]　休谟在《人性论》"道德篇"第三章第五节"对天生才能的进一步思考"中讨论了这些问题。
[2]　斯密的论断与《人性论》形成了互文。他写道："热爱正当的名誉、热爱真正的荣耀，即便是因名誉或荣耀本身的缘故，而且他从中得不到任何好处，即便是对一个明智之人，也不是不可取的。"（*TMS*, III. 2. 8）

情共感而这些虚构变得巩固和稳定（T, II. i. 11. 19）。无论哪种激情，在同情机制之下，很快都会在人群中散发开去，酝酿发酵，在个人心中生发出新的情感来。人们尊敬有钱、有权之人，正是同情机制在社会物质层面上发挥作用的结果。

钱财具有让人们享受生活愉悦的能力，钱财产生满足的原始快乐就源于这种能力；这种能力正是钱财的本性和本质，所以它必定是从钱财产生而来的所有激情的最初源泉。因此，这些最重要的激情之一便是他人心中的喜爱或尊敬之情，起源对拥有者的愉悦的同情。不过，拥有者在钱财中也拥有了一种次生的满足，这种满足产生于他因这些钱财而获得的喜爱和尊敬。这一满足不过是他本人所具有的原始快乐的次生的反思。这种次生的满足或虚荣成为钱财最主要的可贵品质之一，也是我们希望自己有钱或尊敬有钱人的主要原因。这是这种原始愉悦的第三次回弹，此后，意象（images）和反思（reflections）因其微弱和混沌就很难区分了（T. II. ii. 5. 21）。

同情之镜的原理可用于人们对金钱的追求，也可以用于对其他一切事物的追求。而财富与利益是人们最可见、最可感的快乐，并且是最容忍的让自己感到骄傲、受到他人尊敬的事物。根据骄傲激情的趋向以及人性的这些秉性，追求财富、权力似乎变得理所当然，而且存在于任何时代。只是这种利益的激情并不是在任何时代都占据上风的，只有到了商业社会，它才真正成为世人公开赞同的、主导性的激情。

四

7. 同情与社会秩序的形成

休谟并不解释人为什么会有同情的能力[①]，但他明确清晰地描述了人的同情能力与人的社会属性的关系。在整体考察自然界的经验

[①] 18世纪的苏格兰人似乎都搁置了这个问题。哈奇森、哈奇森都提到同情，但没有解释同情能力的来源。

之下，这层关系更加突出了"人"的特殊性。休谟写道："在所有不猎捕其他动物并不受猛烈激情鼓动的动物中，都有一种显著的结伴（company）的欲望，使它维系在一起，但它们却从未设想会从这种联合中获得任何好处。这一点在人类身上最为显著，因为人类是宇宙中结社（society）欲望最强烈的动物，并且享有最多的有利条件适于结社。如果不对照社会，我们形不成任何愿望。完全孤独的状态，可能是我们遭受的最大惩罚。每一种快乐在离群独享时都会衰落凋零，每一种痛苦则会变得越发残酷、不可忍受。任何驱使我们的其他激情，诸如骄傲、野心、贪婪、好奇心、报复心、或性欲，所有这些激情的灵魂或充满生命力（animating）的秉性都是同情；如果我们完全抽走他人的思想和情感，这些激情将失去任何力度。"（T. II. ii. 5. 16）这一段论述明确表示，人们结伴、结社从未想过能从中获得任何好处，换言之，人们并非因为利益或好处而聚集在一起。① 正是在同情的基础之上，休谟看到人结伴、结社的倾向；而且，正是在陪伴与社会之中，人的各种激情才显露出它们的力度和影响，人类才会加强骄傲和爱的力度；正是借助于同情之镜，人才走出关注他人和自己、关注同伴和社会的第一步。

显而易见，同情让人类脱离自我、进入社会。通过同情，一个人开始得以知晓他人的苦乐；由于自然赋予人类各种相同的感官，人们方能感受到他人的苦乐情感。既然人是生活在群体或社会之中——这种社会性或许是自然选择、生物进化的结果，或许还有其他原因，无论何种原因，这种同情能力使得人类结成社会极大的可能性；最重要的是，人并不是因为这种结社有利可图才有意为之：人天生就是社会的动物。以同情为原点，人类迈开了走向社会的第一步。②

---

① 读者从这里可以将休谟和霍布斯的体系完全区别开来。
② 此处我们可以反观卢梭对怜悯心的论述。卢梭也赞同怜悯心之于人们脱离"自我"进入群体、继而关心他人的作用。他写道："怜悯心是一种自然的情感，由于它调节着每一个人自爱心的活动，所以对于人类全体的相互保存起着协助作用。正是这种情感，使我们不加思索地去援救我们所见到的受苦的人。"（卢梭：《论人类不平等的起源与基础》，李常山译，北京：红旗出版社，1997年，第88页）

在社会交往之中，人类借助同情观察他人，并以他人或社会为参照对象认识自己。最初的骄傲与谦卑，正是在相互观察中形成的。这一过程，法国的卢梭论述得非常完整。他说："每个人都开始注意别人，也愿意别人注意自己。于是公众的重视具有了一种价值。最善于歌舞的人、最美的人、最有力的人、最灵巧的人或最有口才的人，变成了最受尊重的人。这就是走向不平等的第一步；同时也是走向邪恶的第一步。从这些最初的爱好中，一方面产生了虚荣和轻蔑，另一方面也产生了羞惭和羡慕。这些新因素所引起的紊乱，终于产生了对幸福和天真生活的不幸的后果。"① 可以说，卢梭的这段话完全是从休谟情感论的角度解释了人类最初的骄傲与自尊的由来、自我认同和被认同的由来。这是人类认识到个体差异的第一步，也被卢梭视为人类不平等的第一步。卢梭或许将人类认识到这种差异性的后果看得过于严重；事实上，认识到差异性不过是人类自我认识的一步。这一步是人类在社会交往中的重要一步；而爱与恨的激情也由此而来。这一步或许可以视为人类借助同情迈进社会的第一步。

接下来的步伐变得复杂而迅速，如同人类那些复杂的激情。一位研究者曾如此形容骄傲与谦卑、爱与恨这些间接激情与直接激情的关系："第一组关乎社会的本质，其中，相互观察、情感和观念的交流形成了树立价值规则的基础。第二组涉及我们现在所说的经济的本质，其中，制造物品和实物交换（material objects）得以产生。"② 当然，第二组激情涉及的不仅是经济的本质，还有政治、文化等方面的本质，甚至还有民族性的本质。这是人类借助同情在社会中生存的重要一步——已经很难说明这一步是第几步，因为经济、政治、文化活动、伦理规范等已是在时间、空间等各种因素混合之后的显著结果了。

休谟显然认为同情对政治经济活动有着重要的影响。他在谈到民族性时明确指出：民族性的形成同样受到同情的影响，而非受水土、

① 卢梭，《论人类不平等的起源与基础》，第113—114页。
② Christopher J. Finlay, *Hume's Social Philosophy, Human Nature and Commercial Sociability in A Treatise of Human Nature*, p. 87.

气候因素的影响。到处都是同情的迹象，都是移风易俗的迹象。一群人结成一个群体、组成一个社会，情感、意见、信念、风俗等的形成，在同情机制下自然而然地形成。在《论民族性》中，休谟写道："一切有理性的生物都有强烈的结伴和结成社会的倾向；给我们带来这一倾向的同一种天性，使得我们深深地沉浸在他人的情感之中，产生同样的激情和倾向，并像传染一样传遍整个俱乐部或人群。当一群人组成政治社会，他们定然会就防御、商业、治理等问题以同一种语言交谈，定然会获得相似的风俗，既有共性或民族性，也有属于每个个体的特殊个性。"①这种天性就是同情。休谟摒弃了地理论②，将民族性的形成归结为人性中同情能力的运用。

在休谟的人性科学中，他还将"道德论"、"产权论"等归为同情能力的运用。同理，社会秩序也建立在同情的基础之上。③ 最初的、

---

① David Hume, *PW*, Vol. III, p. 223.

② 休谟这里暗指伏尔泰《风俗论》。

③ 在这一点上，卢梭与休谟大体一致。林国华曾指出，卢梭从怜悯心出发建构了社会政治秩序：

卢梭认为，除了自然人的道德无辜，霍布斯忽视了另外一个"人性的自然原则"，即同情（I. 35）。卢梭认为，同情就是人类对自己的同类的受苦所自然具有的"反感"，它可以缓和自然人在自然状态中的"自我保存"本能，缓和自然人的"自爱"（amour de soi）本能。

因此，同情被卢梭认定为"唯一的自然的善良"之所在（I. 35）。卢梭这个认定所隐含的推理很明确：如果说自爱是一种指向自我的感情，那么同情则指向他人；自爱保持了人的绝对孤独，而同情则带来伙伴；自爱是自然状态中的专有情感，而同情则使孤独的自然人第一次萌生走出自然状态并与他人为伴的念头，因此，在卢梭看来，同情是自然人最后的情感，也是自然人即将离开自然状态、进入政治状态的第一步。

因而，同情是一种"先于理性思考而存在的纯粹自然的感动"（I. 36）。它威力巨大，"以至于连最败坏的道德风俗也毁灭不了它"（I. 36）。同情被卢梭寄予了巨大的使命：首先，同情辅助理性，并且使理性得以完善；其次，同情为诸种政治和社会的美德奠定基础（I. 37）。

……而未来的国家将被奠定在同情的基础上。

——以上引用的四段参见林国华：《古典的"立法诗"——政治哲学主题研究》，上海：华东师范大学出版社，2006年，第134—135页。

林国华从政治哲学的立场上对卢梭同情理论的分析，强化了笔者对休谟同情理论对民族性、对国家政治等方面的思考。在休谟的著作中，同情与民族性的形成密切相关。而他对财产权、政府的相关理论同样以同情为基础（参见本书第五章）。这里涉及休谟的政治哲学，笔者将另文论述。（第一、第二章在初稿中强调休谟与斯密同情理论的比较，在修改中受益于北京大学文学博士张广海博士论文《"革命文学"论争与阶级文学理论的兴起》的启发，增加了休谟与卢梭同情理论的比较。在此致谢。（转下页）

最简单的社会关系就是建立在人们对个体差异性的认识之上。一个人可以因容貌、体力等各种原因被其他人尊重、被人赞同、被授予权威、等等。在长期的历史经验之中，这些观点固定下来形成惯例，并自然而然地形成某种社会秩序。而产权形式、治理形式、伦理规范等等，均是在这个过程中逐渐形成的。在此基础上，休谟不赞同"原始契约"的说法也就很容易理解了。

可以看到，同情奠定了社会秩序、政治秩序、经济秩序、伦理规范的基础；在同情的基础上，休谟建造了他的政治经济学、社会哲学、伦理学等体系；而商业社会的秩序仅仅是这个体系中的一个例子。在休谟看来，在这种秩序之下，"人"能够自然而然地平衡各种激情，在各方面达到一种均衡状态。

（接上页）笔者认为，卢梭在其《人类不平等的起源与基础》一文中非常明显地运用了休谟的认识论，或许是因此之故，卢梭的同情理论更接近于休谟；而斯密则在调和、中庸的基础上将同情的理论延伸得更远。尽管读者在《道德情感论》中能够隐约感到休谟认识论的蛛丝马迹，诸如"观念"与"印象"的推移，但这种迹象是非常微弱的，几乎湮没在斯密的行文之中。这些或许是休谟、卢梭、斯密等人同情理论的有同有异的原因之一。）

第三章　勤勉、爱财与利益的激情

——商业社会秩序中的经济动力

　　艾伯特·奥·赫希曼的《欲望与利益》一书对休谟激情制衡思想的考察是简明扼要的，他引用休谟《论利息》中这样一句话："一切勤勉事业的结果，必然就是使爱财之欲战胜淫逸欲"①，以此说明温和

---

① 　see Albert O. Hirschman, *The Passions and the Interests: Political Arguments for Capitalism before Its Triump*（Twentieth Anniversary Edition）, Princeton University Press, 1977, p. 66。赫希曼的引用如下：'It is an infallible consequence of all industrious professions, to . . . make the love of gain prevail over the love of pleasure.' 这句话出自休谟《论利息》一文，参见 David Hume, "Of Interest", 原文如此写道："It is an infallible consequence of all industrious professions, to beget frugality, and make the love of gain prevail over the love of pleasure." 依据字面可以这样翻译，"一切勤勉职业的必然结果，是形成节俭之风，并使人们对财富的热爱甚于对娱乐的热爱。"要么是赫希曼，要么是译者省略了"to beget frugality"。同时需要指出的是，中文译本涉及休谟使用"贪"的不同词语时都译成了"爱财"，容易造成误解，因为休谟并非处处都将与"贪"有关的欲望、激情或欲念都看成是无害的。他只是在使用"love of gain"这个短语的时候持中立的立场。中译如果都译成"爱财"，或许是顺着作者的意思，因为赫希曼在《欲望与利益》一书中将"爱财"视为温和而又强劲的欲望，而且是无害的。例如，第49页第二段话："在《人性论》一书中，休谟特别将'爱财'与其他欲望做了对比，前者具有'持久性'和'普遍性'的特点……"休谟在《人性论》中的这段话使用的是 avidity 一词。Avidity 和 passion of Interest 这两种激情被休谟认为是"难以满足的、永久的、普遍的、直接摧毁社会的"，是不容易受到约束的，可能还有造成有害的结（转下页）

而强劲的"爱财之欲"占据支配地位，为资本主义发展提供了精神动力。[①] 也有人继续补充赫希曼的论述，认为理性在激情制衡中发挥着重要的作用，从"外在"和"内在"两个方面约束着激情，并认为理性的约束作用在外在和内在装置的运行下形成了一种新的激情，反过来抵消和平衡了原有的激情。[②] 这里"原有的激情"应该就是指"爱财"了。这些"对话"涉及的核心问题是：各种激情是如何达到平衡的？如果温和而强劲的"爱财之欲"成为支配性激情，它是否能不偏不倚地发展下去？赫希曼认为这一激情对于资本主义的发展已经足够，后来者认为理性制衡着破坏性的激情。

一旦牵涉休谟对理性与激情的论断，问题就会扩展得很大，因此，这里仅回答一个问题：在休谟那里，各种激情是如何相互制衡的，或者说，激情是如何被驯服的。与此相关，商业社会的秩序与心理机制是如何形成的。

一、勤勉与贪婪

休谟说，"一切勤勉职业的必然结果，是形成节俭之风，并使人们对财富的热爱甚于对娱乐的热爱。"[③] 勤勉劳作养成节俭之风，而且更加渴望获得财富，甚至更加贪婪。如果按照休谟对言辞的理解[④]，"对财富的热爱"不过是"贪婪"的另一种说法，不妨碍人们对事实

（接上页）果。而且，"当这种贪欲的活动没有约束、并遵循她的原始的和最自然的冲动时，每个人都有害怕它的理由"。赫希曼认为 avidity 具有持久性和普遍性，这符合休谟的意思，不过接下来他阐释的这种欲望的无害性，就与休谟本意相悖了。

① 赫希曼，《欲望与利益：资本主义走向胜利前的政治争论》，李新华、朱进东译，上海：上海文艺出版社，2003年，第62页

② Till Grüne-Yanoff and Edward F. McClennen, "Hume's framework of a natural history of the passions", *David Hume's Political Economy*, edited by Carl Wennerlind and Margaret Schabas, Routledge, London and New York, 2008, p. 101。

③ David Hume, "Of Interest", see *PW* Vol. III, p. 331.

④ 参见休谟，《道德原则研究》，附录四"论某些言辞争论"中的某些观点，曾晓平译，北京：商务印书馆，2001年。

行为的理解。所以休谟在《论商业》中说，军队中禁止奇巧淫技奢侈物品、限制铺张浪费、要求人们节衣缩食，这样做无疑好处多多，但却太过严苛难以为继，因而更好的做法是"以其他激情来统领人们，激发他们贪婪（avarice）和勤勉（industry）的精神，鼓励他们对艺术和奢华的向往，以此种精神来激励人们"①。如此，即便军队增加更多侍从，也依然能够充分供给。个人要求与社会利益方向一致，更重要的是，这顺乎人类的自然倾向，故而依然能够保持整体的和谐。在休谟看来，如果能够做到节俭自然是好的，但节俭往往不能长久，人性中最持久的是贪婪。休谟说，相比节俭、怜悯、爱这些不太持久的激情来说，贪婪是最持久也最难以满足的："只有这种自己和最接近的亲友取得财物和所有物的贪欲是难以满足的、永久的、普遍的、直接摧毁社会的。几乎没有任何一个人不被这种贪欲所激动。"②正因为贪婪具有这样的性质，它才会成为人类活动的持久动力——无论"贪"的对象是权力抑或金钱，还是其他事物。

休谟虽然提到要激发"贪婪"和"勤勉"的精神，但在通常情形下，贪婪这种欲望几乎无需刺激。在《论技艺和科技的兴起和进步》中，休谟说："贪婪，或对财富的欲望，是种普遍的激情，体现在任何时代、任何地方、任何人身上。"③值得注意的是，这里所说的"贪婪，或对财富的欲望"，与人们改善生活状况的关系更为密切，与人们享受财富带来快乐的关系更加直接："当一个搬运工人需要钱购买熏肉和白兰地时，他对钱的贪婪不会比一个支付香槟和珍馐的廷臣少。财富在任何时候都是有用的；因为它们往往能买到快乐，正如人们所熟悉的和所希望的那样。"④可以说，上至王侯大臣，下至平民百姓，都有"贪"的激情，希望得到更多的快乐。这种激情限制在一定程度内，对社会是没有破坏性的，甚至还能激发人类更好的品性，比

---

① David Hume, "Of Commerce", see *PW*, Vol. III, p. 287.

② 休谟:《人性论》（下），第 532 页。

③ David Hume, "Of the rise and progress of the arts and sciences", see *PW*, Vol. III, p. 121.

④ David Hume, "Of refinements in the arts", see *PW*, Vol. III, p. 302.

如促使人们摆脱懒惰习性、变得勤勉敬业。休谟的确说过，勤勉工作的结果是使"爱财之欲战胜逸欲"，但如果就勤勉与贪婪这两种欲望的关系来说，按照休谟的思路推理，应该是贪婪激发了勤勉劳作的激情，并且成为勤勉的持久动力，其自然而然的结果是资本主义精神。[1] 这正是休谟为 18 世纪的商业发展所做的最好辩护。

与贪婪不同，勤勉的精神不像贪婪那样普遍和持久，因而更需要各种激情的刺激和鼓励。大多数情形下，人们更容易养成懒惰的习性。从休谟的论文中我们似乎可以得出这样的结论：怠惰或好逸恶劳是人类社会进步最大的障碍。休谟稍带讥讽地谈到热带国家不思进取，既无技术创新，又无政治文明[2]，又认为少数几个温带国家积极进取、勤勤恳恳，善于改进。热带国家不太需要衣服和房子，因而没有勤勉的动力，变得比较懒惰，通常也比较落后；而后者土地贫瘠，需要人们运用脑力和体力，勤勉劳作才能获得生活所需，所以更文明、更发达。在工商业方面，如果手工业者生产的产品数量不多、质量不好，不仅影响商业交换，也会影响到农业生产的积极性。休谟常常用这些例子来说怠惰的习性更不利于文明的进步、不利于社会的繁荣。不过休谟所说的怠惰，更多是人们的欲望得到满足，而不是单独强调地理气候等外在条件。故而，伯纳德·曼德维尔所说的"满足与勤勉的对立，更甚于懒惰与勤勉的对立"[3]，这一点，休谟完全认同。无论是满足还是懒惰，一个较为根本的原因是，就人本身而言，他们没有更多的欲望——看来，与满足相对的不仅是勤勉，更深刻的对立面应该是贪婪，因此连贪婪这种普遍而持久的欲望偶尔也需要鼓励一下。在这个意义上，贪婪与勤勉就像一对连体婴儿，同一个身躯却有着两个不同的脑袋，因为，勤勉的确意味着想获得更多属于自己的东西，在某种程度上属于"贪"，但这种"贪"的道德色彩却需要置于不同情境加以判别。用曼德维尔的话来解释，勤勉"指许多种品

① 这一点将在下文"商业社会秩序与心理机制的形成"中详细谈到。
② David Hume, "Of Commerce", see *PW*, Vol. III, p. 293.
③ 曼德维尔，《蜜蜂的寓言》，第 191 页。

质，其中之一是对收获的强烈渴望，还有一种是要改善我们处境的不懈欲望。"[1] "对收获的渴望"，亦可以理解"爱财之欲"，或者"贪婪"。"改善我们处境的欲望"在休谟及其同时代的很多思想家那里成为勤勉的最终原因、成为推动经济发展的动力因。人类只有在更多"欲望"的驱使下才能有所创建，才会更加勤勉。这不仅体现在物质生产，也体现在思想和智力创造方面，休谟引用维吉尔的诗感慨道，"人类智慧因欲望而锋芒！"[2] 所谓欲望（desire），正是人类最直接的激情之一。

从另一个角度来说，怠惰有时并非完全是因为人自身满足于现状，与外界环境也有很大关系，货币、税收、商业和工业的欠发达情形，都容易形成怠惰的风气。土地阶层就是最典型的例子，如果没有外界的刺激，比如其他投资，地主和农民都不会想着要改进技术，而且地主还将钱财挥霍浪费掉。因而，休谟说，当"人们开始意识到奢侈品带来的快乐和商业的利润；人们的精细灵巧之心和勤勉奋发之情（industry）一旦被唤醒，就会将它们投入到国内各行业以及对外贸易的种种改进中。这可能是对外贸易产生的主要好处，它使人们从怠惰中振奋起来，向人们展现一片快乐华丽的天地，这种他们做梦都未想到的奢侈生活，从而激发人们对祖辈们从未享受过的辉煌豪华生活方式的欲望。"[3] 这段论述表明：对快乐和利益的想象和向往强烈刺激了人们勤勉之心。利益是可见的，奢侈品带来的快乐是可感受的，希望过上更好的生活的欲望是强烈的。当这一切不属于自己时，它们推动着人们增加劳动、扩大生产，各行各业都流露出勤勉之心。地主和农民在土地上投入加倍的照料，是因为他们生产的东西能够换回更多给他们带来快乐或虚荣的物品。制造业和手工艺者更加专注于技艺的改进，是因为能够带来更多的利润。在努力换取奢侈品、获得利润的欲望中，整个社会在人性的自然趋向中达到和谐。

---

[1]　曼德维尔,《蜜蜂的寓言》,第 190 页。

[2]　David Hume, "Of Commerce", see *PW*, Vol. III, p. 293.

[3]　David Hume, "Of Commerce", see *PW*, Vol. III, p. 289.

不过，除了"贪婪"、或"爱财之欲"、或"改善我们处境的欲望"这些欲望之外，人性中还有其他一部分欲望主动挑起人的勤勉精神。休谟写道：

> 人类永恒持久、永不知足的渴望与需求莫过于施展才智；这种渴望似乎是人类大多数激情和追求的基础。让一个人不务正业、无所事事，他就只能终日沉溺于娱乐消遣之中。他从闲散怠惰中感受到的沉重与苦闷如此强烈，以致他忘记了胡花海用所带来的灾难。如果让一个人以一种无害的生活方式来发挥他的脑力和体力，那他会得到极大的满足，在娱乐之后不再会感到永不知足的饥渴。如果这个人从事的工作有利可图，尤其是这种利润来自于每种行业的发展，那么，他会因频频获利而逐渐在心中激起对这项事业的激情，看到财富与日俱增他会感到无比快乐。①

的确，施展才智与获得利益、财富有着很大的关系，但在从事某项事业、获得财富的过程中，人性达到了真正的完满。这是休谟所认为的勤勉的真正意图。人类的幸福在于行动、娱乐和闲暇（action, pleasure and indolence）。② 这是休谟对幸福的定义。人若总是在娱乐和闲暇中消遣度日，不仅毁掉了快乐和闲暇的乐趣，还葬送了真正的幸福。当然，如果从事的事业能够带来利益和财富，这不仅是对人类物质上的奖励，也是对他心灵的回馈。在这里，财富仍然不可或缺，它是人类获得幸福和快乐的重要手段。这倒能印证赫希曼所说的，"一切勤勉事业的结果，必然是爱财之欲战胜淫逸欲。"不过，这并不是勤勉的唯一结果，因为休谟在这句话中还提到：勤勉还会形成节俭之风。不仅如此，爱财也会促进节俭之风。休谟在刚刚引用的那段引文后面紧接着说道，"正是由于这个原因，贸易才会促进节俭之

---

① David Hume, "Of Commerce", see *PW*, Vol. III, p. 330.
② David Hume, "Of Refinement in the Arts", see *PW*, Vol. III, p. 296.

风，商人之中，守财奴比挥霍无度的人要多得多，这与土地所有者的情形恰好相反。"① 商人的节俭之风与爱财、贪婪直接相关，并且还会因为后者越演越烈，甚至可以用"悭吝人"、"葛朗台"的形象来形容商人。对此，休谟特地在《论贪婪》中进行了批评。总之，如果只是爱财之欲战胜淫逸欲，而无其他激情来制衡新的激情，人类是否会感到幸福就是一个问题。

从这里可以看出，人性本身的欲望激发的勤勉与所谓的贪婪、爱财之欲，从因果关系来说，后者并不是前者的原因，尽管后者在这里也有很重要的作用：因为在这里，勤勉并非以获得财富或改善自己状况为目的，而是施展才智的欲望。应该说，在某些情形下，贪婪是勤勉的动因；在另外一些情形下，勤勉是受到另一些激情的鼓励——在此情形下，勤勉的结果是爱财战胜了贪图安逸的激情。所以，激情与激情之间的关系，并非简单的一种激情对另一种激情的战胜，而是多种激情相互较量的结果，或者激情本身方向的改变，从而最终出现一种平衡。休谟思想的复杂性和独特性正在于此。

二、"贪"之本性

大体上，"勤勉"这种精神的确是需要其他欲望的刺激，无论是"对财富的热爱"，还是"改善自身状况的欲望"，还是其他欲望的鼓励，勤勉都不算是"长久而普遍"的激情，但可以视为一种温和、进取的激情，它不伤害别人，更有利于自己。但是，"爱财"等与"贪"相关的激情却并非如此。

在休谟的著作中，与"贪"相关的词语有："贪婪"（avarice）、"爱财"（love of gain）、"贪欲"（avidity）和"利益的激情"（passion of interest）、"贪心"（greed）等等，休谟在几篇经济论文中对贪婪（avarice）和爱财都没有表示否定的立场，但在《人性论》却指出

---

① David Hume, "Of Commerce", see *PW*, Vol. III, p. 331.

"利益的激情"和"贪欲"对社会产生破坏作用。赫希曼在《欲望与利益》中从约翰逊、孟德斯鸠和休谟的思想中抽出"爱财之欲是温和而强劲的欲望"这一观点，至少对休谟的评价有失偏颇。赫希曼不是没有注意到休谟措辞的差别，不过他的理解是：休谟将"利欲"或"利欲熏心"用作"贪财"的同义词。[1]尽管休谟使用这些词语时似乎都像是同义词，不过这其中还是存在很多不算细微的差别的。尤其是利益一词，在这组激情中休谟赋予了它特别的意义。

在休谟的经济论文中，"贪婪"（avarice）比"爱财"的用法更为常见。这两个词语的上下文基本没有使用太多的否定语气，而且从上述的引文来看，休谟甚至"鼓励"贪婪的精神，但这并不表示休谟认为贪婪是一种美德。当对财富的贪婪超出一般"爱财"的程度，发展到极端化的"吝啬"、"抠门"时，贪婪就不再是休谟鼓励提倡的了。休谟在《论贪婪》中对这种贪婪成性的癖好着实批判了一翻。他说，"讽刺家和滑稽诗人塑造的个性鲜明、浓墨重彩的角色，现实生活中堪与之相当的恶，只有一种；它就是贪婪。"[2]这里的贪婪与上文所说的"改善自己状况"的贪婪是一种品性的两个端点，一端可以激发勤勉精神，另一端则是贪得无厌的恶。文学作品和现实生活充斥着这些贪婪成性、吝啬抠门的"悭吝人"的形象：高利贷者临死前因为神甫十字架的假宝石而出借更少的钱；守财奴拖延遗嘱签署日期只因要求受益人不肯为他签署遗嘱这一行为付钱，等等。对于这样的恶德，休谟认为板着面孔批评不如机智幽默的挖苦嘲讽，但是要根绝贪婪这种恶德似乎也是不可能的。休谟用一则寓言表达了他的看法：地球母亲在天庭控告贪婪所犯下的罪行——为了寻求财富不惜毁坏她的身体、洗劫她的内脏。丘比特公正地判处贪婪打开地球胸腔，将宝藏还给地球。[3]除此之外，似乎对贪婪也没有别的惩罚手段了。

贪婪显然是一种恶，然而休谟并不主张完全根除这些恶。这和休

---

[1] 赫希曼，《欲望与利益》，第31—32页。
[2] David Hume, "Of Avarice", see *PW*, Vol. IV, p. 514.
[3] David Hume, "Of Avarice", see *PW*, Vol. IV. p. 517.

谟对待奢侈的观点一样。对于一种品性的两个极端。休谟说，奢侈只有在它让人倾家荡产时才是恶行，满足人们需求即欲望的某些奢侈不能看成罪恶，而且还为其他人提供了就业机会，它也有其有利的一方面。"人性中还有其他一些缺点，比如懒散、自私、不关心他人，而奢侈在某种程度上却提出了一剂疗法；正如一种毒药是另一种毒药的解药一样。美德就像健康有益的食物一样，它比毒药更有效，无论毒药能多么有效地解毒。"[①] 如果说休谟明确地表示一种激情克制另一种激情的思想，那么这里，贪婪、奢侈是克制懒散、自私、不关心他人这些激情的，这种较量正如"勤勉事业的结果是爱财战胜了逸欲"。

在《人性论》中，"爱财"也是"贪欲"的同义词。休谟说，"人类心灵中任何感情都没有充分的力量和适当的方向来抵消爱财的心理，是人们戒取他人的所有物，并借此使他们成为社会的合适的成员。"[②] "爱财"是强劲而难以约束的，这些与利益相关的激情在所有激情中"鹤立鸡群"——借赫希曼的话来说，但这种对社会具有摧毁作用的激情和其他激情一样也有利于社会。至于人性中各种激情的善恶问题，休谟认为这是另外一个问题，因为，人性如果是善的，人类会借助这种德而具有社会性；如果是恶的，它们也有同样的效果。[③] 无论人性善恶，人类天生都是群居的动物，在社会中生存繁衍。

"利益的激情"也是贪婪的同义词。"除了这种利益激情之外，其他一切情感或者是容易约束的，或者是虽然放纵，也并不发生那样有害的结果。"[④] 这里需要注意"利益"一词的内涵。人们可能会因为对利益的不同理解，进而对激情的相互制衡机制有不同的观点。赫希曼比较利益的广义和狭义时指出"经济发展一旦开始令越来越多的人增加财富成为可能"，利益一词就狭义化，而在"利益不会撒谎"这样

① David Hume, "Of Refinement in the Arts", see *PW*, Vol. III, p. 306.
② 休谟，《人性论》（下），第 532 页，译文稍作改动。
③ 休谟，《人性论》（下），第 533 页。
④ 休谟，《人性论》（下），第 532 页。

的格言中，利益则指"自身的全部欲望"①。但雅诺夫和麦克莱纳认为赫希曼对利益的这种理解有误，他们指出狭义的利益是指贪欲，而广义则是指理性的自我约束的结果。这两位作者在这篇论文中展现了两种不同类型的商业发展：一种是基于贪婪的对社会有破坏性作用的发展；另一种是基于理性自我约束的更有益的发展。② 因而认为并非激情制衡了激情，而是理性制约了激情，进而才能构成有益的商业发展。无论双方观点对"利益"的观点如何不同，但可以肯定的是，休谟此处将利益的激情等同于贪欲，是具有破坏性的。

在休谟看来，这种持久、强烈而具有破坏性的"利益的激情"能够构建自我制衡，是因为它自身的方向发生了改变。虽然贪婪可以激发勤勉之心，防止人们养成懒惰的习性，可以让人们获得更多的财富、享受更多的快乐；但贪婪成性则会让人性情冷漠、吝啬抠门。在道德上如何惩罚这一恶德，休谟开了个玩笑说"只好让丘比特做主"，但他并不是没有看到制衡贪婪、爱财这些破坏性激情的因素。不过，"贪"是怎样被套上"轭"的呢？

三、贪婪之"轭"

"贪"的激情持久而强劲，它的确能够成为创造财富的动力，但它不温和反而有害。赫希曼认为"爱财"这种激情能够减少人性中更具破坏性和灾难性的激情，那么，爱财的破坏性或灾难性又该如何遏制呢？休谟认为，人性中没有其他激情有能力足以改变爱财这种激情的方向；仁慈的力量太微弱，根本不足以达到这个目的；而其他激情很可能还会煽动贪欲——当财富满足人们一切欲望的能力越来越大时，爱财轻易就取得了对其他激情的支配权。既然如此，如何才能约束爱财之欲？休谟洞悉到每种激情都有自己的特性，有各自的发展方

---

① 赫希曼，《欲望与利益》，第 34 页。
② Till Grüne-Yanoff and Edward F. McClennen, "Hume's framework of a natural history of the passions", *David Hume's Political Economy*, p. 87。

向，贪欲只能在自己的发展中约束自己。"没有一种能够控制利益的感情，只有那种感情自身，借着改变它的方向，才能加以控制。不过这种变化是稍加反省就必然要发生的；因为显而易见，那种情感通过约束、比起通过放纵可以更好地得到满足。"① 休谟是在《人性论》第三卷《论正义与财产的起源》这一问题时谈到"贪欲"、"利益的激情"的。按照他的说法，贪欲、爱财之欲没有受到其他激情的制衡，其他激情甚至也制衡不了这种顽强的激情，它之所以改变方向是由于它自己的性质；也就是说，要想获得更多所有物，不能无限制地放纵个人的贪欲，节制能够达到更好的效果。不过，这种节制不是一下子就能做到的，它需要稍加反思，是反思的结果。

在休谟对激情自我约束的看法中，我们必须注意两个非常隐秘的观点：第一，是激情的自我约束、自我转化的性质。贪欲、利益这些激情自身的性质可以进行自我约束，其方向是一致的，其最终目的为了获得更多所有物。关于激情的自我转化能力，休谟曾谈到"怠惰"与"勤勉"两种激情——长时间的慵懒闲散最终破坏了自己的趣味，从激发了另一种相反性质的勤勉激情；当然，勤勉的目标不是一直劳碌下去，是为了享受更好的闲暇时光。② 第二，也是非常容易引起多种理解的一点，就是休谟使用了"利益"一词，并且加入了"反思"的作用——"利益的激情"改变方向需要的只是些微的反思（the least reflection），无论这些反思有多少，至少都是一种反思。上文提到了对"利益"的两种不同理解：雅诺夫和麦克莱纳认为赫希曼没有看到"作为理性约束结果"的利益，认为赫希曼忽视的这种利益观在休谟的著作中是十分明显的，它与爱财（love of gain）不同，相反，它包括更为普遍的利益，同时，还包括依靠"内在"和"外在"约束

---

① 休谟，《人性论》（下），第 532—533 页，译文有改动，休谟用的是 Interested affection 而非 self-Interest，恰当的说法是"利益之意向"，而非"利己"。休谟在下文中用了"自利的激情"（passion of self- Interest）一词，与这里说的"利益之意向"不完全相同。
② 休谟在这里不考虑亚历山大大帝与第欧根尼关于成功与闲暇的著名对话的那种意义。

的理性的自我控制。[①] 实际上，赫希曼并非没有看到"利益"理性的一面。他看到 16、17 世纪产生了新范式的"利益"，当激情具有破坏性而理性又变得无效用之后，兼具激情和理性的新范式的"利益"为"解释人类行为带来了一线希望"。他说："人类行为的这一最终混合形式，被认作是既消除了欲望的破坏性，也克服了理性无效用的缺点。"[②] "利益"成为一种具有超越激情和理性的强大力量，所以，赫希曼才有如此断言：作为激情驯服者的利益。如此看来，无论是理性从"内"到"外"对激情的约束，还是兼具激情和理性两者优良秉性的"利益"，双方其实都已经意识到理性在克制激情方面的作用。而休谟也确实谈到，"利益的激情"要改变方向需要一些反思，这是必须的，也是必要的。问题在于如何理解这种激情，是理性还是兼具理性和激情的利益？

休谟所谓的"反思"是"理性"吗？这个问题似乎成了理性与激情的概念辨析。休谟在《人性论》中说，"理性是，而且应该是激情的奴隶"，因为单是理性不足以产生任何行为，也不能引起意志的作用。这是从理性与激情的对立角度来说的。但他又说道，人类欲望有两类：一类是天性赋有的某些本能，比如慈善和愤恨、爱和怜悯，另一类是对抽象的祸福的普遍好恶。这两类欲望中，"当这些激情中的任何一种处于平静状态、在灵魂中不引起纷乱的时候，这些情感便很容易地被认为是理性的决定，并被假设为也是发生于判断真伪的同一种能力（faculty）"。[③] 休谟将理性视为平静的激情，或者说，休谟所说的激情已经包含了我们一般被理解的"理性"。而利益的激情，正是一种"理性的决定"；所谓兼具理性和激情两者优势的"利益"，也就是这种激情。

激情是什么？休谟是这样定义激情的："激情是一种原始的存在

① Till Grüne-Yanoff and Edward F. McClennen, Hume's framework of a natural history of the passions, *David Hume's Political Economy*, p. 100。
② 赫希曼，《欲望与利益》，第 37 页。
③ 休谟，《人性论》（下），第 455 页。

（being），或者也可以说是存在的一个变异，并不包含有任何表象的性质，使它成为其他任何存在物或变异的一个复本。……这种激情不能遭到真理和理性反对，或与之矛盾；因为这种矛盾就说明：作为复本的观念和它们所表象的对象不一致。"[①] 激情与理性的关系在休谟的认识论中可以得到更好的解释。这种解释也可以答复上述雅诺夫和麦克莱纳与赫希曼的争论。如果将"利益的激情"看作理性，那么，前者所说的"贪欲"、"爱财之欲"受到理性外在和内在双重的约束；而如果像赫希曼那样认为是利益驯服了激情，也是这种性质的"利益"驯服了爱财之欲。两者之间的矛盾在于对利益的不同理解而已。卢梭就是将利益视为理性同义词的其中一位。现代商业社会让人们陷入永无休止的利益计算之中，"所有的人类都（违背自然地）只受到理性（自利）的驱使，而完全不受他们激情的驱使。结果，激情彻底消失了。""利益腐蚀着人们，损害着人们，吞噬着人们。"[②] 卢梭向来重视人的情感，尤其是人类的原始激情，但利益在商业社会逐渐吞噬了人类的情感，让人类变成了一台利益计算的机器，由此现代社会变得可憎。在卢梭的划分中，利益、自利都成为理性的同义词，连"自爱"都成为利益计算的衍生物，是一种较弱的激情，而不像曼德维尔那样将自爱看作一种强烈的、难以预测的、危险的激情。[③] 休谟对利益激情的讨论不像卢梭那样带有强烈的贬义色彩，即便它需要依赖人的反思，也可以称之为理性的决定。

在休谟看来，即便加入了"反思"，"利益的激情"仍然是一种激情，而非理性，也非其他兼具理性和激情优点的某个事物，它就是所有激情中的一种，也是非常特别的一种。在谈到利益的激情只有通过改变自己的方向才能得到控制时，休谟巧妙变换了他的用词，他不再使用贪婪、爱财等等术语，而是换成"利益"一词：这一变化对于休

---

① 休谟，《人性论》（下），第 53 页。
② Pierre Force, *Self-Interest Before Adam Smith: A Genealogy of Economic Science*, Cambridge University Press, 2003, p. 155.
③ *Ibid*, p. 162.

谟即将论述的正义论和产权论是非常关键的。所有的贪婪、爱财都是为了满足私人的利益，但如果无限制地满足自己的利益，甚至不惜损害他人利益，这时很可能会反过来损害自己的利益。因而，要想得到自己想要的东西，必须也允许别人得到别人想要的东西。① 正因为人类都有"利益的激情"，他们才能维持一个群体或社会的完整和谐。姑且不论这种激情是好是坏，作为一个生活在群体或社会中的人，"你为自己谋利益，要尽可能地少损害别人"，因此，最贪婪的激情也不能伤害到他人，这是社会的最低底线。在此底线之上，这些激情直接成为社会进程的推动力。

如果说，懒惰、骄奢淫欲这些激情被贪婪、爱财之欲战胜，奢侈成为技艺落后、百工不修的"解毒剂"，这些都是用一种激情制衡了另一种激情，那么，这些占了上风、取得支配地位的激情如何不会演变成另一种无法遏制的激情，就只能依赖这种激情的性质了。雅诺夫和麦克莱纳认为休谟提出了一种动机演化的构架；其激情论是一部激情的自然史。② 这一点笔者是非常赞同的。无论是勤勉还是贪婪，这些激情都有其自身发展的历程，而利益的激情更是在自身的不断演变中实现了自我方向的转变，从而为自己套上激情之"轭"。

---

① 人类正是借助同情才形成了这一共识。对此，卢梭的一段话足以说明。他说：正是这种情感，在自然状态中代替着法律、风俗和道德，而且这种情感还有一个优点，就是没有一个人企图抗拒它那温柔的声音。正是这种情感使得一切健壮的野蛮人，只要有希望在别处找到生活资料，绝不去掠夺幼弱的小孩或衰弱的老人艰难得来的东西。正是这种情感不以"你要人怎样待你，你就怎样待人"这句富有理性正义的崇高格言，而以另一句合乎善良天性的格言："你为自己谋利益，要尽可能地少损害别人"来启示所有的人。后一句格言远不如前一句完善，但也许更为有用。（卢梭：《论人类不平等的起源与基础》，李常山译，北京：红旗出版社，1997年，第88—89页）最后两句话是卢梭对自然人基本情感的论断，与休谟对利益激情的论述（第四章）如出一辙。
② Till Grüne-Yanoff and Edward F. McClennen, "Hume's framework of a natural history of the passions", *David Hume's Political Economy*, pp. 100-101.

四、商业社会秩序的经济动力

虽然在任何时代、任何地区，贪婪都是人类天性中最强烈的激情，追求财富和利益都是人类普遍的行为，但贪婪、利益的激情却并不是在任何时代、任何地区都能得到广泛的赞同。在西方漫长的中世纪里，商人、高利贷者，尤其是后者在宗教和俗世生活中都是被咒骂的群体，不忏悔的高利贷者死后将只能待在冰冷的地狱。"在人性发展的这块工地上，高利贷者是一个叛徒。"[①] "你只有汗流浃背，才有饭吃。"不过，即便"汗流浃背"，利益的激情冲破宗教对灵魂的束缚也经历了漫长的时间。

赫希曼向读者展现了这样一个休谟形象："作为他那个时代的杰出哲学家而为资本主义奔走呼号，因为资本主义会通过减少人类邪恶秉性来激发人类的善良秉性——有这样的可能性：通过这种方式，资本主义会抑制并很可能减少人性中更具破坏性和灾难性的成分。"[②] 这个形象根植于那个正在勃兴的商业社会，根植于那个宗教改革很多年之后的社会。这个形象不再诅咒逐利敛财的高利贷者，而仅以调侃的语气一笔掠过；[③] 他推崇在正义范围之内追求利益，推崇勤勉工作换来财富和享受。人被赋予了各种能力，应该在工作和训练之中发挥这些能力的功用；如此，人的天性才能自然而然地发挥。

在休谟看来，勤勉工作甚至与赎罪[④] 无关；工作只与人本身有关。勤勉的结果是使人们对财富的热爱超过了对娱乐的爱好；人们施展才智的欲望也激发着"勤勉"精神。财富和快乐带来的认同和被认同，都会成为勤勉的驱动力。商业社会中对财富的贪婪以及利益的激情持久的支配地位，成为勤勉的长久动力。但是，人们最终在财富的

---

① 雅克·勒高夫，《钱袋与永生：中世纪的经济与宗教》，第 45 页。

② 赫希曼，《欲望与利益》，第 62 页。

③ David Hume, "Of Avarice", see *PW*, Vol. IV.

④ 在基督教思想的发展史中，"工作是赎罪的手段"在休谟时代已经流行。参见冈察雷斯，《基督教思想史》，赵红军等译，南京：译林出版社，2008 年。

刺激下走向无尽的贪婪。贪欲、爱财之欲、利益的激情等作为"改善自己状况的欲望"显然是值得肯定的，但它们对社会的破坏性也极其强烈。在休谟看来，贪婪的"恶"是一种难以裁定的恶。它们在商业社会发挥着积极的作用，也带来很大的破坏。当它们战胜其他激情取得支配性地位时，没有其他的激情能够制衡它们——除了这种激情本身。当贪婪、贪欲、爱财都成为利益的同义词，这些激情、欲望的性质转化成利益的激情时，它们变得理性而温顺起来。赫希曼说，"利益可以被视作人类行为的支配性的动机，这种信念使知识分子欣喜若狂；至少，一个可行的社会秩序的基础被找到了。"[1] 的确，利益是一种社会秩序的基础；并且，就是商业社会的基础。

最终，凭借势不可挡的利益激情，以及强大的同情力量，商业社会的心理机制渐渐成形。

---

[1] 赫希曼，《欲望与利益》，第43页。

附 I：勤勉、劳动、工业
——休谟经济论文中 Industry 一词的词义辨析

　　休谟的经济论文收录在 1752 年爱丁堡出版的《政治论文集》（*Political Discourses*）中，此书大获成功。休谟关于商业、货币、利息、国际贸易等方面的看法，不仅在当时引起了广泛讨论，而且直到现在，西方一些经济学家仍然从中发掘新的理论意义。

　　理解休谟的经济思想，其经济论文是最好的文本。国内研究休谟经济思想主要依托的是中文译本。目前休谟经济论文的译本主要有两个版本：一个是商务印书馆 1984 年出版的《休谟经济论文选》，收录 9 篇经济论文，由陈玮翻译；另一个是瑜青主编、上海大学出版社 2002 年出版的《休谟经典文存》，其中收入七篇经济论文，由刘根华、璐甫两位译者提供了不同的译文。不同译者对休谟经济思想的不同理解，直接体现在不同的中文译本中，由译者传达给读者。这两个译本各有千秋，前者译笔比较优雅，后者更为精炼，并对前者模棱两可之处的译文进行矫正，使之更加明晰。笔者在研读休谟的经济论文、试图将经济思想置于休谟的整个思想体系中理解时，发现现有中译本对休谟经济思想关键词的理解和译法常常含糊不清，其中，industry 就是一个明显的例子；但这些正是理解休谟经济思想的关键所在。

　　在两个中译本中，industry 一词均有两种基本的理解：一层含义是指"勤劳"（商务），"干劲"（上海）等；另一层即是常见的"工业"一义。两个译本对这个词含义的处理大体上是这样：industry 单独使用时使用第一层含义，而与 trade、art 等词连用时则为"工业"一义。①这种处理整体上对于理解休谟的经济论文是比较符合的，"勤劳"这一层含义反映了休谟对经济动力因的理解，不过，industry 单独出现的某些场合，似乎不能一概理解成"勤劳"，而与 art 等一起出现，也不一定都能贴切地理解为"工业"。

细读休谟的经济论文，笔者发现 industry 有三层含义值得我们思考：第一层，即"勤勉"（diligence），这层含义与已有中译本的"勤劳"、"干劲"同义；第二层含义，即"劳动"（systematic labor），这种"系统的劳动"是习惯性的，积极主动的，泛指一切劳动；第三层含义，即"制造业"（manufacture）"，按照现在的理解，"工业"一词泛指商业和农业之外的一切制造业。Industry 一词本身具有多重含义，在每层含义背后，休谟表达了怎样的经济思想？这正是本章考察经济论文中 industry 一词含义的目的所在。

一、"勤勉"（diligence）

理解休谟的遣词造句要结合他本人的写作经历。休谟一直认为《人性论》的失败是修辞表达方面的原因，因而在以后的创作中刻意讲究遣词造句，而且读者也能从他的文章中看出他在这方面的思考。②《政治论文集》在"国内外大受欢迎"，③原因不仅包括文种观点，

① 参见休谟，《休谟经济论文选》，陈玮译，商务印书馆，1984 年；瑜青主编，《休谟经典文存》，上海：上海大学出版社，2002 年。
② 休谟曾在《论古代人口之人烟稠密》注脚中专门提到用词问题。参见 David Hume, "Of the Populousness of Ancient Nations", see *PW*, Vol.III, p.421 最后一个注释。休谟略微论及辞源学，在这个注释中表达的意思是，有些词语的创造有一定的联系，要么成双成对地出现，比如男人和女人，医生和病人。
③ 休谟，《我的一生》，参见《休谟散文集》，肖聿译，北京：中国社会科学出版社，2006 年，第 4 页。

轻快活泼的小品文形式也可能是原因之一，不过，这些 18 世纪的英语词汇对应成汉语，就需要小心谨慎地找到合适的词语。

Industry 用作"勤劳"一义在现代英语中不如 18 世纪常见；通常可以理解为"勤劳"、"干劲"、"勤勉"[①]。那么在休谟的经济论文中，应该在何种语境中理解为这层含义呢？两个中译本对这层意思的处理似乎有些随意，也容易让我们误读休谟的经济思想，弄不清楚休谟究竟想表达的意图。

在经济论文中，industry 的上下文有些时候是与 sloth、indolence 呼应的，在这种语境中，industry 最好理解为"勤劳"一义：

Where manufactures and mechanic arts are not cultivated, the bulk of the people must apply themselves to agriculture; and if their skill and industry encrease, there must arise a great superfluity from their labour beyond what suffices to maintain them. They have no temptation, therefore, to encrease their skill and industry; since they cannot exchange that superfluity for any commodities, which may serve either to their pleasure or vanity. A habit of indolence naturally prevails. The greater part of the land lies uncultivated. What is cultivated, yields not its utmost for want of skill and assiduity in the farmers.[②]

制造业和手工艺尚未发展的地方，大量的人口必定只能从事农业；如果他们的技能和生产热情提高，他们的劳动必

---

① 在 18 世纪，industry 理解为"勤劳"一义是非常常见的，有时候也包含"聪明灵活"的意思。当时伦敦的一位画家曾经描述过两个典型形象：一个勤快的学徒，一个懒惰的学徒。勤快的学徒不仅赢得师傅的信任，而且还娶了师傅的女儿；懒惰的学徒一无所获，穷困潦倒。故事使用了 Industrious Prentice 和 Idle Prentice 这种用法，Industrious 由 industry 变化而来，参见 *Human Documents in Adam Smith's Time*, edited by E. Royston Pike, London, 2010, pp.90-93。
② David Hume, "Of Commerce", see *PW*, Vol.III, p.285.

然会生产出大量的剩余产品，远远超过维持他们的生活所需。对他们来说，若不能用剩余品换回任何能给他们带来快乐或虚荣的产品，那么提高技能、刺激勤勉便没什么诱惑了。懒惰的习性自然盛行开来。越来越多的土地任其荒芜，而耕种的土地却无法达到最大的产量，因为，农民缺乏技能，而且也不会尽心竭力。

显然，这段话中的 industry 不能理解为"工业"。两个中译本分别翻译为"生产热情"（商务，p.10），"生产劲头"、"干劲"（上海，p.65），是符合作者原意的。休谟论文中有一个反对地理论的观点，即人们只要通过辛勤劳动，即便是地理气候等条件不好的地区，也能生产出更多产品；而一旦人们懒惰怠工，即便气候宜人，也会造成某种贫困。休谟认为"法国、意大利、西班牙的百姓贫困某种程度上是土壤肥沃、气候宜人造成的"，因为那里的农民太懒，既不改进技术也不想辛勤劳动。不管怎样，休谟始终认为人们有生产的热情，并将之付诸实践，就能创造出更多劳动产品，才能增加个人财富，改善自己的生活，提高生活质量。《论商业》的一句话可以成为休谟对劳动动力因的经典分析。他写道："世上一切事情都是由劳动购买得来；我们的激情是劳动的唯一因由。"[1] 而"勤勉"、"生产热情"等可谓休谟所说的人类的激情之一。

休谟认为提倡人们节衣缩食似乎太过严苛，不如扩大生产、增加社会财富，其方式就是激发人们的各种激情，"以其他激情来统领人们，激发他们贪婪（avarice）和勤勉（industry）的精神，鼓励他们对艺术和奢华的向往，以此种精神来激励人们。这种情形下，军队即便增加更多侍从，供给也会相应增加。整体的和谐依然保持；人类思想中的自然倾向不仅顺应了个人的要求，也与社会的利益达成一致，这种倾向在恪守这些原则中获得自己的优势。"[2] 在休谟看来，以激情

---

[1]　David Hume, "Of Commerce", see *PW*, Vol.III, p. 285.

[2]　David Hume, "Of Commerce", see *PW*, Vol.III, p. 287.

支配人们的行动，尤其是以对财富的欲望和奋发向上、改善生活的欲望、对荣耀和文雅的向往，这些更容易成为劳动的理由，更合乎人性的自然倾向。而人类天性的这些自然倾向，在不自觉中不仅获得了个人利益，也合乎社会利益。这也是休谟运用"人性科学"分析经济学领域问题的又一体现。

但是，人类天性是一个复杂多变的综合体：某些人性有合乎社会利益的趋势，某些人性却与这个方向背道而驰。因而，需要以外在条件去刺激和鼓励那些有利的天性。"勤劳"就是其中之一。休谟说，

Thus men become acquainted with the pleasures of luxury and the profits of commerce; and their delicacy and industry, being once awakened, carry them on to farther improvements, in every branch of domestic as well as foreign trade. And this perhaps is the chief advantage which arises from a commerce with strangers. It rouses men from their indolence; and presenting the gayer and more opulent part of the nation with objects of luxury, which they never before dreamed of, raises in them a desire of a more splendid way of life than what their ancestors enjoyed.

进而，人们开始意识到奢侈品带来的快乐和商业的利润；人们的精细灵巧之心和勤勉奋发之情一旦被唤醒，就会将它们投入到国内各行业以及对外贸易的种种改进中。这可能是对外贸易产生的主要好处，它使人们从怠惰中振奋起来，向人们展现一片快乐华丽的天地，这种生活他们做梦都未想到的奢侈生活，从而激发人们对祖辈们从未享受过的辉

煌豪华生活方式的欲望。[1]

Industry 作"勤勉"、"勤劳"之意时，有时是指人的品行，相对于好逸恶劳这种恶习；有时可指人们的情绪，是一种积极的生产热情。曼德维尔曾明确表示"勤勉"指多种品质，并对"勤劳"（diligence）和"勤勉"（industry）作了一定的区分。他说："勤劳与勤勉常被混用，用以指同一种事务，但这两者之间却迥然有别。一个贫穷的倒霉鬼既不勤劳，亦不聪慧。虽能俭省与吃苦，却根本不去奋力改善自己的境况，安于现状。而'勤勉'则指许多种品质，其中之一是对收获的强烈渴望，还有一种是要改善我们处境的不懈欲望。"[2] 这种区分对于理解 industry 的意义非常重要，不过由于翻译的连续性和连贯性，笔者虽然取"勤勉"之意，但为了行文方便，有时也会使用其他近义词。

无论作为道德品质还是作为一种情绪——这两者很难分开，"勤勉"可以体现在个人和整个国家中。"勤勉"更多受外在条件的影响。就个人来说，对财富的追求、向往更好的生活，就像上面这段引文所指出的那样，更能刺激人们的勤勉精神；就国家来说，商业政策、税收、货币数量等也会直接影响人们"勤勉"精神的发挥。如果国内外贸易自由，商品交换发达，税收适度，这些都有利于提高人民的劳动积极性，进而促进生产。相反，如果人们的生产产品不能换回所需要的物品，或者征收过重的赋税，都会挫伤人们的生产积极性。这些思想在休谟关于货币、税收等方面的论述中明显地表现出来。

大多数情形下，"勤勉"都可以理解为品性或情绪，有时"勤勉"

---

[1]　David Hume, "Of Commerce", see *PW*, Vol.III, p. 289. 商务版的译文如下：人们从而认识了享受奢华之乐，经商作贾之利；人们一旦开了窍，领悟到随机应变和惨淡经营的秘诀，就坚持不懈地进一步改进对外贸易和国内贸易的每一个部门。同外国人做生意所产生的主要好处也许就在于：它使一些饱食终日无所事事的人奋发有为，它也为这个国家里那些寻欢作乐的纨绔子弟展示了穷奢极欲的新天地，这种奢侈豪华的生活，他们过去连做梦也想不到，因而在他们心中唤起了一股追求为他们的前辈所未曾享受过的更美妙的生活方式的欲望。（第13页）

[2]　伯纳德·曼德维尔，《蜜蜂的语言》，第190页。

也蕴含"劳动"这一层含义，指通过辛勤劳动改善自己的状况。比如，休谟说，"勤勉、知识和人道就像一条不可分割的链条一样紧紧连在一起，而且从经验和道理来看，它们也只存在于那些更为优雅和通常所说的更加奢侈的时代。"[①] 这是休谟在《论技艺的进步》一文中提出的，其主旨在于说明，人们辛勤劳动会享受更多的乐趣，物质和精神都会得到改善，知识增加，慈善宽容的精神也得到提升，整个社会才会变得优雅和文明。这里若仅理解为"劳动"又失去了作者的原意，与下文所说的"劳动"意义不尽相同。可以明显感到，休谟要强调的是人们现实中的辛勤劳动。人类只有通过辛勤的劳作，知识才能更丰富，人道才能更盛行，才能走向更文雅的时代。

二、"系统劳动"（systematic labor）

从汉语的角度理解"勤劳"到"劳动"词义的过渡是非常容易的。例如，说某个民族是勤劳的民族，意即这个民族热爱劳动。因而，"勤劳"和"劳动"之间的区分有时候并不那么明显。无论是英英字典还是词条比较齐全的英汉字典中，Industry 都有这一解释：systematic work or labour; habitual employment in some useful work, now esp. in the productive arts or manufactures。在休谟的经济论文中，这层含义用法不太多见。例如，

In times when industry and the arts flourish, men are kept in perpetual occupation, and enjoy, as their reward, the occupation itself, as well as those pleasures which are the fruit of their labour. The mind acquires new vigour; enlarges its powers and faculties; and by an assiduity in honest industry, both satisfies its natural appetites, and prevents the growth of

---

① David Hume, "Of Refinement in the Arts", see *PW*, Vol.III, p.298.

unnatural ones, which commonly spring up, when nourished by ease and idleness. ①

　　在各行各业蓬勃发展、技艺进步昌盛的年代，人们拥有稳定的职业，而且由于得到了报酬，人们从工作本身以及劳动成果中都享受到了乐趣。心灵获得了新的活力，增强了各种能力和机能，在诚实劳动中勤勤恳恳工作，不仅满足了各种自然的欲求，同时也抑制了那些不自然的欲望——好逸恶劳正是它们生长的温床。

　　此句商务版和上海版将industry理解为工业、产业②，似乎有欠妥当。如果说句首的 industry and arts 尚可理解为手工技艺，那么句中的 honest industry 则指的是除农业和商业之外的工业、产业，就缩小了劳动的范围。这句话的上文写道，"教育、习俗、榜样提高了人们对劳动和娱乐的兴趣，有利于人们的幸福"。这里的劳动（action）泛指一切劳动，包括各行各业的劳动。因为休谟曾在这篇文章中指出，人类的幸福体现在三个方面：劳动、娱乐和闲散。这里 industry 的所指比较模糊，可以理解为系统的、习惯性的、有用的工作或劳动等，与此意思相对的是后面说的"好逸恶劳"、不劳动，但若译为"勤劳"则显然说不通。

　　Industry 这层含义不是很好处理，只能联系上下文来理解。比如：

① 　David Hume, "Of Refinement in the Arts", see *PW*, Vol.III, p.296.
② 　商务版译文如下：在工业发达技术进步的时代，人们终年操劳，安居乐业；作为对他们的报偿，这种操劳本身，也象作为他们劳动果实的消遣一样，使他们感到心满意足。人的思想总是生气勃勃，日新月异，人的才能和本领也在不断增长；依靠老老实实、勤勤恳恳地努力，一方面满足自己的正常欲望，同时防止邪恶欲念的孳生，而好逸恶劳往往是后者生长的温床。（第19页）
　　上海版译文如下：在产业和艺术昌盛的时代，人们都有稳定的职业，对他们的工作和报酬感到满意，也有种种愉快的享受作为他们劳动的果实。心灵得到了新的活力，扩展了它的力量和能力；由于勤恳地从事受人尊重的工作，新的自然需要就得到满足，同时也抑制了不自然的欲望，那通常是由安逸怠惰所引起和滋长起来的。（第25页）

The bounds of all the European kingdoms are, at present, nearly the same they were two hundred years ago: But what a difference is there in the power and grandeur of those kingdoms? Which can be ascribed to nothing but the encrease of art and industry.[1]

所有欧洲国家目前的疆界几乎和两百年一模一样，但这些国家的力量和荣耀为何有如此大的差别呢？这只能归功于技艺的进步、各行各业的提高，而无其他原因。[2]

社会总体的进步不仅是手工业（或制造业）的功劳，农业的发展、商业活动的扩大，都有利于国家的繁荣昌盛。这里的"industry"应泛指一切劳动。这种用法在亚当·斯密《国富论》也曾出现：

The proportion between those different funds necessarily determines in every country the general character of the inhabitants as to industry or idleness. We are more industrious than our forefathers; because in the present times the funds destined for the maintenance of industry, are much greater in proportion to those which are likely to be employed in the maintenance of idleness, than they were two or three centuries ago. (*W.N*, II.iii.11)

这两种不同基金之间的比例，在每一个国家必然决定居民的一般性格是勤劳还是懒惰。我们比我们的祖先更加勤劳，因为现时用于维持劳动的基金同可能用于维持懒惰的基

[1] David Hume, "Of Refinement in the Arts", see *PW*, Vol.III, p.299.
[2] 商务版译文：所有国洲国家目前的版图和两百年前几乎一样，可是这些国家的繁华景象却有天壤之别！这不能不归之于百工的技艺日进，克尽厥职。（第21页）
　　上海版译文：欧洲各王国的疆域，到现在有两百年几乎没有变动了。但是它们在力量和威望上的区别为什么如此之大呢？这只能归功于技艺和工业的增长进步。（第27页）

金相比，比两三世纪以前要大得多。[①]

从上面这段引文看，斯密使用"industry"一词"劳动"一义时同样与"勤劳"、"懒惰"这样的字眼有关。而且，"劳动"，或者说"辛勤劳动"有助于增进国家的财富。这一思想在 17、18 世纪逐渐成为一种共识。休谟之前的威廉·配第就曾在 1662 年发表的《赋税论》中提出"劳动是财富之父和能动的要素，正如土地是财富之母"[②]的观点，而约翰·洛克在《政府论》下篇中所定义的"劳动"包括所有生产性活动：既包括企业家的劳动，也包括以工资为收入的劳动者的劳动。因此劳动构成了所有财富的源泉，也构成了每个人的宗教义务。[③]对劳动和财富的重新定位，这种观点基本上为 18 世纪的英国思想家所接受。而 industry 作"劳动"与"勤劳"的意思时，两词的意义差别并不明显，但在词义色彩和用法上，翻译时需要注意语词和句子的连贯性。

三、"手工业、制造业"（manufacture）

Industry 现在最为常见的意思是"工业"、"制造业"一义。理解休谟经济论文中何时使用"工业"（大多数时候，休谟所指的是"手工行业"，而非 18 世纪中期后英国发生的工业革命之后的"大工业"）一义，首先必须了解休谟对农业、工业和商业的认识。休谟在《论利息》中说，土地出产一切对人们有用的物品，工匠加工土地上生产的物品以方便人们的生活，商人的作用则在于"作为代理人，服务于国内互不熟悉、互不了解彼此需要的各个地区"。所以，商人"是一个

---

① 亚当·斯密，《国富论》（上），杨敬年译，西安：陕西人民出版社，2001 年，第 377 页。牛津英语词典（OED）industry 词条收入了《国富论》中的这一句作为"systematic labor and work，etc."一义的例句。

② 配第，《赋税论》，马妍译，北京：中国社会科学出版社，2010 年。

③ 洛克，《政府论》，杨思派译，北京：中国社会科学出版社，2009 年，第 164 页。

造福于人的人"。① 商业对于农业和工业的作用也在于此。关于这三者之间的关系，休谟在其《政治论文集》中有以下几点看法：

第一，商业和工业的发展有利于民富国强。休谟指出，当人类摆脱了野蛮状态即渔猎和游牧生活之后，就会分为两类人："各国的大多数人口可分为农民和制造业者。前者被雇来耕种土地；后者将前者生产出来的原材料加工成人类生活的必需品或装饰品。"② 最初农业占去大部分人口，随着生产技术（休谟用"技艺"一词）的提高，土地能够养活更多的人时，人口发生分流：从事制造业或为君主的军队服役。在休谟看来，后者容易虽能导致国家的一时强盛，却不能保证国家的长久发展，斯巴达就是一个很好的例证，它的强盛和衰败都要归因于没有商业和制造业（休谟用的是"奢侈品"一词）。那么，立法者应该采取怎样的策略保持国家长治久安、人民富裕？休谟在《论商业》中说道：

> Now, according to the most natural course of things, industry and arts and trade encrease the power of the sovereigns well as the happiness of the subjects; and that policy is violent, which aggrandizes the public by the poverty of individuals. This will easily appear from a few considerations, which will present to us the consequences of sloth and barbarity。③

> 根据事务进程最为自然的趋势发展，工业、技艺、贸易自然会增强君主的实力、增进臣民的幸福；而导致国富民穷的政策则是违背自然的。这种观点只需略加思索，看看怠惰和残暴的后果便清楚明了了。

---

① David Hume, "Of Interest", see *PW*, Vol.III, p.329.
② David Hume, "Of Money", see *PW*, Vol.III, p.310.
③ David Hume, "Of Commerce", see *PW*, vol. III, pp. 284-285.

两个中译本都将这段话中的industry都译为"工业"①，自然不错，不过理解为"制造业"、"实业"也是不错的，这主要根据汉语词语的特征而定。所谓工业，从历史上看，应该包括一切手工制造业，像古代斯巴达、希腊等，如果提到这些邦国的industry，应该理解为制造业。

需要注意休谟这里谈到的"根据事务最为自然的趋势发展"。这个"自然趋势"究竟指的是什么呢？《论商业》的前文说道人们从事的劳动大致分为两种：农业和制造业，后面以斯巴达为例，说明忽视商业和制造业会造成国家覆灭，但他们尚武而不重工商业"这种情形将是完全相悖的趋向"。②紧接着下面一段论述"制造业和手工艺"不发达势必挫伤农业生产的积极性，人们自然会养成懒惰的习性；而制造业和手工艺繁荣的地方，农民和地主③会更加关注农业生产，提高生产技术，以农产品换回其他生活必需品。同时，制造业中储蓄了大量劳动力，和平时期，这些劳动力可为社会服务；战争时期，这些劳动力可转化为军事力量。因而，休谟得出结论说，"君主的伟大、国家的幸福，很大程度上与商业和制造业结合在一起。"④正因为如此，休谟才会说，"商业和工业成为名副其实的劳动储备，国泰民安时期，这种储备用于满足个人安逸舒适的生活；危机时刻，其中一部分就转化为社会利益。"⑤

如果因为其他原因比如强调货币的重要性，忽视商业和工业的发展，国家只会陷入贫穷衰弱的境地。这一点，休谟在《论贸易平

①　"工业"一词后面的 arts 不应该翻译成"艺术"，译为"技艺"更好。两个中译本的译文如下：

商务版译文："工业、贸易和艺术就会按照事物发展的最合乎自然规律的进程，来提高君主的权力，增进臣民的幸福；那种导致国富民穷的政策乃是暴政。这一点，只要略加思索，是不难理解的，而且也是我们清楚地看到了懒惰和残暴的后果。"（第9—10页）

上海版译文："工业、贸易和艺术就会根据事物发展的最符合自然规律的进程来提高国王的权力，促进臣民的幸福；而那种富了国家穷了人民的政策则是暴政。只要稍加思考，这一点是不难理解，而且也让我们清楚地看到了懒惰和残暴的后果。"（第65页）

②　David Hume, "Of Commerce", see *PW,* Vol. III, p. 284.

③　休谟意指应该是和农业生产相关的人。

④　David Hume, "Of Commerce", see *PW,* Vol.III, p. 286.

⑤　David Hume, "Of Commerce", see *PW,* Vol. III, p. 287.

衡》一文中进行了充分论述。教皇国便是一个最好的例子。他写道：
"一千年多年以来，欧洲的货币通过一种开放而明显的方式流向罗
马；但这些货币却以各种秘密而难以察觉的方式流失了：缺乏制造业
和商业使得目前的教皇国成为意大利最贫穷的地区了。"[①] 聚敛货币、
防止货币外流措施并没有让国家和地区变得富强繁荣，不重视工商
业、缺乏工商业，使得货币自然流向国外。休谟轻易道破了重商主义
的谬误。

另外，值得注意的是，休谟这里并非不强调农业的重要性，而
是讨论在农业已经获得发展的情形下，剩余人口如何分流才有助于
国家的富强和百姓的幸福。在他看来，人口自然是分流到制造业和
商业而非军事中，才会产生"自然的发展趋势"，人民富裕，国家
强大。休谟在其政治经济论文的讨论中重点关注的是工业和商业的
发展，农业似乎作为经济发展的基础不再过多强调，这与法国重农
学派不同。

第二，商业与工业是相互促进的。休谟的政治经济论文时常论到
商业与工业（commerce，trade & industry）的关系。首先，商业有助
于鼓励工业的发展。无论是国内贸易还是对外贸易的发展，都会刺激
人们的消费欲望，促使人们更加勤劳地工作，带动各个行业的发展。
休谟说，"把国内的剩余品、卖不起价钱的商品，出口到那些土壤气
候不适于这类商品生产的国家，这也会带来巨大的利润。进而，人们
开始意识到奢侈品带来的快乐和商业的利润；人们的精细灵巧之心和
勤勉奋发之情（industry）一旦被唤醒，就会将它们投入到国内各行
业以及对外贸易的种种改进中。这可能是对外贸易产生的主要好处，
它使人们从怠惰中振奋起来，向人们展现一片快乐华丽的天地，这种
生活他们做梦都未想到的奢侈生活，从而激发人们对祖辈们从未享受
过的辉煌豪华生活方式的欲望。"[②] 国内工业也是对外贸易的基础。一
国生产的产品会用以出口牟利，同样，也会进口邻邦的产品自己使

---

① David Hume, "Of the Balance of Trade", see *PW*, Vol. III, p. 357.
② David Hume, "Of Commerce", see *PW*, Vol. III, p. 289.

用，在交流和竞争中，技艺得到改进，制造业也得到发展。

之所以在休谟对农业、工业、商业的问题上如此赘述，目的在于尽量弄清楚休谟使用"industry"这个词的语境。如果在"工业"、"制造业"语境下的 industry 理解为"勤劳"或"劳动"是否合适呢？同时还需要注意的是，在同一段落中，industry 一词会理解为两个意思，例如"随着人口数量的增加，劳动的扩大，人们之间的交往困难也随之增长：代理人或商人的事情就变得越来越复杂。……如果该国的金银增长，工业也随之发展，就需要更多金属去代表更多数量的商品和劳动产品。如果只是工业发展，所有产品的价格肯定会下降，少量货币就足以充当商品的等价物。"[①] Industry 何时理解为"勤劳"、何时理解为"劳动"、何时理解为"工业"，经过上文的分析，根据语意和语境理解为对应的词语，相信大体上已经清楚了。

四、Industry 所体现的经济思想

如此不避繁琐地将休谟经济论文中 industry 一词的用法摘录出来，主要目的是弄清休谟关于经济发展的真正观点。回到本章开始提出的问题，我们可以简要得出以下几点：

第一，相对于懒惰或好逸恶劳来说，勤勉是一种非常脆弱的激情或品质，它时刻需要外在条件的刺激。一旦外在条件挫伤了人们的生产热情，比如贸易不通畅、赋税过重、货币数量过多等等，人们便会逐渐陷入懒惰之中，国家也会陷入贫穷。然而，是什么导致了人们辛勤的劳作、充满劳动热情呢？休谟虽然没有像斯密那样用"改善我们的状况"（better our conditions）这样简单的短语，但他那段话中已经非常明确地指出，人们渴望过上奢华（或更好）的生活，正是这种欲望（desire），激发了人们的勤勉之心。在商业社会，只有更勤劳地工

---

① David Hume, "Of Interest", see *PW*, Vol. III, p. 330.

作，才能获得自己想要的东西。这种全新的获得方式显然不同于古希腊罗马时代，也不同于宗教统治的社会。

第二，劳动，而非金银是国家富强、百姓富裕的真正原因。无论是农业、制造业还是商业，只有劳动才能创造更多想要的东西，在劳动中改进技术、增长知识，社会才会不断丰裕。金银虽然稀缺珍贵，但饥不可食、寒不可衣。社会为何得以进步，人们为何可以过上更好的生活？人类几千年的变化最终"归功于技艺和生产劳动的进步，而无其他原因"。休谟这里所说的劳动与洛克的劳动概念大体一致，泛指一切劳动。休谟也谈到商业和工业是民富国强的重要原因，但他并没有像斯密那样把劳动分为生产性劳动和非生产性劳动。在今天看来，休谟对劳动的看法似乎没有什么新奇之处，但相对于那时深受重商主义影响的社会来说，无疑有着重要的意义。

第三，休谟的经济论文中更强调商业和工业的重要性，农业虽也重要，却没有重要到重农学派强调的那个地步，显然，休谟不赞同重农学派。在休谟的潜意识中，农民和地主容易陷入懒惰的习性中，不勤快，也不致力于改进技术。他谈到法国、意大利、西班牙的农业发展时说，农业是一门非常容易的技术；一个人、两匹马只需耕种一季，收获的东西就足以向地主缴纳高额的租金。要是土地枯竭，农民的技艺便是休耕，让阳光和雨水恢复土地的养分。农民不苛求太多，地主同样如此。[①] 但商业和工业会促使人们更勤劳，并让人们过上更舒适的生活；而且还能促进节俭之风。休谟认为地主比商人更能挥霍，更容易安于现状；这一点不如商人和制造业者。

如上所述，industry 的三层含义——勤勉、劳动、工业并非毫无关联，在辞源学上，勤勉与劳动、劳动与工业，都有部分重叠的含义，因而又是相互联系的。在休谟所用 industry 这三层含义之中，虽然"劳动"、"工业"这两层含义对于理解休谟的经济思想也非常重要，比如他对重商主义的看法，对财富的观点等等，不过，最具吸引

---

① David Hume, "Of Commerce", see *PW*, Vol. III, pp. 291-292.

力的莫过于"勤勉"这层含义。应该说，上文提到的曼德维尔对"勤勉"的理解可以用来阐释休谟经济文本中 industry 的第一层含义，而"对收获的强烈渴望"、"改善我们处境的不懈欲望"使得我们更清楚地认识到"勤勉"在经济活动的重要角色。

中 篇 "利益激情"的政治经济学

引言　利益与休谟的政治经济学

　　如果我们仔细阅读《人性论》第三篇"道德篇"，会发现一个明显的事实，即，在休谟看来，无论是人为之德还是自然之德，无论它们与利益之间的关系如何，利益的重要地位都无可否认。这一点完全可以从休谟断言式的观点中看出，比如，"正义的自然约束力，即利益"（*T*, III. ii. 2. 23），比如，"许诺是以社会的需要和利益为基础的人类发明"（*T*, III. ii. 5. 7），又比如，"利益是政府的直接依据"（*T*, III. ii. 9. 2），等等。单独抽离出这些论断，或许有些断章取义的意味，但也从一个方面反映出，利益在休谟自己所说的政治学[①]中占有非常重要的地位：利益是政府的依据，至少是政府建立的依据之一。[②]

　　利益在休谟的人性科学体系中如此重要，它与休谟的政治经济学又有着怎样的关系呢？回答这个问题之前，需要弄清楚的是，我

---

① David Hume, "That politics may be reduced to a science", see *Political Essays*, edited by Knud Haakonssen, 中国政法大学出版社，根据 Cambridge University Press（1994）影印版，pp. 4-15。

② *Ibid.*, p. 16。

们所说的"休谟的政治经济学"究竟指的是什么？对于18世纪的思想家来说，政治经济学与治理国家有关，与政治学有关。休谟的两位好友——卢梭和斯密都将政治经济学定义为一门立法者科学。卢梭在为《百科全书》撰写"政治经济学"条目时这样写道："经济学这个名词起源于希腊文 oikos（家）和 voμoς（法）两个词，本来的意思是贤明合法地管理家政，为全家谋幸福。后来这个词语扩大到大家庭——国家的治理上。为了区分这一名词的两种意义，就把前者叫作特殊经济学或家庭经济学，把后者称为一般经济学或政治经济学。"[①]1758年，卢梭将政治经济学视为治理国家的学问，甚至将 political economy 等同于 general economy，看重对国家整体的治理策略。八年之后的1776年，斯密《国富论》发表，对政治经济学作了更清晰的定义："政治经济学，作为政治家或立法家的一门科学，提出两个不同的目标：第一，为人们提供丰富的收入或生活资料，或者更确切地说，使人们能为他们自己提供丰富的收入和生活资料；第二，为国家供应足够维持公共服务的收入。它提出要使人们和国家都富起来。"[②] 在斯密这里，政治经济学的性质更加具体，是政治家或立法者的科学；目标更明确，富国富民。这样明确的目标也决定了斯密的政治经济学或者立法者科学更注重财富的增长，怎样才能创造更多的财富。而且在这一方面，斯密的目标比卢梭所说的治国策略似乎更明确、更具体。

　　但是，休谟没有明确论述"政治经济学"是什么，后来的研究者根据《政治论文集》中解析他的经济思想等，而且以《人性论》为背景、以《政治论文集》为起点为"休谟的政治经济学"勾勒了一个大致的轮廓，甚至将这个词语直接套在休谟的经济、政治思想之上。《休谟的政治经济学》一书的编辑就是这样做的，他们在引言中说，"休谟对货币、奢侈、增长、制造业以及商业的分析吸引大部分人对其经济学的学术研究。然而，休谟还写了其他经济学主题的文章，却

① 卢梭，《论政治经济学》，王运成译，北京：商务印书馆，1962年，第1页。
② 斯密，《国富论》（下），杨敬年译，西安：陕西人民出版社，2001年，第475页。

很少引起学者的关注。其中包括利率、人口增长与人口繁衍、消费、税收、社会财政和分配正义。"① 这些问题需要放在更广阔的政治经济学的背景之下。虽然，两位编者谈到《休谟的政治经济学》所选的文章推进了这样一种看法，即"休谟的政治经济学为他的时代的社会、经济和政治潮流提供了一个准确恰当的三棱镜"。② 但休谟的政治经济学究竟包括哪些内容呢？正如唐纳德·温奇谈到"斯密的政治学"这一概念所遇到的困境一样③，我们讨论"休谟的政治经济学"同样也遇到了同样的问题。因为，斯密没有界定过"什么是政治学"，而休谟也没有界定过"什么是政治经济学"。哈孔森谈论休谟的政治学时，理所当然地将休谟的经济思想囊括进来，因为休谟的《政治论文集》的确包括了在后人看来体现休谟经济思想的文章。于是，我们发现，哈孔森谈论休谟的政治学时涉及其经济思想以及当时的社会发展状况，《休谟的政治经济学》的编者们讨论经济思想时也涉及这些方面。那么这里，我们不妨仿效温奇的做法，把统摄在休谟"政治学"之下的政治经济学突显出来④，并为休谟的政治经济学划分一定的层次、确定一定的内涵。

在笔者看来，休谟的政治经济学有着两个重要的层面：一是制度的建立，包括财产权和政府的相关理论；二是促进经济发展的建议，具体说是如何制定商业社会中财富增长的经济政策，其中包括如何看待货币、利息、消费（奢侈）、信用、人口等各种具体问题。这两个层面与利益都密切相关，前者是人类为确保利益而发明的人为的制

---

① *David Hume's political economy*, edited by Carl Wennerlind and Margaret Schabas, Routledge, 2008, p. 5.

② *Ibid*., p. 6.

③ 参见唐纳德·温奇，《亚当·斯密的政治学》，褚平译，南京：译林出版社，2010 年，第 11 页。温奇对定义"斯密的政治学"颇感棘手，因为政治经济学和政治学在 18 世纪的关系的确很难分开，或者等同。

④ 参见唐纳德·温奇，《亚当·斯密的政治学》，第 11—12 页。温奇写道："斯密是在追随休谟，他的'政治学'一词包括'政治经济学'以及'把人看作是在社会中的联合，并且相互依赖'的其他学科。此文的目的之一是，把除政治经济学之外的其他包含在斯密'政治学'中的学科突显出来，并赋予一定的历史意义。"

度，包括财产权的形成和确立、政府的建立以及忠顺政府的限度等问题。当然，将利益的范围扩大或缩小都有对应的制度，从大的方面说，国与国之间的利益之争形成了国际法；从小的方面说，人与人之间的利益还涉及到家庭中男女的忠诚与贞洁问题。不过，最基本的问题仍然是产权的建立与政府的角色。后者则是人们在追求利益的过程中实现民富国富的具体措施和策略。虽然，在这个过程中，个人通过勤勉劳动不断获取自己的利益，但休谟关注的更多是政府应该采取怎样的策略确保国家利益，同时也必须顾及个人利益。我们在前面所说的个人利益与公众利益的对立统一关系在这两个层面明显地凸显出来；同时，制度层面与政策层面在利益的基础上又相互影响、相互促进着。因而，当我们从宏观角度探讨休谟的政治经济学时，我们找到了一个非常坚实的基础，在这个基础上，制度——或者说政府，与经济发展所需要的条件，两者的互动关系才能更好得到阐释。这个基础，便是利益。我们将首先讨论利益的制衡机制，然后讨论休谟的政治经济学。

第四章　利益的制衡机制

利益作为休谟人性科学的重要角色，是哪些特征让它在所有激情中获得了支配性地位，成为人类行动的驱动力？在社会和经济活动中，利益的激情是如何引导人们的行为的？激情最终又是如何付诸现实的？本章将从以下几个方面回答这些问题：一，利益作为一种激情所具有的特征，是如何让它与众不同的。二，有多少种不同的利益，它们如何影响利益的最终方向？三，利益的激情如何化为行动？与此同时，我们还需要将"利益"置于历史的过程中，分析它在商业社会中的表现。

一

1. 作为利益化的激情（As an interested passion）

在人性科学的体系中，利益不是理性，而是一种激情①，它是休

---

① 休谟明确提出"利益的激情"这一说法，见 *T*, III. ii. 6. 6："自爱才是这些自然秉性的真正源泉；由于这个人的自爱与那个人的自爱天生相反，所以，这几种利益的激情就不得不以这样一种方式调整自己，以致在某种行为举止体系中能和平共处。所以，这种囊括了每个个体利益的体系，当然是有利于公众的，虽然其目的并不是创造（转下页）

谟政治经济学的"枢纽"（下一篇将要论述的主题）。那么，利益这种激情究竟具有何种特征，足以让它战胜了所有其他激情，从而取得了支配性地位？

在回答这个问题之前，首先需要了解一下休谟究竟是如何看待激情的。当休谟将人性科学作为"在精神科学中采用实验推理方法的一个尝试"时，尤其考虑到他对牛顿体系由衷的钦佩对其哲学体系的影响时①，笔者推测，在休谟的分析中，激情就像单子，其方向、力量等的运动都有其自主性。或者说，激情的性质具有二律背反性②，任何一种激情都有一个程度之分，超过或不及都可能有其弊端。③激情的不同程度使其具有两面性，如果为了在群体中表现得得体优雅，就需要一些矫正，比如骄傲，虽然是对自我的认同，但这种激情不是在所有场合下都是得体的。④因而，当代一些经济学家所说的"破坏性

（接上页）者的意图所在。"（着重号为笔者所加）在《人性论》中，"利益化的激情"（interested passions）仅在此处出现，"自利激情"（the passion of self-interest）这一用语也出现过几次，其他场合均以"利益"（interest）出现，但其用法仍然将"利益"视为一种激情，见 T, III. ii. 2. 21 等。

① 证明这个推测或许可以从多个方面。不过，读者可以在休谟著作中看到一二：例如休谟对自己运用牛顿体系时肯定的语气——在《道德原理探究》中，休谟说"这其实就是牛顿进行哲学推理的主要规则"（参见休谟，《道德原理探究》，第55页）；而且，休谟还经常使用自然科学的术语，比如，force, vivacity 等。因此，笔者下面的推测还是可以找到依据的。

② 无论采用黑格尔的二律背反的说法，还是采用他的"辩证法"的说法，在休谟那里，激情的确具有这样的特性。一种激情并不具有永恒的好处或坏处，即便是爱或慈悲这样的激情，休谟也指出其过度会有不足。爱的激情如果太过，可能使得一个人心肠太软而显得软弱。见 T, II. ii. 9. 1; T, II. ii. 10. 6。

③ 这一点与斯密强调"合宜性"非常相似——尽管休谟很少用"合宜性"（propriety）"一词。《道德情感论》第一卷第二篇五章内容都在论述激情如何达到合宜。休谟的用语与斯密不同，只谈到某种激情的程度，程度太多也是需要矫正的。见 T, III. iii. 2. 10。

④ 休谟写道："因此，正像我们确立了自然法则（laws of nature），以便在社会中确保所有权，防止自我利益的相互对立，我们也建立了良好教养的规则（rules of good breeding），为的是防止人们骄傲的相互对立，使得交谈令人愉快而不令人讨厌。"T, III. iii. 2. 10.

的激情（passion）"与"无危害的利益（interest）"的提法[①]，并不适用于休谟。因为，在休谟人性科学的范畴之内，一种激情的破坏性和无危害性是并存的，根据激情的程度不同，破坏性或无危害性的表现不同；而这种激情最终呈现出何种特征，则与其自始至终的整体趋向有关。就利益激情而言，它有破坏性的一面，也有自我约束的一面；与此同时，利益激情的自主性则表现在它的自我调整、自我约束。

利益激情的这两个特征是如何表现的呢？就其破坏性而言，休谟坦承，放纵的利益确实有很大的有害性："除了利益的激情，所有其他的激情，要么容易约束，要么放纵时没有这样大的破坏性后果。……唯独这种渴望我们自己和我们最亲近的朋友获得财物和所有物的贪欲，是永无满足的，是持久的、普遍的，直接破坏社会的。几乎没人不为其所驱使；当它没有任何约束，按照自己最初的、也是最自然的趋势表现出来时，没有任何人有什么理由不惧怕它。所以，总体而言，我们认为社会建立的困难的大小，取决于调节和约束这种激情所面临的困难大小。"（T. III. ii. 2. 12）利益的激情是所有激情中最具有破坏性的，然而却是最深入人心的；它具有持久的活力，而且永不知足，欲壑难填；几乎没有人能够逃脱这种激情的"役使"，如若人们顺其自然任其发展，人类结社的天性[②]将最终被这种激情压制下

---

① 赫希曼，《激情与利益》，上海译文出版社。赫希曼认为"自利"的概念源自国家理性理论（reason of State Theory）。赫希曼这一利益对抗激情的说法，被皮耶尔·福斯接收采纳，他也认为"利益"不同于激情。参见 Pierre Force, *Self-Interest Before Adam Smith: A Genealogy of Economic Science*, pp. 135-136. 赫希曼和皮耶尔·福斯对激情和利益的定义并没有按照休谟的界定。这里，笔者严格按照休谟在《人性论》中的用法理解。
② 关于人类结社的欲望，休谟如此写道："人类是宇宙间结社欲望最强烈的动物，并且适合结社的有利条件也最多。如果不着眼于社会，我们不能形成任何愿望（wish）。完全与世隔绝，可能是我们遭受的最大惩罚。每一种快乐没有同伴的分享只会消退下去，每一种痛苦没有同伴的分担会变得更加残忍和难以忍受。无论我们会被任何其他的激情所激起，骄傲、野心、贪婪、好奇、报复或性欲，这些激情的灵魂或鼓舞人心的秉性，不过是同情而已；如果我们完全抽离了他人的思想和情感，这些激情都将毫无力量。让大自然中所有的能力和元素齐心协力为某人服务、服从某人；让太阳按照某人的指令升起和降落；让海洋和河流如他所愿地奔腾不息，让地球自发地为他提供一（转下页）

去，社会将很难出现，至少，结社的可能性比较小、且难度较大。

这样具有破坏性的激情，人性中却没有其他激情能够约束，只有它本身能够约束自己。"确实，人的心灵中没有任何意向既有足够的力量又有正确的方向能够抵消对财富（gain）的热爱，使得人们戒取他人财物，进而成为合适的社会成员。……因此，没有任何激情能够控制利益的意向，唯有这种意向（affection）本身，通过改变自己的方向进而控制自己。"（T. III. ii. 2. 13）在所有的激情中，没有一种激情能够改变利益激情的方向——除了它自己。

就利益的激情本身而言，破坏性和自我约束性是其两大特征，就人们对利益的感受性来说，可感性、持久性是另外两大特征。所谓可感性，是指任何一个普通人，无论生活在什么时代，都能非常轻易地感受到利益的激情。休谟说，"人类意识到制定和遵守许诺的利益所需要的知识，不会超出人性的能力之外——无论是野蛮人还是未开化的人。只需对世事稍有一丁点实践，就会让我们认识到所有这些结果和好处。最短的社会经验就会让每个普通人（mortal）发现这些好处；当每个个体认识到他所有的同胞心中相同的利益感时，他就会立刻履行他在任何契约（contract）中承担的义务（part），因为他确信，他们也不会不履行他们的义务。"（T, III. ii. 5. 11）休谟在这里强调，无论是野蛮人还是未开化时代的人，都能感受到利益的激情：每个人心中不仅能感受到自己利益的激情，还能通过同情机制感受到别人心中的利益。此外，利益的持久性、普遍性，是指这种激情作用于心灵的持久性，以及整个社会所有成员普遍具有的利益感，几乎没有人不受到利益的驱使。值得注意的是，这里的利益虽然更多是自己的利益——因为人首先关注的对象是自己，不过，这种自利显然与他人的利益、公共利益休戚相关；而休谟非常强调这两者的关联。

（接上页）切对他有用、或令他愉快的东西，但你至少要给他另一个人，与他分享他的幸福，让他享受这个人的尊重和友谊，否则，他仍然是个可怜人。"（T. II. ii. 5. 15）休谟这段话不仅强调同情是人的天性，还暗示着结社也是人的天性。

118

自利这种激情几乎毋庸多说。需要指出的是，休谟并不对自利的激情做道德上的善恶之分："因为，无论自利的激情是恶的，或者善的，情形都是一样，因为自利本身约束了自己；因此，如果它是善的，人们因其德性具有了社会性；如果它是恶的，他们的恶行有着同样的结果。"（*T*, III. ii. 2. 13）这一论断抛开自利的道德善恶色彩，摆脱了人们关于这一话题的争论，从而可以更中立地看待利益在社会中的作用，以及利益在政治经济学中的"枢纽"地位。

除了描述自利激情对人的社会性的作用外，休谟还特别强调"公共利益感"在社会中的重要地位。他在谈到人类的协议时说道："协议只是普遍的共同利益感；这种感觉是所有社会成员彼此表露出来的，并促使人们根据某些规则调整他们的行为。我看到，让别人占有他自己的物品将对我有利，假如（英文原文为斜体，这里加着重号以示强调）他也以同样的方式回报于我。他意识到，调整他的行为对他也同样有利。当这些共同利益感相互表露、彼此都知晓之时，它就产生了一种适当的决定和行为。"（*T*, III. ii. 2. 10）自我的利益与他人的利益只有在这种共同利益感中才能同时存在，这是休谟强调共同利益感社会性的用意所在。与此同时，我们还能从这段话中读出两个信息：利益借助同情得以被他人知晓；利益方向的改变正是借助人与人之间对共同利益的同情才得以实现。

综上所述，简要总结一下休谟笔下的利益激情有这样几个特征：它具有强烈的破坏性，但凭借自身的特性可以自我约束；它非常容易被心灵感知，并在心灵中有着持久的影响，而这种可感性和持久性同样会影响它的破坏性和自我约束的结果；它只是一个笼统的类别，其中包含不同层面的利益，这些正是它能进行自我约束的重要因素；最后，它并没有善恶之分，无论是善是恶，人们最终都会因它而具有社会性。

2. 利益与同情（Interest and Sympathy）

利益和其他激情一样，需借助同情机制传导。由于利益激情的上述特征，对利益的同情具有非常重要的影响：对个人而言，人们主动、勤勉的劳动与利益的驱使密切相关；对群体或社会而言，"改善自己状况"的激情影响不同阶层的流动，进而形成不同的秩序。这些其实都是利益激情在同情机制下社会性的表现。

在谈论对利益的同情与人的社会性之前，必须注意"利益"的另一层含义，即作为切实感到的"好处"、"有用"的一面。当休谟提到"个人利益"、"公众利益"等时，这里的"利益"更多偏重对个人有用、对社会有用，与 advantage 一词同义。而且，我们也常常看到休谟将 advantage 用作 interest。比如说，"每个人最关心的是自己的利益"，在这句话中，"利益"指的是"好处"，比如财富、名誉等等。如果理解为"激情"，理解为人的情感，就很难说通了。当然，这种具有实质内容的"利益"与利益的激情关系紧密，两者相辅相成。休谟经常提及的几对"利益"——个人利益、公众利益，直接利益、长远利益，总体利益和微小利益等，其中的 interest 均可与 advantage 等同，只有单独指激情（the interested passion）时不可混用。弄清楚了这一点，再来讨论利益是如何借助同情机制在社会中起作用的。

首先，就个人而言，每个人最关心的莫过于自己或与自己相关的利益，并且由此在一定程度上形成了人与人之间的关系以及相互之间的情感。

这里不妨就以休谟列举的例子作为分析对象。"假如同行的两个人在同一个城市找工作，而这个城市却不能容纳两个人，那么显然，一个人的成功与另一个人成功完全不相容，凡是对这个人有利的，都是对另一个人不利的，反之亦然。再假设，两个商人虽住在两个不同的地方，但他们合伙经营，一个人的所得或所失立即成为他的合伙人的所得或所失。两个人必然遭受同样的运气。显然，在第一种情形下，恨总是伴随着利益冲突；在第二种情形下，爱则源于利益一致。"（*T*, II. ii. 9. 6）第一种情形中，两者是竞争对手的关系，一方的快乐和好处必定让另一方感到不快、受到损失，而一方的不快和损失则让另一方感到快乐，得到好处；第二种情形中，两者是合作伙伴的关系，"一荣俱荣、一损俱损"，利益休戚相关。根据不同的情形，人们产生的情感也不同，而所有的情感都与自己有关。因而，休谟说，"我们对自己利益的关切，使我们因合伙人的快乐而快乐，因其痛苦而痛苦，其方式和我们借助同情与我们眼前的任何人流露出的感觉一致完全一样。另一方面，同样是对我们自己利益的关切，使我们因对手的快乐而感到痛苦，因其痛苦而感到快乐；简言之，情感相对源于比较和恶意。因此，既然利益激起的意向的平行方向，能产生慈善或愤怒，无怪乎同情和比较引起的平行方向，也有同样的效果。"（*T*, II. ii. 9. 9）人与人相互之间的情感因利益方向不同而不同；一个人对另一个人的爱或恨、仁慈或愤怒等情感，依赖于利益的方向、比较原则以及同情的传导。在这些利益激情逐渐扩展的基础上，人们组成了集团、派别、群体乃至社会，而阶层和社会秩序也随之形成。

其次，对利益的同情某种程度上使得人们跳出"自我"的圈子，关心他人利益与社会利益，关心眼前利益与长远利益，关心总体利益与局部利益。第二章围绕骄傲与爱这些人类的基本激情已经探讨了同情与社会秩序的关系，这里进一步从对利益的同情出发阐释道德、财产权这些问题。无论是自然之德还是人为之德①，都存在着对利益的同情。休谟在讨论自然之德时说道，"道德判分很大程度上起源于其性质和特征对于促进社会利益的趋势，而且，正是我们对那种利益的关心，使得我们赞同或谴责它们。现在，我们只有从同情出发才能如此广泛的关心社会；因此，正是这种秉性使得我们跳出自我的圈子，乃至使我们对他人的性格产生同样的快乐或不快，仿佛它们有助于我们的得失一样。"（*T*, III. iii. 1. 11）温柔、慈善、仁爱、慷慨等自然德性具有有助于社会之善（the good of society）的趋向，而这些德性往往被称为"社会德性"（social virtues）——虽然休谟并不赞同这种

---

① 参见休谟《人性论》第三卷"道德篇"对德性的划分，这里不做过多的讨论。

说法①，但这种德性的确具有促进社会利益（the interests of society）②的倾向，而且，正因为能够同情这种利益，人们才能够跳出"自我"，不再单纯关心自我的利益，进而开始关心他人的利益，乃至整个共同体的利益。于是，个人利益、社会利益这样的概念便形成了。

至于人为之德，休谟更多指的是正义。人们遵守正义原则，乃是因为利益的约束力是一个重要的因素。当然，休谟在道德学中否认正义是建立在利益基础之上的③，但他并不否认利益与正义密切相关。④而且，正义之德借助于对利益的同情。休谟说，"然而，法律和正义的整个体系是有利于社会的；正是着眼于这种利益（advantage），人们才通过自愿的协议建立了这个体系。这一体系被这些协议建立起来以后，一种强烈的道德情感自然而然地就随之而来，这种道德情感

---

① 18 世纪道德哲学家谈到德性、激情时常以 social、unsocial 为其定性，比如斯密在其《道德情感论》中就提出 social passion, unsocial passion 这样的说法，各中文译本都有不同的译法，如友好的激情、不友好的激情，或者和乐的激情，不和乐的激情，或者合群的激情，不合群的激情，或者社会的激情、非社会的激情；在《人性论》中，休谟几乎没有提到 unsocial 这个词语，最常用的是 social，比如 social virtues, social passion，这个词语究竟如何理解，需要和文本结合起来。休谟将德性分为自然之德和人为之德，又指出自然之德"通常被称为'社会之德'，以标志出它们促进社会福利（the good of society）的趋向"（见《人性论》（下），第 621 页），因此，这里暂时译为"社会德性"。当然，休谟马上反驳了"社会德性"的说法，仍然认为这些德性是自然的。他说："这个看法具有极大的影响，以致某些哲学家认为一切道德的区别都是认为措施和教育的结果，是由于机敏的政治家通过荣辱的概念、努力约束人类泛滥的激情，并使那些激情对公众利益发生促进作用而得来的结果。不过这个理论与经验不相符合。"《人性论》（下），第 621 页，（T, III. iii. 1. 11）。
② 笔者认为，the good of society 和 the interest of society 在"道德篇"中的用法是一样的，都是指社会的利益、好处。
③ 休谟，《人性论》（下），第 536 页。T, III. ii. 2. 19. 休谟之所以否认这一点，完全是从经验、风俗习惯的累积这些方面出发的，因为最先确定"你的"、"我的"利益之时，就已经暗含着权利界分和正义原则了。
④ 休谟说："我们应该认为正义和非义的这种区别有两个不同的基础，即利益（interest）和道德规范（morality）；利益所有成为这个基础，是因为人们看到，如果不以某些规则约束自己，就不可能在社会中生活；道德规范所以成为这个基础，则是因为当人们一旦观察到这种利益，一看到有助于社会的安宁的那些行为就感到快乐，一看到有害于社会的安宁的那些行动，就感到不快。"《人性论》（下），第 473—574 页，T, III. ii. 6. 11。

只能从我们对社会利益的同情而来。"（*T*, III. iii. 1. 12）这里虽然讨论的是正义体系的形成，道德情感与对社会利益的同情之间的因果关系，但也可以说明，社会利益都在道德学中的重要地位，而且也可见，同情在道德情感中的重要作用。

　　显然，休谟的道德哲学中，"利益"是一个非常重要的角色。这一点，我们在后文还会有论述，这里继续分析"利益"激情本身，尤其是这种激情改变自我方向的因素。

二

3. 个人利益和公众利益

　　利益能够通过同情而被他人感知，因此，自己的利益可以被他人感知，他人的利益也可以被自己感受到，那么，自利与他利借助同情共感而被人们感知，接下来的问题是如何对待自利和他利？换言之，如何处理个人利益与公众利益之间的关系。这些概念是政治经济学老生常谈的话题了。[①] 由于休谟在改写后的《道德原理探究》中以"效用"一词取代"利益"，"个人利益"、"个人效用"、"公众利益"（社会利益）、"公众效用"（社会效用）（public utility）常常混合使用，由于这种表达，休谟不止一次被当作功利主义的先驱，这一看法似乎成为一个定论。[②] 这个问题会在第七章中谈到。这里，我们首先需要了解休谟如何看待个人利益与公众利益。

　　在《人性论》中，休谟虽然大量使用"个人利益"、"公众利

① 即便现在不能被认为是政治经济学家的 18 世纪思想家，也有很多人都谈到了这个问题。最常被人遗忘的是休谟曾经的好友卢梭，在其《论人类不平等的起源和基础》（1753）、《论政治经济学》（1758）中等著作中都曾提到这些概念的关系。而在经济思想史的著作中，情形同样如此。关于休谟这个话题的论述，可参见高全喜《休谟的政治哲学》，或高全喜，《休谟的政治经济学》，载《二十一世纪》第 25 期，2004 年 4 月 30 日。
② Pierre Force, *Self-Interest Before Adam Smith: A Genealogy of Economic Science*, p. 211. Force 认为休谟的视角是功利主义的，而且对此没做任何论证。这或许与学术观点的传统有关：有一种观点认为，休谟的效用论是功利主义的前驱。

益"① 这些术语论证正义的起源既不是源于对公共利益的尊重，更谈不上是尊重个人利益的结果，但却很少直接谈论这两者的关系；而且，在此之前，还有一个重要的概念"自爱"横亘其间。在改写后的《道德原理探究》中，"自爱"似乎成为这两者的纽带。但是，休谟所说的"自爱"是什么呢？在《人性论》中，这一问题与正义、诚实密切相关。休谟说："我们必须发现正义和诚实行为的动机不同于我们对诚实的尊重；这其中就有个大难题。因为，假如我们说，对个人利益或个人名声的关切是一切诚实行为的合法动机，那么，这种关切一旦停止，诚实也不复存在。但是，自爱自由活动时，不但没使我们做出诚实行为，反而是一切非义和暴力的源泉。人若不矫正和约束这一欲望的自然趋向，便不能矫正那些恶行。"（T, III. ii. 1. 10）显然，休谟这里对自爱的用法还是有明显的贬义的，因为任由自爱发展，就容易酿成非义和暴力，这与休谟将利益描述成对社会具有破坏作用一说有着很大的相似之处。这一用法在《道德原理探究》中并没有改变，只是休谟更强调自爱的纽带作用。他说：

> 自爱是人性中有着如此广泛能力的一种秉性，并且，通常说来，每个个体的利益都如此紧密地与共同体的利益联系在一起，乃至有些哲学家的这种想象都可以得到谅解——他们认为我们对公众利益的一切关心都可以转化成对我们自己幸福和自我持存的关切。②

休谟所说的"有些哲学家"，大概是指那些将人类一切情感都归根到自爱的哲学家，比如曼德维尔。休谟认为这些哲学家虽然过于简单

---

① private interest，按照字面意思，可理解为"私利"，public interest，可理解为"公利"，或"公益"，然私利、公益这两个词语在汉语中常常具有情感色彩，如为个人谋私利，常作贬义用法，而公益通常说来都是褒义词。休谟在《人性论》以及其他著作中的使用并没有明显的情感色彩。

② David Hume, "Why Utility Pleases", see *PW*, Vol. IV, p. 282.

了，但至少可以解释这两种利益之间的关系：我们之所以关心公众利益乃是我们自利的结果。这种完全从自利出发的论断，休谟是不认同的。他写道：

> 我们发现个人利益独立于公众利益，甚至与之相反，即便有这些分裂，但道德情感仍然延续不断。而且，凡是在这些截然不同的利益并存的情形下，我们总能发现道德情感明显增强，发现一种对德的强烈热爱，和对恶的强烈憎恶，或者，我们恰当地称之为感激和报复。迫于这些原则，我们必须放弃以自爱秉性解释道德情感的理论。①

这段话一方面道出了休谟对自爱的道德体系的批判，另一方面也说明了个人利益与公众利益的另一种关系，即两者相互独立，甚至截然相反——这与“自爱体系”不同。那么如何实现“个体利益与共同体利益紧密联系在一起”呢？笔者在前面论述利益激情的特征时，曾指出“公共利益感”对于自利激情方向改变的重要作用。这里可以从下面这段话中看到个人利益与公共利益的关系：

> 协议只是一般的共同利益感；这种感觉是所有社会成员彼此表露出来的，并促使人们根据某些规则调整他们的行为。我看到，让别人占有他自己的物品将对我有利，假如他也以同样的方式回报于我。他意识到，调整他的行为对他也同样有利。当这些共同利益感相互表露、彼此都知晓之时，它就产生了一种适当的决定和行为。(*T*, III. ii. 2. 10)

正是有了共同利益感，自我利益与他人利益才能同时存在，个人利益才能与整个共同体的利益并存。而且，这种利益感通过同情机制

---

① David Hume, "Why Utility Pleases", see *PW*, Vol. IV, pp. 282-283.

迅速在整个共同体中传递，每个社会成员无需多少知识就能知晓这种利益感，当每个人都意识到个人利益与公众利益密切相关、相互依赖时，他会自觉地协调个人利益和公众利益，并调整自己的情感："我们必须采取一种更公共的情感，承认社会利益即便就其本身而言也不是完全与我们无关的。"① 也就是说，即便公众利益与我们毫无关系，我们也应采取这种情感，而不是从自爱、自利出发。

自爱在这里发挥怎样的作用呢？虽然休谟说，自爱不能是道德情感的基础，但他同时也承认：自爱是产生正义法则的自然秉性的源泉。他说："因为，如果人们赋有对社会之善② 如此强烈的关注，那么，他们将会以这些规则约束自己；因此，正义法则仍然是以一种间接的、人为的方式起源于各种自然秉性。自爱正是这些自然秉性的真正源泉；由于这个人的自爱与那个人的自爱天生相反，所以，这几种利益的激情就不得不以这种方式调整自己，以致在某种行为体系中能和平共处。所以，这种囊括了每个个体利益的体系，当然是有利于公众的，虽然其目的并不是创造者的意图所在。"（T, III. ii. 6. 6）最后一句明确道出了个人利益与公众利益的所属关系；同时也暗示：自爱与自利的内涵其实是相同的。③ 而这一论断也成为后来奥地利学派"自发秩序"的理论来源之一。

综上所述，休谟首先是反对自爱体系的，即便自爱或自利的确在社会秩序构成中产生了巨大的作用，但自我利益必须和他人利益形成一个共同体，而且，人们需要从公众利益出发，需要采取更加公共的情感。这是休谟与其他主张自利体系的学者最大的不同。

---

① David Hume, "Why Utility Pleases", see *PW*, Vol. IV, p. 283.

② 休谟的行文常常以 good 而非 interest 来表示，比如 good of society, public good，中文常译为公益、社会福利等，见商务版第 569 页等。然而这里 good 译为利益、福利似乎都没有表达它原本的意思。Good 还有一义，可理解为"财货"，在讨论经济问题时经常用这个词，休谟这里讨论的还是道德，故而不译为"财货"。

③ 将自爱等同于自利，这种用法在 18 世纪非常常见。通常，论述道德体系时常用自爱，而论述经济体系时常用自利一词。参见曼德维尔，《蜜蜂的寓言》等。

4. 直接利益和长远利益

与个人利益、公众利益相关的另一组利益是直接利益和长远利益，或者说眼前利益和长远利益。这两组概念在侧重点上有所不同，后者囊括的范围更广，而能够包含两组概念的是"小利益"和"大利益"。人类天性往往倾向于前者而忽视后者，然而，人性往往又不得不约束前者考虑后者，两者的平衡是休谟所提倡的。休谟论述正义规则时说道："人类最初只是出于利益的考虑，通常才被引诱着在每个具体事物上被迫接受并遵奉这些规则；在社会成立之初这个动机是足够强烈和有力的。但当社会人数逐渐增多、扩大成一个部落或民族时，这个利益就非常疏远了；而且，人们不太容易像在比较狭小、紧缩的社会那样看到，每一次违背这些原则，随之而来的是失序和混乱。尽管我们在自己的行为中往往看不到维持秩序的利益，追逐那些较小的、较切近的利益，但我们绝不会看不到他人的非义带来的间接或直接的损害；因为在那种情形下，既不会被激情所蒙蔽，也不会因相反的诱惑而抱有偏见。"（T, III. ii. 2. 24）人们当然会追逐那些直接可感的利益，而不愿或不会考虑那些疏远的利益，所以人类总是尽量改变外在条件，使得遵奉正义成为最切近的利益，违背正义成为最疏远的利益。这是人类天性所致。

但在政治社会中，人们又会根据不同的条件调整这些利益的关系。人们忠顺于一个政府，是因为我们总能在服从中获得利益，比如"在政治社会中享受的安全和保障"，这一点在完全自由和独立的情形下是无法获得的。（T, III. ii. 9. 2）人们服从于一个首领，是因为："我们的利益总是在服从首领的一边；只有极大的现实好处才能使我们忽视维持社会安宁和秩序的长远利益，促使我们反叛。如此看来，尽管眼前利益在自己行为中会蒙蔽我们，但这种情形绝不会发生在他人的行为中；也不会妨碍它们展现其真实的面目，展现那些高度危害公众利益、尤其是自己利益的面目。"（T, III. ii. 8. 7）这里的眼前利益与长远利益的角色是不断变化的，当我们服从政府时，获得是眼前利益，即安全和保障；我们服从首领与服从政府的利益是相同的；当我们不愿服从首领发动叛乱时，也是因为有极大的眼前利益。休谟承认，利益的约束力在许诺和忠顺方面各不相同。①

无论如何，在政治社会中，总利益是第一位的，人们必须根据总利益②调整自己的行为。"心灵的冲动源于强烈的利益，其他那些较小的利益仅仅只是指引那个活动，并不对其有所增减。"（T, III. ii. 10. 3）强烈的利益是什么样的利益呢？是在人们心中影响重大的利益，即"总利益"。休谟在论述各种利益时同样采取了比较原则，总利益和小利益、个人利益与公众利益、眼前利益与长远利益的比较，二者取其一。这里是否存在功利主义的色彩，仍然需要谨慎对待。

三

5. 涉利交往和不涉利交往

无论是个人利益、公众利益，长远利益、眼前利益等等说法，似乎人们的行为总是围绕利益展开；但休谟认为人类的行为并非完全发自利益的激情。在"论许诺的约束力"一节中，他指出人类的交往有涉利交往和不涉利交往（interested commerce and disinterested commerce）之分，前者主要指以自利为基础的交往模式，后者则主要指互惠、互助以及其他形式的交往。在人类的行为中，利益的确占据了支配性地位，正如同时期其他思想家所说的那样。比如，斯密那句著名的话："不是从屠夫、酿酒师和面包师的恩惠，我们期望得到自己的饭食，而是从他们自利的打算。我们不是向他们乞求仁慈，而是诉诸他们的自利之心，从来不向他们谈自己的需要，而只是谈对他们的好处。"③由于斯密被后人树立的经济学鼻祖的形象，这样明确的陈述让绝大多数人认为斯密提倡自利，即便也有很多研究认为斯密的

---

① See T, III. ii. 8. 7, 商务版第 586 页。
② General interest, 商务版译为"公益", 见商务版第 596 页, 与 public interest 的译文相同, 容易引起误解。
③ 亚当·斯密,《国富论》(上), 杨敬年译, 西安:陕西人民出版社,2001 年, 第 18 页。

道德哲学与经济学是统一体。[①] 无论怎么看待斯密，显然，这种情形下，人们的活动的确是是从自利出发。斯密之前的休谟同样也曾强调自利的地位，他说："如果我们只是顺从激情和偏好，我们几乎很少出于不涉利益的看法而做出对他人有利的行为，因为我们的善意和友爱天生有限；即便不是为了利益起见，我们也很少做出那一类行为，因为我们并不依靠他人的感激。"（T, III. ii. 5. 8）如此看来，无论怎样强调自利也并不过分了。[②] 但是，作为一位经验观察者，休谟敏锐地发现在人类行为中，除了涉利的交往，还有另一种交往方式，即不涉利益的交往。

> 尽管人类的这种自利的交往（self-interested commerce）开始发生，并在社会中占了主导地位，但它不能完全消除更为慷慨和高尚的友好互助交往。对于我爱的那些人以及我比较熟悉的那些人，我仍然会为他们服务，而不求任何好处；他们也会回报于我，不过是为了补偿我过去的服务而已。（T, III. ii. 5. 10）

这里说的是不涉利益的交往。而"为了区别涉利交往和不涉利交往，人们为前者创造了某种形式的词汇，用于约束自己履行某项行为"，这一词汇便是"涉利交往"，它构成了我们所谓的许诺，是对涉利交往的一种约束（sanction）。（T, III. ii. 5. 10）关于许诺，休谟有一个非常著名的例子："你的谷子今天熟，我的谷子明天将熟。如果今天我为你劳动；明天你再帮助我，这对我们双方都有好处。我对你并没有什么好意，并且知道你对我也同样没有什么好意。"（T, III. ii. 5. 8）

[①] 参见罗卫东，《情感 秩序 美德——亚当·斯密的伦理学世界》，北京：中国人民大学出版社，2006年，第27页。
[②] 休谟论述许诺的约束力时提到，"假设施与者是为了自利才施惠于人的，所以这就既消除了义务，并树立了一个自私（selfish）的榜样；这种自私正是忘恩负义之母。"需要注意的是，休谟没有特别区别 selfish 和 self-interest 的情感色彩。

通过劳务交换，双方都能互惠。但即便是这种互惠行为，依然存在利益关系。在这个过程中，休谟没法解决经济学中的"搭便车"问题，而是从一种温和的人性论出发，将"搭便车"者的"恶"视为"牺牲了心灵内在的享受"。① 这是休谟道德哲学的一贯主张。②

不过，我们更有兴趣的是，"不涉利交往"是何种形式呢？与涉利交往究竟有何不同呢？从上面的引文中可知，不涉利交往的对象是自己爱或熟知的人，为其服务是不求好处和利益的，这种行为与相互帮助收割谷子的情形并不相同，因为后者当然期望得到回报，如此才能双方获益，达到互惠互利（reciprocal advantage）③。但前者不同，休谟并没有明确指出，不涉利交往中有没有明确的互惠行为，没有期待能从他人那里得到好处。如此看来，这种行为与北非一些传统的交换方式有很大的相似之处。④ 或者也可以这样理解："最初的赠与必须单方面地出现，不期待任何回报。反馈的赠与，即便是作为对最初赠与的回报，也必须不以那种方式展现；更确切地说，它必须自发地表现出来。这也是为什么最初赠与与反馈赠与之间必须有一段间隔的原因。如果反馈的赠与在最初赠与之后立即发生，这种互惠性质将会非常明显。"⑤ 这一理论分析是福斯对休谟不涉利交往行为的辨析，也可以说明为什么休谟所说的不涉利交往不同于互惠行为、不同于许诺等涉利交往。

换言之，休谟所说的不涉利交往是一种不期待好处和回报的行为，并不是以利益为前提的，完全是仁爱的表现。虽然休谟并没有特意强调不涉利交往，而且如休谟所言，这种交往只在人类行为中占附

① M. 马特拉沃斯，《休谟论信用》，载《国外社会科学》2006 第 1 期，第 103—104 页。
② 休谟《道德原理探究》中也有同样的表述。虽然休谟多次提到"仁爱"，但他很少提到"良心"一词，所以他也不会用"良心"来解释某些事情，但只有在这种"搭便车"的情形下，他才会提到"良心"。
③ 休谟用以表示相互利益、相互受惠的单词有，reciprocal advantage, mutual interest and advantage，但休谟同样区分了互惠和不涉利益的交往。
④ 埃文斯－普里查德，《非洲的政治制度》，转引自《偷窃历史》（张正萍译，杭州：浙江大学出版社，2009 年），或者也可以从莫斯的《礼物》中得到一些启发。
⑤ Pierre Force, *Self-Interest Before Adam Smith: A Genealogy of Economic Science*, p. 173.

属地位，但是，这一区别至少让我们看到：不涉利交往在人类的经济行为中也占有一定的分量，可能在人类的某个历史阶段还是主要的交往方式；经济交往往往是错综复杂的，涉利和不涉利的交往可能同时存在，这就增加了分析人类经济行为的难度；更重要的是，休谟提醒我们，经济行为绝非单一的涉利交往——而现今的主流经济学分析模式，已然设定了一个"经济人"模型。

6. 自私，或有限慷慨

一般而言，休谟提到人的天性、人的本质时会用 selfish 或 selfishness 来描述，而很少用 self-interested 等与 interest 相关的词语。这或许是选词的策略。人性是什么，这是个老问题。沙夫茨伯里和哈奇森认为仁爱是人的天性，而曼德维尔和霍尔巴赫则说，自利是人类行为唯一的动机。"人性自私"在那个时代并不是什么骇人之语。休谟说，人类天性自私[①]，或者说，只赋有一种有限的慷慨[②]，这与上面两种观点都有些相同，但有不尽相同。一方面，休谟承认人是自私的；然而，另一方面，他又以 or 一词连接后面的短语"有限的慷慨"。在英语中，or 可理解为"或者说"，表示选择关系，也可理解为"即"、"亦即"，表示解释关系。无论这里理解为何种关系，自私和有限慷慨所表达的意思都不是纯粹的自私，或彻底的慷慨，否则便有失休谟的本意。

休谟的本意是，社会中的人，其本质不是纯粹的自私，也不是彻底的慷慨，与之相匹配的社会是自然状态和黄金时代，前者充满了恶，后者充满了善。[③] 然而，这两者都不是正常的社会状态。从人的社会性这一点出发，休谟否定了之前哲学家们关于社会的两种假设：霍布斯构想的那种自然状态、基督教虚构的那种黄金时代。人们在

①　Selfish，或许理解为"自我的"更为恰当。"自私"在汉语中的贬义色彩太重，不符合中性的语气。

②　休谟，《人性论》（下），第 559 页，see T, III. ii. 5. 8

③　参见休谟，《人性论》（下），第 534 页，see T, III. ii. 2. 15

经验中发现，"自私和有限慷慨如果自由活动，将会使人们完全不适于社会"（*T*, III. ii. 2. 24）。所谓自由活动，是指不受约束放纵这些情感：绝对的自私和放纵的慷慨；然而，这两者都将使人们不适于结社。

如果一定要追问人类行为的动机，那么，霍尔巴赫那样的断言休谟大概是不能赞同的，但若将自利作为第一原则——如福斯所言[①]，休谟大概还可以接受，因为他承认，首先，在人类行为中，自利占了主导地位，所以说它是"第一原则"并不为过；[②] 其次，除了各种形式的涉利交往，还有各种形式的不涉利益的交往，所以，有限的慷慨仍在起作用。

四

7. 利益与理性 [③]

最后，利益与理性之间的关系似乎是个不得不谈的问题。当利益的激情在不同利益的较量之下形成自己的趋势和方向时，具体说来，在个人利益与公众利益、直接利益与眼前利益的关系中，理性是否起了作用？按照休谟的说法，利益的最终方向是由利益感决定的，利益感偏向何方，利益的激情便偏向何方。本章已经非常明确地指出，利益不是理性，现在，理性在利益趋势的决定中似乎也没有发挥什么作用，但理性是否就毫无作用了呢？休谟说："理性，在严格的哲学意义下，只有在两个方式下能够影响我们的行为。一个方式是：它把成为某种情感的合适对象的某种存在告诉我们，以激起那种激情来；另一个方式是：它找到因果联系，为我们提供施展某种激情的手段。"[④] 就前一种方式而言，理性告诉我们：利益的对象是什么；就后一种方

---

① Pierre Force, *Self-Interest Before Adam Smith: A Genealogy of Economic Science*, p. 7.

② 需要注意的是，这里在谈人类行为时用的是"自利"一词，相应的是人性中的自私。两者在这种情形下可以用作同义词。

③ 关于休谟文本中的利益与理性的关系，实在无法简要阐释。读者可参考 Claudia M. Schmidt, *David Hume : reason in history*, The Pennsylvania State University Press, 2003.

④ 休谟，《人性论》（下），第 499 页，see *T*, III, i. 1. 12。

式而言，理性需要发现那些对象与利益激情之间的关系如何。因而，尽管休谟说，"理性是，而且应该是激情的奴隶"，此言虽将激情抬高到"主人"的地位，而将以往高高在上的理性贬低为"奴隶"，但就人类的完整行为来说，理性的作用仍然是不可或缺的；休谟强调的是激情的活跃性、积极性和主动性，相对而言，理性成为"工具"，帮助人们实现激情的目标。就利益而言，以其强大、持久的特性，成为人性强有力的主导性激情；理性则是利益的辅佐，而非利益的主宰。在此基础上，我们能够继续探讨休谟政治经济学了。

第五章　利益基础上的政治制度

休谟《人性论》的第三部分虽然名为"道德篇"，却有很大一部分内容是对经济问题尤其是财产权的关注。我们甚至可以从中零星地看到，休谟也曾涉及"劳动分工"这样的问题[1]。但需要注意的是，休谟谈到这些问题时是与正义的起源相关联的。尤其是，休谟将正义与财产权的起源放在一起讨论，而正义、财产权与政府有着或多或少的联系。对于这种联系，约翰·罗伯逊认为："财产占有的稳定性是通过正义，确立产权规则及产权依同意的转移和承诺的义务来保障的。就自身而言，休谟认为，正义并没有使得政府的存在成为必要：只有当社会通过抵御贪得无厌的陌生者而提供外部的和相互间的安全感时，这种必要性才出现。"[2] 这一分析符合休谟的逻辑，虽然正义与政府的存在没有充分必要条件，但财产权却与政府有着必然的联系，而在休谟这里，财产权的产生与正义的形成是同时阐释的问题，正是在

---

[1]　See David Hume, *T*, III. ii. 2. 3, *T*, III. ii. 4. 1. 休谟只是偶尔提到分工，他的著作中很少涉及劳动分工这一问题，即便在《政治论文集》中也很少出现类似的评论。

[2]　John Robertson, "The Scottish Enlightenment at the limits of civic tradition", see *Wealth and Virtue:The Shaping of Political Economy in the Scottish Enlightenment,* p. 153.

利益的基础上才形成了政府以及忠顺于政府的各种条件。反过来，政府的最大功用是保护财产权，并增进财富。而在这其中，财产权最为重要，所以这里首先从财产权的确立说起。

1. 利益与财产权的确立

Property，在英语中最常见的一个意思便是指占有某物的事实，或指占有的权利。为什么要从财产或财产权谈起呢？因为在休谟看来，这与人的福利（goods）密切相关。"我们拥有三种不同的福利：心灵的内在满足；身体的外在优势；对我们通过勤勉和好运获得的财富的享受。"（T, III. ii. 2. 7）第一种福利的享受完全是安全无忧的，第二种福利即便被别人剥夺却于他毫无好处，唯有第三种，他人拿走之后就能从中获得好处。因而，需要从这一与人类的福利密切相关的财产或财产权开始。而这第三种福利"既可以被他人的暴力攫取，也可以不经任何损失或改变而转移；同时，这种财富又没有足够的数量满足每个人的欲求和需要。因此，正如提高这些福利是社会的主要进步（advantage）一样，它们的占有的不稳定性以及稀缺性是社会的主要障碍"（T, III. ii. 2. 7）。由于这样的属性，即获取方式的多样性——暴力或非暴力的形式都可以得到，以及数量稀缺与人的需求之间的矛盾性，因而，确保财产、增加财富这些对于人类的幸福就变得非常必要了。

其中，休谟特别强调财产、财富与人的福利之间的关系。由于"财富被认为具有一种获得令人愉悦的事物那种属性的能力，而且只有在这种看法下，它们才会对激情产生影响"（T, II. i. 10. 3），所以在此条件下，前者总能够激起人的骄傲，而人的天性中总是倾向于骄傲而非谦卑。"凡有用的、美丽的、或令人惊奇的一切对象，或与这些对象有关的，都可以借着财产权产生这种骄傲的激情"（T, II. i. 10. 2），因此，人们追求金钱、追求财富及其等价物，比如货币、票据。货币也好，票据也好，其被视为财富，不是因为它们本身的属性，而是因为"它对人生的快乐和便利有一种关系"（T, II. i. 10. 3）。所以，人们追求一切与这些享受有关的对象。

　　然而，人们如何确保自己的财产权呢？第四章讨论了共同利益感，"我"希望占有自己的所得不被别人夺取，而别人也有同样的想法，当双方都意识到这种共同利益感时，便缔结了"戒取他人所有物的协议（convention）"，而且每个人都确保稳定占有所有物。这个过程产生了正义、非义的观念以及财产权的观念。当人们缔结这些协议之后，如何分配他们的所有物，使每个人都能享受他自己的那一份？"最自然的办法就是，每个人继续享有现时所占有的东西，而将财产权或永久所有权加在现前的所有物之上。"这是习惯的效果。习惯，而不是效用或者劳动等因素，影响了财产权的确立。"习惯的效果如此重要，乃至不仅使我们安于长期以来享有的任何东西，而且甚至让我们对它产生喜爱之情，使我们宁愿选择它而不是其他一些更有价值、但我们很少了解的东西。"（*T*, III. ii. 3. 4）这里，对于每个个人都有一个选择偏好问题：人们总是愿意选择那些自己熟悉的东西，尽管其价值可能不如其他不熟悉的东西大，这是习惯或风俗的影响。而且，人们自然而然地选择了这种权宜之计。休谟虽然承认，确定财产权大部分规则的动机无疑是公众利益，但他还是提出，"这些规则从根本上说是由想象，或者我们思想或想象的更为细小的属性确定的。"① 休谟不止一次在脚注中提到想象对于财产权决定的影响，以免读者误认为他将财产权的形成完全归到"公众利益"的头上；而他的本意是想强调经验、习俗对于财产权或正义法则的形成也有着重要的作用。与其说是想象或习俗的经验，不如说人在长期的经验中形成的同情共感的能力，包括对自我利益和公众利益的同情，对风俗习惯的同情，是移风易俗的表现，所以休谟不会轻易地对财产权或正义做出定论。

　　但是，休谟谈到"继承"这种规则时，依然使用了"人类的普遍利益"这样的术语，这在推理过程中是难以避免的。实际上，无论休谟怎样试图摆脱这样一种观点，在《道德原理探究》中他还是流露出

---

① 休谟，《人性论》（下），第544页，脚注。译文有改动。

明显的激进主义，直接指出："社会效用是正义的唯一起源。"① 这与休谟在《人性论》中的主张自相矛盾，换言之，为了突出某些观点，休谟舍弃了其他一些同样有创造性的论断。休谟似乎并没有觉得这一改变对于先前的理论有多少破坏，而且非常肯定这种"激进"的变化，故而后人对休谟的解读也完全可以采取相反的路径。

除了稳定财产的四种方式——占领、时效、添附、继承之外，根据同意进行的财产转移也有利于社会的安宁；这一法则不会引起社会动荡，是人们相互交换和交易的结果；而且，这样做显然是有"效用"和利益的。而许诺最初的约束力同样也是利益。② 所有这些，稳定财产的法则、根据同意转移财产的法则、履行许诺的法则，全都建立在自然法则的基础之上；同时将遵守这三条基本的自然法则视为人类社会和平和安全的基础。而这三条自然法则均与利益有关，休谟在此基础上论述正义是一种人为之德，必然与利益有关，所以他才会这样写道：

> 我们应当认为正义与非义的这种区别有两个不同的基础，即利益和道德；利益所以成为这个基础，是因为人们看到，如果不以某些规则约束自己，就不可能在社会中生活；道德所以成为这个基础，则是因为当人们一旦观察到这种利益，他们一看到有助于社会安宁的那些行动，就感到快乐，一看到有害于社会的安宁的那些行动，就感到不快。使最初的利益成立的，乃是人类的自愿的协议和人为措施；因此，在这个范围内来说，那些正义法则应当被认为是人为的。当那个利益一旦建立起来、并被人公认之后，则对于这些规则的遵守自然地并自动地产生了一种道德感；当然，这种道德

---

① David Hume, "Why Utility Pleases", see *PW*, Vol. IV, p. 244. 正因为休谟在《道德原理探究》中如此强调"效用"一词的作用，以至于常常被后人冠以功利主义先驱这样的名号。然而，休谟的效用论与后来边沁的功利主义有着很大的差别。第七章将会谈到这一点。
② David Hume, *T*, III. ii. 5. 11.

> 感同样被一种新的人为措施所增强，政治家们的社会教导、
> 父母的家庭教育，都有助于使我们在对待他人财产时严格控
> 制我们的行为。(*T*, III. ii. 6. 11)

约束自己的利益才能生活在"社会"之中，遵奉道德是为了巩固社会的和平安宁。这里，休谟对人类的生存设置了潜在的条件，即人必须生活在社会之中。实际上从经验来看，人也的确生活在社会之中。利益在财产权、权利和义务等观念的形成过程中逐渐确立；而正义并非自然而然形成的，而是在漫长的习俗中形成的人为措施，是人为的。正义之德要得到人们的公认和奉行，更是人为的措施。政治家的作用、社会习俗的影响在戒取他人财产、奉行正义之德方面突显出来。政府作为政治社会的重要内容，在执行正义、保护财产权、保障社会安全以及其他方面的作用也不言而喻。在休谟这里，财产权、正义的理论先于政府以及制度理论。

2. 利益与政府的形成

在论述财产权、正义与政治社会时，休谟大体上将保护财产权与遵守正义等同了。正义是人为之德，奉行正义规则是为了维护财产权而做出的人为措施，但正义却有利益和道德两个基础。休谟所谓的道德，也是一种人为之德，是遵守正义的道德。在政治社会中，这些道德可以是服从和效忠的义务；而服从的义务则是在利益的基础之上的。

利益的激情，确切地说是自利的激情是如此强大，以致人们的行为基本上以此为原点。"最确定的，莫过于人们在很大程度上由利益支配，即便把他们的关切扩展到自身以外，也不会扩展到很远；在日常生活中，他们的关切不超过他们最亲近的朋友和熟人。同样确定的是，人类若非以这样一种有效的方式便不能顾及他们的利益，即共同坚持奉行正义规则，只有这样才能维系社会，才能防止人类落入悲惨而野蛮的、往往以自然状态呈现的状况中。"(*T*, III. ii. 7. 1)自我的利益是强有力的，奉行正义规则所得到的利益同样是巨大的，而个人的利益又如此依赖后者，为什么还会出现非义的行为？按照休谟的逻

辑，这只能归咎于人性中某种偏私的秉性，其程度强到蒙蔽了人们的眼睛，做出不义之举。这种偏私的秉性依然与利益有关，只不过这种利益在时间和空间上与人更近，刺激人的心灵，对意志（will）和激情产生相应的结果，相比那些模糊的、遥远的事物来说，它们显然具有更强的力量。所以，人们明知遵守正义规则、维持社会秩序的好处，但其行为却仍然要与其相反，其原因就在于眼前的利益更为直接，而遵守正义规则的那些利益却因为太遥远、太模糊而为人们抛弃了。

一个人的一生非常短暂，有时甚至来不及感受到遵守正义所带来的利益和好处，因而，当所有人都看不到这种利益时，整个社会充斥的便是人与人之间的尔虞我诈、为所欲为，变成了霍布斯所说的"丛林状态"。在利益面前，每个人都有舍远求近的倾向，这是人的天性。在如此天性的驱使下，所有人都会违背公正，而那个自我约束、奉行公正的正直的人变成了众人嘲笑的傻瓜。

没有什么能够弥补"舍远求近"的倾向，唯有人的天性自身；唯有改变外在的条件使得奉行正义规则成为切近的利益，违背正义成为遥远的利益。但是，并非所有人都能意识到这一点，只有少数几个人会意识到。"这些人就是民事首领、国王、大臣、我们的总督和长官，他们与国内大多数人漠不相关，对任何非义行为都毫无利益，或者是遥远的利益；他们满足于目前的状况以及他们的社会职务，与正义的每次实施都有着直接的利益，而实施正义是维持社会是如此必要。这就是文明政府和文明社会（civil government and society）的起源。"（T, III. ii. 7. 6）政府的创建也是立法者科学的起源，其的目的在于实施正义，而利益则是创建政府的原则之一，权利是另一个原则。[1]

不过，执行正义不是政府的全部目标。"政府进一步扩展其有益影响；不满足于保护人们为了相互利益而缔结的协议，还常常迫使他

---

[1]　David Hume, "Of the first principles of government", see *Political Essays*, p. 16. 斯密认为建立政府的原则是权威和效用。参见 Adam Smith, *Lectures on Jurisprudence*, edited by R. L. Meek, D. D. Raphel and P. G. Stein, Oxford University press, 1978, p. 401.

们缔结这样的协议，并强迫他们齐心协力促进某种共同的目的或目标，以便寻求他们自己的利益。"（T, III. ii. 7. 8）所以，政府的目标不仅保护人们的利益，还迫使人们寻求共同的利益。换言之，政府应该为整个社会谋求共同利益。对于简单的小型社会来说，这个目标或许比较容易达到，因为人数少，人们的行为也容易统一；但对于复杂的庞大社会来说，每个个体都是为了自己利益，尤其是自己眼前的那些利益，那些长远的利益常常被这种私利克制而不被重视①，而人性中"舍远求近"的倾向总是让人们产生一些错误的判断，忽视事物的真正价值，追求那些表面上看似有用、实际上却没有多大价值的"蝇头小利"，这是一个明显的、而且也很难改变的事实。② 政治社会的目的便是补救人性中的这些弊病，矫正那些搭便车甚至损害社会利益的行为。虽然每个人的天性中有着各种弱点，却在政府的治理之中形成了良好的秩序。"修建桥梁、开辟港口、建筑城墙、挖掘运河、武装海军、训练陆军，所有这些都在政府的监管之下进行，尽管组成政府的人有着人类的一切缺点，但它却是一个能够想象出的最精巧、最细致的发明，一个在某种程度上免除了这些缺点的组织。"（T, III. ii. 7. 8）政治社会一方面保护个体的利益，一方面以其精巧的运作无形中克服人性的弱点。是什么让政治社会具有了这样的功能？斯密说这要归功于那只"看不见的手"。③ 休谟与斯密的说法不同，他视其为自然法则运行的结果，就像他提出关于财产权的三条自然法则一

---

① See David Hume, T, III. ii. 8. 3.

② See David Hume, T, III. ii. 7. 8. 休谟对事物的内在价值和表面利益是有区分的，并且认识到人的一个本性就是不从事物的内在价值来评价事物："身体的痛苦和疾患本身就是谦卑的恰当的原因；不过因为我们习惯于借比较而不借事物的内在价值来评价一切事物，这就是我们忽略了我们发现为每个人可以遭遇到的这些灾难，并使我们不把这些灾难估计在内，而对自己的优点和性格形成一个观念"。（《人性论》（下），第 338 页，T, II. i. 8. 8。）

③ See Adam Smith, TMS, IV. i. 10. "一只看不见的手引导他们对生活必需品做出的分配，几乎同土地在平均分配给全体居民的情形下所能做出的分配一样，从而不知不觉地增进了社会利益，并为不断增多的人口提供生活资料。"

样。① 人性既然不是完美无缺②，甚至常常被一些琐碎的、没有多大价值的事物蒙蔽双眼，当人们在经验中反复印证这些事实之后，就希望找到治愈这些缺点的应对之策。政府的发明即是权宜之计，以便让人们摆脱那些缺点的困扰。

3. 利益与政制的建立

然而，在政治社会中，人们多了一项新义务，即服从，或者说忠顺。那么，人们为什么要服从政府？服从的限度是多少？又服从于谁？

休谟首先将自己的学说与那些契约论者区分开来。③ 应该说，他明确抛弃了契约论。无论在《人性论》还是在《政治论文集》中，他都不赞同服从或忠顺政府的义务来源于许诺，并明确指出："忠顺的义务虽然最初嫁接在许诺的约束力之上，并在一个时期内得到这种约束力的支持，但它很快就自己生根发芽，具有了原始的约束力和权威，并不依靠一切契约。"（T, III. ii. 8. 3）按照休谟对许诺约束力的理解，在政府成立之前，许诺的约束力以及其他两条关于财产权的自然法则就已经存在了，由此才形成正义规则，而建立政府是为了更好地执行正义，迫使人们遵守正义规则，因而，即便忠顺的义务最初是"嫁接"在许诺的约束力之上，但很快脱离这种约束力而自行发

---

① David Hume, T, III. ii. 8. 5. 休谟指出：政府的主要目的在于强制人们遵守自然法则。这一结论是从关于财产权的三条自然法则推衍而来。休谟的推理如此：社会对于人们的共存不可缺，所以只有约束自己的欲望才能维持人与人的交往，于是产生了三条自然法则。人性中狂野而放纵的自爱改变方向之后，产生了正义的规则，并且成为遵守正义规则的最初动机。但在庞大的、开化的社会中，人们很难一直遵守正义规则，于是建立政府来执行正义，以便维持旧有的利益，寻求新的利益。所以在这个范围内，休谟说，我们的民事义务（civil duties）和自然义务（natural duties）是相互联系的；而前者的发明主要是为了后者，政府的目的在于强制人们遵守自然法则。这里也明显流露出休谟的自然法思想。

② 《人性论》归根结蒂对人的本质的认识，休谟对人性的认识非常清醒，他在《论政府的起源》一文中再次重申人性的这些重大缺点。参见 David Hume, "Of the origin of government", see *Political Essays*, p. 20.

③ David Hume, T, III. ii. 8. 3.

展。这两种义务最初的动机都是"自利"，但因为服从政府与履行诺言的利益各不相同，因而义务也各不相同。休谟说："服从民事首领是维持社会秩序和协调的需要。履行诺言是日常生活事务中产生相互信赖和信用的需要。两者的目的和手段全然不同；两者也互不从属。"（T, III. ii. 8. 5）两者都起源于对财产的考虑，虽然两者在社会形态上有所不同①，发生的环境也不相同，但其最终目标都是"利益"。休谟区分服从政府的义务与履行诺言的义务，为此甚至采取直接的反问句来表明他的态度。②总之，休谟认为服从政府并非出于许诺的约束力，而只是出于维持社会的需要，或者说出于服从政府所带来的好处。

为什么要服从政府或者行政首领？因为，"我们的利益总是在服从首领的一边；只有极大的现实好处才能使我们忽视维持社会安宁和秩序的长远利益，促使我们反叛。如此看来，尽管眼前利益在自己行为中会蒙蔽我们，但这种情形绝不会发生在他人的行为中；也不会妨碍它们展现其真实的面目，展现那些高度危害公众利益、尤其是自己利益的面目。"（T, III. ii. 8. 7）这段话一方面表明休谟的政治态度有一丝保守的色彩，另一方面也说明休谟对于服从政府的谨慎态度。一个人服从政府是因为看到这一行为带来的好处，而抗拒政府是因为有更大的眼前利益。休谟虽然只是说这种个人行为没有影响整个群体的时候，大众基本上都会维持现状，维持秩序与和平，但如果个人的行为变成群体的行为，那将是另一种情形。休谟写《人性论》时，"光荣革命"的历史在上一辈人的口中依然鲜活，而革命的余波依然徘徊

---

① 休谟认为履行诺言对于自然社会的必要性与服从对于文明社会或民事政府的必要性是一致的。"顾及财产对于自然社会（natural society）的必要性，不亚于服从对于文明社会或民事政府的必要性；前一种社会对于人类生存的必要性不会大于后者对人类康乐和幸福的必要性。"see David Hume, T, III. ii. 8. 6.

② David Hume, "Of the original contract", see Political Essays, p. 197. "如果有人问我们为什么必须服从政府，我会马上回答，若不如此社会将不可能存在。这个答案对于所有人都是清楚易懂的。而你却回答道，因为我们必须信守诺言。但除了那些受过哲学体系训练的人，还有谁会理解或欣赏这个答案呢。除此之外，我想当被问及为什么必须信守诺言时，你还会发现自己陷入困窘之地。什么话能够直截了当、不拐弯抹角地解释效忠的义务？"

在苏格兰，詹姆斯党人的反叛活动不时打破社会的和平和秩序，这样的反叛究竟意味着什么呢？从政治学的角度说，反叛势必因为其眼前利益超过了社会安宁秩序的利益，然而，这样的反叛能否代表所有人的利益呢？休谟引用西塞罗的话说，"常识告诉我们，我们服从政府乃是因为它有利于社会效用，所以，在特殊情况下，当服从命令显然会导致社会毁灭时，效忠之责必须屈从于最初的原始义务。人民的安全是至高无上的法则。"[1]人们服从一个政府乃是因为政府有利于自身利益，在多大程度上服从则取决于政府在多大程度上为自己谋利益。

既然建立政府的直接动机、服从政府的原因都是出于某种利益，那么，这种利益是什么呢？"我认为这种利益就在于我们在政治社会中所享受的安全和保障，这种利益是我们在完全自由和独立的时候永远得不到的。"（*T*, III. ii. 9. 2）这是谁的利益，谁的安全？休谟并没有明确指出，或许是因为他想描述一种普遍的政治理论，而非某个时代、某个阶段的政治理论。因而，谁的利益、谁的安全或许并不重要，因为每个朝代的主宰者不同，"人民"的内涵也各不相同。无论如何，人民对政府的服从或忠顺都与自身的安全和利益密切相关。"任何时候，执政长官如果压迫过度，以致完全不能忍受他的威权，这时我们就没有继续服从他的义务了。原因一停止，结果也必然跟着停止。"（*T*, III. ii. 9. 2）服从的限度取决于自身的利益，当政府不再保障"人民"的利益和安全时，这个政府也就失去了存在的依据。

然而，服从的义务有时也会暂时违背自己的利益。人们有时也会服从一个暴虐的政府——尽管它损害了公众的利益，这要归因于忠顺的道德义务。何为"道德义务"？这与休谟对正义基础的认识有关。正义的基础有二：利益和道德，当利益得到公认之后，遵守正义规则便自动形成了道德的约束力。从忠顺的自然约束力来说，原因停止，结果也必然跟着停止；按照一般规则，道德约束力以自然约束力为基础，后者停止，前者也必须停止，然而情形常常是，原因停止后，结

---

[1]　David Hume, "Of passive obedience", see *Political Essays*, p. 202.

果不一定马上跟着停止。很多情形下，这种约束力来自荣誉和良心。"出于良心，人们仍然会违反了自己的和公众的利益服从一个专制政府。"（T, III. ii. 9. 3）服从政府的目的在于为自己获得安全、保障和利益，防止他人行非义、不道德之举，但每个人的天性中都有着根深蒂固的缺陷，即便那些行政官，他们同样也和常人一样有着私欲和贪婪，即便他们在执行正义、维持社会秩序时有着较为直接的利益，然而，人性的痼疾有时甚至压制了他对这些利益的感受，陷入过度的残忍和野心的境地。此时，即便公共利益近在眼前，也抗衡不了人类天生的野心。按照休谟的理解，暴君或专制政府的出现与人性的弱点有关，人们可能会暂时服从这样的政府，但最终会从自身的利益出发推翻这样的政府。

一个好政府的统治者只有将公共利益放在首位时，才能维持社会秩序和安全，才能维持自身的统治。因此，休谟对于统治者或行政官的道德要求明显更高。他说："与我们的同胞相比，官员的义务更多受到人性原则的严格监护。"[1] 官员必须克制自己的自利和野心，遏制天性的弱点。"人们显然意识到，他们服从政府仅仅是因为公共利益的缘故；同时也知道，人性也如此容易屈从于她的弱点和激情，以致很容易扭曲这种制度，使他们的统治者变为暴君和公众之敌。如果公共利益感不是服从的原始动机，我不得不问，人性中还有其他秉性能够征服人类天生的野心，强迫他们如此服从政府吗？……除了公共利益之外，显然没有其他秉性了；如果利益最初产生了对政府的忠顺，那么，利益在何种程度内、在大多数情形下消除时，忠顺的约束力必然也就消除了。"（T, III. ii. 9. 4）休谟显然意识到身居高位的统治者作为普通人具有的人性弱点，因而才会明确指出放任这些弱点带来的严重后果——公众之敌。因而，决定服从谁，这个问题同样很重要。

虽然政府存在的依据是公共利益，但"公共利益"只是一个笼统的概念，也是最容易产生分歧的概念。它是否指"大多数人的大多数

---

① David Hume, "Of the origin of government", see *Political Essays*, p. 21.

利益"，休谟没有明示；而且，在他对英国政党政治的分析中，"公共利益"一词消失不见了。每个人对此的认识都可能不同，每个党派的认识也会不同。选择服从谁，其实也选择了抵抗谁。休谟认为，服从对象的选择与关于稳定财产占有的自然法则一样。长期占有、现实占有、征服、继承，这些都是统治者的权利，利益和习俗的持久影响使得人们服从这些政府。

不过，利益始终是第一位的，而习俗的力量即便强大，也会在利益的强力之下作些更改。一个政府如果损害了"公共利益"，人们同样有理由拒绝服从该政府。从最初的财产权到正义规则的确立，从正义的执行到政府职能的确立，政治制度就在这一漫长的过程不断发生变化。建立政府的好处并不只是在于执行正义，人们服从政府或抗拒政府，在多大程度都与利益有关，因此政府必须促进人们的利益。约翰·罗伯逊说，"政府是经济进步的先决条件；因为凭借其权威，政府为个人在物质进步中能够自由地追求他们的利益提供了安全的条件。而且，在事物发展的自然进程中，政府与经济进步的关系是互补的：随着社会成员获得更多的商品和财富，他们就越发需要政府提供法律和军事上的安全；而他们的商品构成日益增加的剩余资源的储备，政府可以在紧急情况下取而用之。"[1] 罗伯逊对休谟政府理论的这段评论将政府与经济发展联系起来，笔者完全赞同。经济发展当然是政府的重要职能，而在此过程中，政治制度的保障同样重要。

4. 结语

以上分析足以说明：财产权问题在休谟的政治经济体系中的根基地位。在此基础上，为保护财产权而建立的政府以及伴随忠顺、服从等义务的不同的政制衍生而来；如果延伸更远一些，还可以涉及政府治理的各种形式，比如民治政府、绝对君主制、共和制等等，休谟在

---

① John Robertson, "The Scottish Enlightenment at the limits of civic tradition", see *Wealth and Virtue:The Shaping of Political Economy in the Scottish Enlightenment*, pp. 155-156.

《政治论文集》中也有专文讨论政府形式问题。

休谟明确指出，财产权的起源在于资源的稀缺性：因为第三种福利，即财富，"既可以被他人的暴力攫取，也可以不经任何损失或改变而转移；同时，这种财富又没有足够的数量满足每个人的欲求和需要。因此，正如提高这些福利是社会的主要优势一样，它们的占有的不稳定性以及稀缺性是社会的主要障碍。"（*T*, III. ii. 2. 7）因为资源的稀缺性以及占有的不稳定性，财产制度、政府的建立以及其他政制的形成等的必要性才会如此突显；"社会效用是正义的唯一根源"，休谟的这一论断应该从这个视角出发去阐释，而不是孤零零地提出来与"功利主义"直接做比较。

事实上，制度经济学派的康芒斯对休谟的评论还是有道理的。他说："如果我们熟悉现代的工会'伦理'以及工业、商业和银行业的业务'伦理'，我们就会看出完全是由于休谟所说的机会'稀少'和结果的利益冲突，才从冲突中产生了那一切经济上的美德，例如诚实不欺、公平交易、公平竞争、合理地使用经济能力、机会均等"，"这些都是把自己的切身利益放在第二，首先应该和别人分享那有限的机会，才可能平平安安地从事交易，保持整个机构不断运转。按休谟的说法，稀少性的作用既表现为自私自利又表现为自我牺牲，一种以休谟的稀少性为基础的经济学才可能把经济学、伦理学和法学结合起来……"[1] 在康芒斯的分析中，自然丰裕的经济假设，与休谟完全相反。而稀缺性是现代经济学中与效用密切相关的一个条件。休谟对稀缺性的论述依据的是人性中的同情，即人们对个人利益与公众利益的同情共感。这是现代效用理论完全缺失的部分。康芒斯也不赞同休谟完全从个人利益出发，或认为休谟假设了一个完全利己的"经济人"。将这种评论与笔者在前一章中的分析联系起来，我们会得出一些有益的结论，以回答某些经常讨论的问题。

首先，休谟的政治经济学是以"自私"为前提的吗？大多数经济

---

[1] 康芒斯，《制度经济学》（上），于树生译，北京：商务印书馆，1962 年，第 173 页。

学的答案是:"是。"因为,休谟如此强调利益的驱动力,强调人的贪婪。伦理学的答案大多为:"不是。"因为,休谟仍然强调"仁爱"的影响,而且显然,他在《人性论》中否认了个人利益是正义的出发点。任何一面自然都有道理,但却不是休谟的本意。休谟的前提是资源的"稀少性",在这一前提下,人的政治经济活动都需要一定的限制,即便仁爱也同样需要限制。正如康芒斯所说,稀少性对人性的影响是使人性表现出自私和仁爱的两面性,群体之中的人要维持生存和安全,都不可能让人性的某一秉性超过一个程度,这个程度的准绳即社会能够得以保存的最低限度。如此一来,这倒可作为前一章中所说的"自私,有限的慷慨"这个前提的证据。

其次,"个人利益",或者说"自利"在休谟的政治经济学中的地位如何?从单个个体的社会活动出发,证明"自利是人类经济活动的第一驱动力"一点也不困难;然而,是否能因此将"人"设想成"无赖"、将"个人利益是其行为的最终目的"看作前提假设呢?在道理上似乎可以这样设想,然而,在现实生活中,休谟认为这种想法"错误百出",因为人类常常会受到其他因素的影响,在这些因素的影响下,其行为往往超出了"个人利益"的界限,追求另一种"荣誉"或"名声"。休谟在《论议会的独立性》一文中谈的就是这些问题:"通常人们在私人活动比社会活动中更真实,在效忠党派时比他们处理只与个人私利有关的事务时会走得更远。荣誉是人类最大的制衡;但当一群人聚在一起做事,这种制衡很大程度上消除了,因为一个人若增进了该党的共同利益,肯定会得到该党的赞许;而他自己也很快学会蔑视反对者的喧嚣。"①在政治社会利益中,个体的利益往往不是那么突出,党派、团体的利益往往成为政府的主宰。这里谈到的绝非完全分离的经济和政治两个层面的活动,并不是说在经济活动中,"自利"是第一驱动力,而到了政治活动中,"自利"掩藏到团体利益背后了。因为,实际上,休谟所说的经济活动同样也是政治活动,经济发展的

---

① David Hume, "Of the Independency of Parliament", see *Political Essays*, p. 24.

理论同样蕴含在他的道德哲学和政治哲学之中。所以，在休谟的政治经济学中，个人利益，或者说自利，绝非经济活动的动力。但是，大多数"政治家们"却都是这样想的。①

最后，笔者的结论是，在休谟看来，利益是人们政治经济活动的动力，但这种"利益"包括了个人利益和公共利益，是二者的合力。②福斯对休谟的评论很有道理，他说："的确，在休谟看来，现在，人类绝大多数的相互交往都沦落到涉利交往的范畴之内，然而，这一论断无关人性的自私或无私。自利就其本身而言，自然而然是交往的障碍。只有在它转化为一个便利的、直接的行为动机时，它才能成为交往的'引擎'。"③人性中绝对的自私或无私，都将成为人类相互交往的障碍。这可以视为休谟政治经济学中最重要的预设。

---

① *Ibid.*
② 笔者的结论可以对这种论断作一回应。"按照休谟的观点，人性中的'仁爱'因素是永远不能胜过或克服自私本性的。但这不意味着仁爱因素不重要。虽然建立正义法则和履行义务的初始动机是私利，但使正义法则得以设计出来和实施的保障确实'共同的利益感'。这种'共同的利益感'是通过'人性中一个强有力的原则'——同情的感染而表达出来的，并促使人们以某些规则来规范自己的行为。而且，正是由于同情所产生出来的各种美德，使人们能够'脱出自我'的圈子，在生活交往中遵循互助互利的原则。肯定自私是人的最强有力的冲动，但又设法限制自私和超越自私的狭隘，通过尊重他人和社会的利益来达到自身利益的追求，这就是休谟设计的'行为体系'，实际上也是18世纪多数西欧社会哲学家的基本思路。"（杨春学，《经济人与社会秩序分析》，上海：三联书店，1997年，第39—40页）作为评论者，这段休谟论述非常准确地概述私利与共同利益的关系，而且看到了同情在这个过程中的作用。笔者想要补充的是，如果休谟对自私的"限制和超越"是通过"尊重他人和社会的利益来达到自身利益的追求"，这与曼德维尔的道德哲学似乎没什么区别了，因为人最终的目的就是为了自利。但是，休谟对人性的观察是开放的，是承认其复杂性的。他承认人性的自私，也承认人性的"仁爱"，并且以人为之德和自然之德来描述人类的德性。借助同情，人会因他人的痛苦而痛苦，因他人的快乐而快乐，而人们在这种同情中得不到任何的好处。休谟对人类同情机制的论述，前文已经谈到。正因为如此，休谟的人性科学已经包括了后来经济学界关于"经济人"的"利己"与"利他"的争论，并且通过他对人性的观察，这一问题已经化解。
③ Pierre Force, *Self-Interest Before Adam Smith: A Genealogy of Economic Science*, p. 205.

第六章　利益激情主导下的经济思想

抛开休谟对各种"激情"的论述，其对经济思想的论述在今天看来并不新鲜，甚至是陈旧过时的学说。但在那个重商主义依旧流行的年代，休谟根据其对人性、对情感的理解所提出的经济理论，值得我们反思所谓的"经济人"的动机和目的。在经济思想史上，笔者以为休谟不是重商主义的最后一位鼓吹者，而是自由贸易理论的号手。

1. 如何看待贸易

在论述商业的各个主题时，休谟显然有一种"历史"的观点潜藏在他的思想中，或者也可以说，是从"历史的发展阶段"[①]来解释各种问题，比如"商人是如何产生的"，休谟便是按照"历史发展"的线索来论述的。休谟说，"在人类社会的初期，工匠和农民的约定、一种工匠和另一种工匠的约定，往往是人们自己直接实现的，作为邻居，他们很容易就能熟知彼此的需要，并互相协作，互通有无。当

---

①　W. W. Rostow, *Theorists of Economic Growth fromDavid Hume to the Present*, Oxford: Oxford University Press, 1990, p. 26.

人们的勤勉精神逐渐增长、视野逐渐扩大之后，人们发现，在一国之内，即便边陲之地也能像近邻一样互相协作，物品交流范围扩大，种类纷繁复杂。由此，商人这一最有益处的群体便产生了……"① 在简单的熟人社会中，人们互通有无几乎可以靠个人完成，但在复杂的社会中，互通有无和相互协作就出现了问题，商人的出现解决了这些问题，更好地服务于这两个目的。正是这个群体，让社会的联系和交往更加紧密，人们的物质生活更加丰富；而且正是这个群体，刺激了不同地区的经济发展。从休谟的论述中同样可以推断出，商业的产生也是自然发展的历史结果。人们在摆脱了采集和渔猎的野蛮社会之后，必然分成农民和制造业者，最初农业人口占去了大半，随着经验的积累，技艺的提高，农业可以养活更多制造业者。而随着产品日益增多，交往和流通就变得非常重要，商业正是在这样的情形下产生的。

在传统社会向商业社会的转变中，休谟特别强调商业的"自然"特性，这一部门为"流通"而生，因"流通"而繁荣，而且强调真正的强国富民与遵循自然流通相关。这是因为，首先，国家强大和人民幸福与商业密不可分。在传统社会中，一个国家商业不发达也仍然会很强大，休谟所举的例子是古代斯巴达和古罗马，这些城邦或帝国的强大自然有它们自身的原因，或小国寡民，或以军事掠夺为生，因而，即便没有商业、制造业，也能维持自身的强大。但在商业社会，国家致富和个人追求安全感的方式都已经发生了变化："个人在从事商业获得财富时从社会公共权力中获得更多的安全感，社会也会因个人的富裕和商业的扩展相应地变得强大。"② 个人的安全感源于个人所获得的财富，社会的强大是由单个个体的财富聚集而成。在传统社会中，农业占去了大部分劳动力，从事商业和制造业的人数相对要少很多；在商业社会中，农业生产足以支撑庞大的工商业从事者，而这部分人的活动直接或间接地为社会创造了大量财富。"工商业实际上是劳动储备，国泰民安时期，这种储备用于满足个人安逸舒适的生活；

---

① David Hume, "Of Interest", see *PW*, Vol. III, p. 329.

② David Hume, "Of Commerce", see *PW*, Vol. III, p. 279.

危机时刻，其中一部分就转化为社会利益。"① 一句话，工商业的繁荣是国强民安的保障，这是休谟的主要观点。这与重商主义、重农主义的财富观都截然不同，完全是商业社会的财富观。②

不单国内贸易对国家和人民大有裨益，对外贸易带来的优势和好处也是显而易见的。休谟列举了对外贸易的几大好处：促进国内制造业的改进；孕育国内人们的奢华生活；为国家带来巨额利润；促进人们在竞争中提高技艺；刺激人们勤勉奋发的生产热情；避免懒惰、好逸恶劳的风气；有利于国民享受到更好的消费品，等等。③ 无论是对内的商贸，还是对外贸易，畅通的贸易通道都会给国家、社会和个人带来诸多好处；然而，在重商主义的影响下，贸易猜忌、贸易保护的思想无处不在，因此，休谟才会专门论述贸易猜忌、贸易平衡这些主题。

2. 贸易猜忌与平衡

休谟的《论贸易猜忌》(1758) 一文发表晚于《论贸易平衡》(1752)，前者可以视为对后者的补充论证。因为，在《论贸易平衡》中，休谟也谈到贸易猜忌的问题，只是休谟更多反驳了金银等重金属在贸易中流向国外造成本国损失这种观点，各国互相猜忌，贸易自然不能畅通与平衡。所以，我们论述休谟贸易平衡的思想可以先从"贸易猜忌"这里入手。

休谟指出：无论是商业欠发达的国家，还是发达国家，都流行着强烈的贸易猜忌之心，"即便在一些对商业非常了解的国家，在贸

---

① David Hume, "Of Commerce", see *PW*, Vol. III, p. 287.
② 斯密将劳动分成生产性劳动和非生产性劳动，关于商业对于财富积累的作用，在这一方面，休谟与斯密不同。
③ David Hume, "Of Commerce", see *PW*, Vol. III, p. 288.
　安德鲁·斯金纳将休谟的国际贸易主体分成了三个层次：首先，对外贸易蕴涵了巨大利益；其次，从技术的角度佐证一直倡导的自由贸易；最后，休谟的论述还涉及了后来研究者洪特所谓的"富国—穷国之辩"，其实是富国—穷国优势劣势的转化问题。参见安德鲁·斯金纳，《经济学理论》，亚历山大·布罗迪编：《苏格兰启蒙运动》，杭州：浙江大学出版社，2010年，第171—172页。

易平衡方面也流行着强烈的猜忌之心，担心他们的金银会流向别人的口袋。"① 这说明在当时贸易猜忌是很常见的心态——这种心态恐怕现在也依然存在。为什么会产生这种猜忌呢？有一种"常识"告诉人们，各国之间都会视彼此为竞争对手，其他国家的发展和繁荣必然会损害本国的利益。这是一种表面的、肤浅的、错误的"常识"，完全经不起推敲。休谟从国内生产、对外贸易以及人民的需求三个方面进行反驳：第一，如果各国都保持开放的交流，各国国内的工业会从其他国家的发展中受益良多；第二，国内工业的发展又会成为对外贸易的基础；第三，人们的需求会随着进出口的扩大而得到更好的满足。开放所导致的最大结果是各国间技术的交流、模仿、竞争，最终促进本国的发展，同时在交流中增强本国实力，进而扩大出口。而人们所能够消费到的物品也会随着技艺的改进不断丰富，生活也会日益舒适。诸多好处之下，各国为什么还要心存猜忌呢？所以，最后休谟说，"作为一个普通人，作为一个英国人，我都真心希望德国、意大利、甚至法国都能繁荣昌盛。至少我相信，如果大不列颠以及其他各国的君主和大臣能够敞开心扉、以仁爱之心对待彼此，各国都将会更加繁荣。"② 休谟试图以这些道理表明，一个自然流通的商业社会，会给任何国家、任何个人都带来好处，无论是竞争对手还是合作伙伴。这些言论完全是自由贸易的鼓吹者。

既然国与国之间存在着交流，不可避免会发生金银的流通，就会出现金银外流的情形。如一般人想象的，在贸易逆差中，黄金白银流向国外导致国力虚弱，对此，休谟在《论贸易平衡》中进行了反驳，并详细分析了货币流通与国内经济发展的相互影响。他假设了两种情形：第一种，假设大不列颠五分之四的货币在一夜之间消失，英国在货币数量上退回到哈里王朝和爱德华统治时期，货币减少是否会带来劳动和商品价格的下降呢？不列颠是否因此变得比其他国家虚弱呢？第二种，假设大不列颠的货币一夜之间增加了 5 倍，这种情形是否会

---

① David Hume, "Of the Balance of Trade", see *PW*, Vol. III, p. 340.
② David Hume, "Of the Jealousy of Trade", see *PW*, Vol. III, p. 363.

导致劳动和商品的价格高不可攀？不列颠是否就会因此而变得强大？休谟理智地指出，货币减少有利于出口，国家可以从中增强实力；货币增多则不利于出口，国外商品则涌入国内市场，最终导致货币外流。优势、劣势在一段时期内并不是绝对的，而是相对的、辩证的。休谟以河川交汇形象地比喻货币在一个国家的流动过程。他写道：

> 百川交汇，总是维持着相同的水平。要问博物学家这是什么道理，他们准会告诉你，若一处水位上升，则此处必不能保持平衡，水平面必定会下降，直到它与别处保持平衡为止；同样，贸易失衡时，矫正机制必须不断防止失衡，而无需粗暴的外部运行机制。
>
> 正如百川在未交汇之前，其水平线可以高出其他河流一样；货币也是如此，如果因为任何具体或自然障碍（单靠法律是不起作用的）中断交流，这种情形下，可能会产生巨大的货币失衡。[①]

休谟以这两段话来说明货币在贸易过程终究维持一种平衡状态，而且，一国货币数量的多寡并不能人为决定。如果一个国家的经济处于一个循环的、完整的"经济体"中，外部机制是无法干扰的，因而，人们大可不必心存猜忌之心，即便采取各种措施防止贸易失衡，或者强硬地保持一方优势，比如重商主义政策，最后的结果必然是束缚、阻碍经济的发展。不过，在达到贸易平衡的过程中，的确会有一段时间国内货币的数量会发生变化，而国家正好可以利用这个短暂的变化来刺激经济发展，刺激人们的劳动积极性，投资扩大生产等等。

① David Hume, "Of the Balance of Trade", see *PW*, Vol. III, pp. 342-343.
关于富国—穷国之争更多的讨论，参见 Istvan Hont, "The 'rich country-poor country' debate in Scottish Classical political ecnonomy", see Istvan Hont, Michael Ignatieff, (ed.), *Wealth and Virtue: The Shaping of Political Economy in the Scottish Enlightenment*, pp. 271-315. 洪特在本文中指出了休谟的"富国—穷国"财富流通的模型，以及围绕这个问题休谟与詹姆斯·奥斯瓦尔德、乔舒娅·图克之间通信中的观点。

休谟所说的道理，今天看来似乎无需论证①，但在18世纪中期，大多数国家——且不说法国、荷兰这样比较保守的国家，就连经济比较发达的英国，都会出于维护本国眼前利益的目的，设置关卡、障碍以及各种关税，导致各国贸易失去平衡。而造物主赐给不同国家不同的气候、土壤等条件，正是为了让国与国之间可以自由交流、自由贸易。人类应该遵守自然之主的安排，而不能强硬地按照自己的意图违逆"自然"的意旨。

我们注意到，休谟在反驳贸易猜忌时，始终奉行自然主义的态度，比如，他以流水形容货币流通的程度，恰是以自然律法描述经济现象。"有一个词，人人都会挂在嘴边，而且我发现，外国作家也模仿英语经常使用这个词；它就是'流通'。该词可以用于解释任何事情，虽然上学时期我就在寻找该词在目前这个主题中的意义，但直到现在我仍然没有找到。"② 这是1752年休谟在《论社会信用》的一段话，后来几经修改，这段话又被休谟删掉，不再出现在正文中。虽然这里所说的"流通"更多是票据、货币信用，却也能反映休谟对其他经济问题的一个重要思想：休谟对待国内外贸易的态度、对待货币、信用以及他所提倡的利息和赋税政策中，都可以看出他对"流通"的肯定态度。自然的自发秩序在18世纪哲学家眼中或许是最好的主宰；就像河流宜疏不宜堵一样，经济事务需要处于自然的流通之中。

这种"自然"的态度，或许可以明确地说成自由放任的政策，任由经济本身决定它们的趋势——这种提法比斯密还早。而立法者的作用不是干涉经济事务的运行，而是为它运行扫清障碍。所以，最明智的立法者，其上上策便是"顺应人类的普遍倾向，提出各种易于接受的改进措施"③。休谟的"立法者科学"与斯密的"立法者科学"在这里完全一致。斯密的政治经济学是一门政治家或立法者的科学，其

---

① 即便在今天，贸易保护主义的思想仍然流行。欧盟以及美国与中国的贸易来往中，各经济组织的会议讨论中，很多贸易摩擦也仍然因保护主义而起。
② David Hume, "Of Public Credit", see *PW*, Vol. III, p. 384. see notes.
③ David Hume, "Of Commerce", see *PW*, Vol. III, p. 284.

目的是国强民富。休谟在《论商业》中紧接着"立法者策略"一句说："根据事务进程最为自然的趋势发展，工业、技艺、商业自然会增强君主的实力、增进臣民的幸福；而导致国富民穷的政策则是违背自然的。"① 所谓"顺应人类的普遍倾向"、"自然的趋势"，不正是休谟强调的"流通"一词么？换言之也是成立的，即"流通"是商业社会顺畅发展的"自然趋势"。

3. 货币流通

促使商业运转更好、流通更顺畅的一个重要环节是货币。休谟的货币理论成为20世纪货币学派追踪溯源的源头，其"硬币流通机制"、"缓慢通胀理论"不仅得到后人极大的肯定，还获得了进一步发展。这里主要谈论休谟如何看待货币在商业以及整个生产中的作用。

首先，休谟指出：就一国而言，货币数量多少与国民的幸福没有特别大的关联，"缺钱从不会损害国家本身的利益；人口和物品才是社会的真正实力"。② 伊斯特万·洪特明确指出："休谟著作的一个重要主题是：一个国家的真正富裕存在于它的人民、技术和资源之中。"③ 显然，休谟没有将金银、货币等流通手段视为真正的财富。不仅如此，休谟还指出，商品价格的高低与货币数量多少直接相关，因为价格取决于商品与一国货币的数量之比，准确地说，是"取决于流向市场或可能流向市场的商品以及流通中货币的绝对数量"④，因而，货币数量多在一国之内并不能显示其优势。休谟说，"只有在战争期间以及和外国谈判中才能感受到货币充裕的优势"⑤，但在正常的贸易往来中，货币充足可能并不占上风，甚至还可能造成损失，比如出口减

① David Hume, "Of Commerce", see *PW*, Vol. III, p. 284.
② David Hume, "Of Money", see *PW*, Vol. III, p. 322.
③ Istvan Hont, The 'rich country- poor country' debate in Scottish classical political economy, see Hont, Istvan; Ignatieff, Michael(ed.), *Wealth and Virtue: The Shaping of Political Economy in the Scottish Enlightenment*, p. 280.
④ David Hume, "Of Money", see *PW*, Vol. III, pp. 318-19.
⑤ David Hume, "Of Money", see *PW*, Vol. III, p. 309.

少，产生贸易逆差，而制造商也会因为高物价而转移到低物价的地区，等等。所以，休谟希望人们思考一下货币数量与真正的富裕、财富的关系。

其次，休谟也承认，货币数量多少与一国经济发展的确也存在着某种关联。大量货币流入国内，一方面，劳动者和各行业都得到了极大的活力，商人更进取了，手工匠人也更娴熟了，连农民扶犁也格外敏捷专注了——在利益的刺激之下，人们生产和创造的热情更加高涨；另一方面，也会造成物价上涨，发生通货膨胀，在对外贸易中，货币充足的国家因其物价高昂而处于劣势。休谟注意到货币流入与物价上涨之间的"缓冲期"，这段时期是发展经济的大好时机。他说："我们可以设想，一些制造商或贸易商把货物运往加迪斯，然后换回来一批金银。这样，他们能够雇佣比先前更多的工人，而这些工人却没有想过要更高的工资，对于能出好价钱的雇主他们也乐意受雇。……工匠拿着这些钱到市场上，发现每样商品的价格还和以前一样，也可以购买数量更多、质量更好的物品以备家用。农民和菜农发现他们的商品销售一空，会欣喜地种出更多货物；同时，他们也能从商人那里购买更多、更好的衣物，因为价格还是和以前一样，他们的勤劳由于这些新收入而提高。……我们也会发现，在货币提高劳动价格之前，它必然会刺激人们的勤勉之心。"[1] 休谟所描述的这个过程便是所谓的"缓慢通胀理论"。值得注意的是，休谟特别强调货币对人们勤勉之心的刺激作用，强调人们的劳动激情对于经济发展的影响。既然如此，立法者采取怎样的政策才算正确呢？休谟说："行政官的良策只需保障货币数量，如果可能的话，尽可能多增加一些；通过这种方式，行政官便能维持国内蓬勃的生产气势，增加劳动产品的储备，一切真正的实力和财富都源于此。"[2] 归根结蒂，劳动才是真正的财富，货币只是一个符号，只是估算价值的一种方式。但休谟并没有指出通胀之后的政策，只是设想了一个理想状态而已。

---

① David Hume, "Of Money", see *PW*, Vol. III, p. 315.
② David Hume, "Of Money", see *PW*, Vol. III, p. 316.

最后，休谟指出，货币数量多少与风俗习惯有关，但与国家的繁荣无关紧要。他指出，当时的中国货币数量还不如三百年前的欧洲，但国家实力却非常强大；① 另一个例子是欧洲本身，西班牙、葡萄牙、英国、法国、荷兰等国一下子涌入大量货币，给这些国家带来了巨额收入，但价格并没有涨得离谱，究其原因，"除了习惯和风俗变化之外，找不到其他令人满意的理由"。② 而且，休谟还强调，像利息这样的问题，也与货币数量多少无关，而是与人们的生活习惯和生活方式有关。③ 因此，立法者要考虑的各项政策也应该注意各国的历史背景，不应颠倒因果关系。

4. 利息

关于利息，休谟开宗明义指出："没有什么比低利息更能表明一个国家的繁荣了"，他不赞同低利息与货币充足有关的论断，认为低利息产生的原因有三个："借贷需求小，满足需求的财富充裕，商业利润少，这三种情形彼此联系，是工商业发达的结果。"④ 所谓借贷需求小，并不是指人们不借贷；休谟认为借贷的必要性和需求与挥霍浪费有关。在这一点上，他所说的借贷需求小是指人们懂得节俭，而非让自己的消费欲望无限膨胀，甚至靠借贷度日。很多人往往根据《论奢侈》一文认为休谟只强调奢侈、消费，进而批评休谟不知节俭在经济发展中的作用，但休谟在《论利息》一文中明确指出了节俭对于经济发展的重要性。⑤ 他说："一个国家若只有低息而又不知节俭，则借贷者肯定也会很多，利率必然也会有相应的变化。"⑥ 利率一旦上

---

① 这一点，休谟如何考证出来的无从得知，因为休谟在文中没有给出具体的数据。
② David Hume, "Of Money", see *PW*, Vol. III, p. 318.
③ David Hume, "Of Interest", see *PW*, Vol. III, p. 327.
④ David Hume, "Of Interest", see *PW*, Vol. III, p. 326.
⑤ 我们知道，斯密在《国富论》中也非常强调节俭的重要性。他说，"资本因节俭而增加，因浪费或行为不当而减少。""资本增加的直接原因是节俭，不是勤劳。诚然，勤劳提供了节俭积累的东西。但是不管勤劳能得到什么，如果没有节俭去节约、去贮存，资本就不可能增大。"《国富论》(下)，第378、379页。
⑥ David Hume, "Of Interest", see *PW*, Vol. III, p. 327.

涨，对地主、农民都没有任何好处；而利息下跌则与工商业的发展密切相关。只有工业和商业都发展了，真正满足人们需求的财富才会增加。在这个过程中，人类对利益的追求激起勤勉之心，并驱走骄奢淫逸的风气。这样的论断，只有从休谟的人性科学体系中才能推理出来。

休谟的逻辑是这样的：首先，人类永恒的欲望是施展才智，这是人类激情和追求的基础；其次，一个人终日沉溺于骄奢淫逸的生活，只会让他感到沉重和苦闷，并重复胡花海用的灾难，甚至不断借贷；此时，以一种无害的生活方式来代替这种生活，并且还可以让他有成就感，他所收获的快乐随着成就感的增强而增强——人的自我满足感恰恰来源于此，而这种生活方式便是从商。[①]

或许，休谟的这一前提似乎站不住脚，人的欲望、人的激情、人的追求，为什么是施展才智，而不是其他呢？不是物质享受、不是休闲娱乐？人的真正幸福是什么？一部《人性论》以及休谟此后所有的思想努力，都是对这些问题的回答。这些回答体现了休谟对人的本质的真正认识，体现了一种启蒙主义的人的科学。人类的幸福在于行动、闲暇和娱乐，人类欲望最大的满足不是骄奢淫逸，而是实践和劳作（exercise and employment）。

正因为付出了劳力和体力劳动，所以对于自己的劳动所获倍加珍惜，"一切勤勉职业的必然结果，必定形成节俭之风，并使人们对财富的热爱甚于对娱乐的热爱"，节俭、财富与勤勉，几乎如影随形；而商业，对于促进勤勉和节俭都有很大的推动力。正因为商业的繁荣，才产生了巨额储蓄——无论这种储蓄以实物还是以货币表示，也造就了大量的债权人，相应地产生了低利息和低利润。"正如低利润是商业和工业发展的结果，反过来它们也会促进工业和商业的进一步发展，因为低利润使得商品更廉价、鼓励消费、促进工业的发展。因此，如果我们考虑整个因果联系的话，那么，利息就是国家的晴雨

---

① David Hume, "Of Interest", see *PW*, Vol. III, pp. 330-331.

表，低利息无疑是人们生活繁荣的一个标志。"① 因此，国家要维持繁荣，就必须维持低利息，维持债权人和债务人的相应比例，保持勤勉和节俭之风。

5. 税收

对于立法者来说，如何拟定税收、以什么标准征税也是一项非常重要的内容。休谟反对以征税形式刺激人们的勤奋精神，主张税收最好由"消费品尤其是那些奢侈品来决定最为合适，因为这些赋税很少被人们感受得到"，缴纳这类性质的税收与人们的消费直接挂钩，因而看起来似乎是自愿的。休谟认为这类税收如果征收得当，还能形成节制和节俭之风。他所持的这种论断可能与当时征收的税款相关。《论赋税》一文从 1752 年到 1768 年的版本中一直有这样一段话："有一种很流行的观点认为，所有的税收无论怎么征收，最终都落在土地头上。这种观点由于土地士绅们的制止而在不列颠非常实用，因为，立法机构主要控制在他们手中，使得他们为商业和工业保留了相当大的空间。但我必须承认，这一原则虽然由一位著名的作家发起，却似乎没什么道理，如果不是他的权威，任何人都不会接受这一原则。"② 这段话在后来的版本中被删掉了。哈孔森认为休谟针对的是洛克"各种税收都来自土地"这一说法。③ 这种说法后来的确非常流行，并且融入法国重农主义的学说。对此，休谟是不赞同的 ④，故而提出税收由消费品尤其是奢侈品来决定，这样一来，税收与工商业直接相关，并成为工商业的"刺鞭"。另外，休谟非常强调统治者在征税中的角

① David Hume, "Of Interest", see *PW*, Vol. III, p. 333.
② David Hume, *Political Essays*, edited by Knud Haakonssen, p. 310.
③ *Ibid*. 还可参见休谟 1766 年 8 月 5 日致杜尔阁的书信："……我很赞成你设置学术奖金；不过你为什么认为一切租税都落在土地所有者身上是一种公认的真理，并用这种间接来限制应征者的论文呢？……人们意向都认为租税是落在那些在消费产品时纳税的人的身上……"杜格著:《关于财富的形成和分配的考察》，北京：商务印书馆，1961 年，附录，第 88 页。
④ *See The Letters of David Hume*, edited by J. Y. T. Greig, Vol. 2, No. 245, p. 76; No. 351, p. 93.

色，他认为统治者既没有权利、也没有权力开征任何新税，横征暴敛必定会损害国家的安稳，所以，统治者最好安于一般的征税，莫要妄想从臣民身上榨取利益。

6. 信用

商业社会另一个最突出、最明显的主题便是信用。在现代之前，信用并不是经济生活的基本要素，因为传统社会的经济生活以实物交换为主，但到了商业社会，信用成为经济生活的一大主题。18 世纪对信用的关注并不止休谟一人，笛福、斯威夫特等人都曾撰文论述过信用在经济生活中的作用，并流露出明显的担忧。这种担忧是"南海泡沫"之后的常见心态。

在英国，"公债问题"一直存在，其危险系数和安全系数与财务大臣或执政首相的能力直接相关。自"光荣革命"以来，英国为增加财政收入采取了各种措施，发行长期债券的形式也多样化，但 17 世纪末的债券措施大多数情形下适宜于困难和战争时期。南海公司正是英国政府为解决国债问题而产生的，没想到最终酿成一场灾祸。[①] 这场灾祸对个人造成的损失和苦难要远超于国家，沃尔波尔重新上台之

---

① 1711 年为了开展与南美洲的贸易而成立的南海公司，就是以接管一大部分政府的短期债务作为资金的。当森德兰（英国当时的财政大臣）提出他的换算计划时，南海公司便想通过降低利率接管债务，发行南海股票以清偿私人手中握有的政府债券并支付 750 万英镑贴水等办法来加强公司的地位。……但是，1720 年英国国内外都有可能爆发投机活动，因为自 1710 年这个不景气年代之后，人们的信心已经逐渐恢复，而生产性的投资机会又太少，无法吸收英国、法国和荷兰等地的游资。从 1720 年初起，几家新成立的和东山再起的联合股票公司大肆进行股票投机。议会批准了南海公司的计划后，这种投机活动就立刻变得疯狂起来，到了 6 月，南海公司的股票已经上涨到它的面值的 10 倍。于是议会便通过了"诈骗法"，禁止 1718 年以后成立的公司或滥用原有的特许权的公司发行可转让的股票。南海公司欢迎这个诈骗法，把它当作在股票市场中对付它的竞争对手的一种武器。但是，它对这些竞争们提出的诉讼却动摇了公众的信心。谨慎的人们在当年夏天就已经开始悄悄抛售股票；到了秋天，人心大乱，整个国家的财政结构似乎都已处于危险之中。参阅 J. O. 林赛编，《新编剑桥世界近代史：旧制度（1713—1763）》第七卷，中国社会科学院世界历史研究所组译，北京：中国社会科学出版社，1999 年，第 318—319 页。

后，金融业和工商业发展迅猛，而且降低了利率。① 在这场金融风波中，信用或公债问题的脆弱性暴露无疑。对财富状况处理得好，信用可一直持续地促进经济发展，一旦稍有差池，信用体系就会崩溃。正因为这样的特性，18 世纪的经济观察家们无一不对信用体系抱有深深的疑虑。

休谟对待信用扩张的态度是小心翼翼的，也流露出明显的担忧②，这与上述英国的经济发展背景密切相关。休谟希望人们借鉴古代的成功经验，就是积谷存粮、未雨绸缪，而不要像当代那样把未来的国家收入抵押出去，寄希望于子孙后代还债，一代一代推延下去。

当然，休谟也认识到公债对于经济刺激的作用，但也需要一分为二地看待：一方面，滥用抵押债券会使国家陷入贫困虚弱，最终陷入向外国俯首称臣的境地；另一方面，这种权宜之计本身仍有一定的益处。休谟从内政外交上考察了公债的影响。在内政上，公债有利于促进工商业的发展，"降低利润、促进流通、鼓励工业"，但公债也会带来很大的弊端。休谟列出了五条：为支付利息须向各地征税，在政局不稳的情形下特别容易一触即溃；债券的发行抬高劳动和商品的价格；增加穷人负担；公债被外国人掌握便很容易使本国屈服于人；最后，国家出现一帮靠利息过活的人，刺激了无所作为的懒惰生活。休谟指出，就整个国民经济而言，国债的利弊几乎无法比较，但这的确是非常重大的祸害。所以，休谟强调，国债应设限度，信用应该得到小心翼翼的维护。但事实恰恰相反，人们对待信用却常常是一副漠不关心的样子。统治者们常常为了应付战争防御，抵押国家收入，谋臣术士不顾后人发展，只图自己任内能以权宜之计应付眼前危机，结果，国家被这些债务拖累拖垮，而信用在此时就变得格外脆弱。"社会信用就像个脆弱的小姑娘，即便最少的接触都会伤害到她，这就像发生在法国摄政王时期的事情；社会信用就以这种方式丧生于庸医之手了。"③

① 参见《新编剑桥世界近代史》第七卷，第 321 页。
② 冯克利，《腼腆的信用女神——也谈金融危机》，载《读书》2010 年第 3 期，第 5 页。
③ David Hume, "Of Public Credit", see *PW*, Vol. III, p. 395.

更可怕的是，背弃信用在外交上导致的后果几乎是灾难性的：

> 有一天（这一天迟早会到来），为了应付紧急之需，新的国债将募集不到，预计的款项也筹集不到。可以想象这个时候，要么是国家的每一分钱都消耗殆尽；要么是我们迄今为止十足的信心开始消失。设想在这种低落的时候，国家受到外部侵略的威胁；国内的反叛风起云涌、一触即发；这个时候却由于缺少资金，连一个中队的粮草和装备都无法配齐；海外援助更是无法提前预付；在这种危机时刻，君主或大臣必须做些什么呢？①

休谟写道，当这一天到来的时候，整个社会轰然坍塌，埋葬无数人的性命；社会信用就这样像一个动物一样自然死亡、毁灭、腐烂。要防止这一天的到来，借债时就需小心谨慎。借给什么样的人事关重要。"现实中，一个小心审慎的人，在我们抹掉过去的债务之后，可能会比现在更愿意借钱给国家；这就像一个富得流油的恶棍，即便人们不会强迫他还钱，他也比一个诚实的破产者更适合做债务人。"② 因此，必须时刻保持清醒的头脑，免受疯狂和错觉的影响，才能维护信用的利益。

18 世纪的商业社会似乎已经将信用视为经济生活的"定时炸弹"，一不小心，国家和人民的生活便会陷入危机。1772—1773 年苏格兰的金融危机再次证明休谟作为一位敏锐的经济观察家的远见卓识。这次金融危机的历史背景是：苏格兰经济在 18 世纪 60 年代时候有了较大发展，但资本和银行设施短缺，为增加资金供给，埃尔银行成立，并不断扩张。不久苏格兰遭遇了经济危机，1772 年，埃尔银行破产，导致爱丁堡金融恐慌。休谟 1772 年、1773 年与斯密的几次通信都提到埃尔银行破产一事。1772 年 6 月 27 日休谟致信斯密说，

---

① David Hume, "Of Public Credit", see *PW*, Vol. III, p. 396.
② David Hume, "Of Public Credit", see *PW*, Vol. III, p. 397.

"话又说回来，我们过高而又基础薄弱的信用这一挫折从长远观点看来我以为是件好事，因为它将使人们懂得，制定计划得注重可靠，不能盲目乐观，而且还给商人和厂主引进了节俭这个意识。"① 休谟从一个反面例子谈到信用问题，过度的奢侈以及盲目乐观最终导致银行破产，信用丧失不但造成自己的灾难，也对整个经济体产生严重的后果。1772 年 10 月休谟给斯密的信中又谈到兑换货币一事。他说："我认为，这最后一个步骤比他们以往的所有行动都更严重地使该行丧失了信用。他们谎称还要开业，为的是还有一个阻止利息提高的借口。但一旦有了对巨款的需求，他们也就骗说他们只兑换少量国内流通所需的纸币，因而拒绝支付。……"② 贪婪的欲望无限膨胀，最终导致所有的泡沫破灭。"在笛福时代，舆论几乎一边倒地谴责证券掮客是'腐败势力'，眼下则又有人在怪罪现代'金钱利益'的贪婪了。这好比把政治清明仅寄望于政治家的品德，都是不太靠谱的事。"③ 不希望看到社会信用走到其自然衰亡的一天，就需要清醒的制度对信用时刻保持关注。国债并非某些人所说的，是钱从左手回到右手，最终还是在一个人手中；国债是透支了人们未来的收入，如果工商业的发展没有实力为这个未来买单，那就必定出现休谟所说的"要么国家毁灭社会信用，要么社会信用毁灭国家"④。

信用有时是个好东西，有时又的确会伤害到经济体。这些在休谟同时代的作家中曾被提及。亚当·弗格森后来在爱丁堡的讲稿中指出信用的两面性。他简单列出了以下几点：（1）建立了良好的公共与私人信用的国民，能够在很大程度上用票据代替流通中的货币。（2）流通中票据的使用可以扩大信用。（3）信用可根据它的用途而论其有用或有害。（4）它对于勤劳和兴旺的国民来说是有用的。（5）它对于挥

---

① 《亚当·斯密通信集》，第 218 页。
② 《亚当·斯密通信集》，第 222 页。
③ 冯克利，《腼腆的信用女神——也谈金融危机》，载《读书》2010 年第 3 期，第 11—12 页。
④ David Hume, "Of Public Credit", see *PW*, Vol. III, p. 394.

霍奢侈的国民来说是有害的。[1]这些评判即便在今天也仍然适用。"资本和信用具有不稳定、不经久的性质，这就使得它们不适于充作确实的、稳定的和持久的收入的主要来源，而只有这种收入能给予政府以安全和尊严。"[2]斯密在《国富论》客观中允地评价信用的经济作用。要驾驭信用这个东西，首先的确需要小心翼翼地对待政制扩张，但最终是驾驭人性的贪婪和欲望本身。人总是想得到更多，尤其希望在今生得到更多满足，因而经常忘记勒住贪婪的缰绳，这是人性最大的弱点。

7. 结语

贪婪总是人性中无法抹去、无法消除、而且是最强劲有力的激情，无论它表现为对货币（金银、纸币、债券等等）的贪婪，还是对实物（豪宅、名车、珍稀珠宝等等）的贪婪；而商业社会让贪婪欲望得到最大的满足，并刺激自由、勤勉这些人类可贵的精神。这一点，休谟认识得非常透彻。"贪婪是勤勉的刺鞭，这种激情如此强烈，竟能越过现实的重重危险和困难，毫不畏惧想象的危险，这危险如此渺小，竟可以忽略不计。因而，在我看来，商业易于在绝对政府中衰落，不是因为那里缺乏安全，而是因为它不够体面。"[3]休谟这一论断针对的是旧制度的法国以及其他一些君主国，特别是强调出身、头衔、地位等荣誉的国家。18世纪的英国在这个方面没有太大的问题，并走在欧陆的前列。绅士从商并不有伤体面，商人跻身于贵族行列也毫无失当之处。[4]法国等其他国家的中层阶级——这其中又有些各种分层——还处于积极的酝酿之中。而中层生活状态，正是休谟为人类

---

[1] 亚当·弗格森，《道德哲学原理》，孙飞宇、田耕译，上海：上海人民出版社，2003年，第155页。

[2] 亚当·斯密，《国富论》（下），第889页。

[3] David Hume, "Of Civil Liberty", see *PW*, Vol. III, p. 99.

[4] J. O. 林赛等，《新编剑桥世界近代史：旧制度与大革命（1713—1763）》（第8卷），中国社会科学院世界历史研究所组译，北京：中国社会科学出版社，1999年，第74页。

寻找的一种归宿。^①

最后，回到本章开始所说的"流通"二字上。在商业社会的童年时期，以"流通"为原点看待这些商业政策是契合休谟的政治经济学思想的。而且还可以看到，休谟对人性的分析也渗透在这些论述之中。以上对商业政策的分析表明：流通对于社会发展（包括经济和政治的发展）的影响至少表现在两个方面，一是流通中的各个环节，一是身处流通之中的单个的个人。休谟最终强调的还是人本身。商业的发展与个人的自由是相互促进的。休谟说："商业只能在自由政府中繁荣，这种观点已成定论；而且似乎比上述关于艺术和科学的说法有更悠久、更广泛的经验基础。如果我们追溯商业的发展进程，自提尔、叙拉古、迦太基、威尼斯、佛罗伦萨、日内瓦、安特卫普、荷兰直到英格兰，我们就会发现，商业总是产生于自由政府。"^②人能获得自由自然有利于人性的完善，但商业的发展也会因人永不知足的欲望而中断、甚至遭到破坏，继而，商业的发展也会"异化"人的本性。休谟自然没有提到人性的"异化"，因为在他的人性论中，利益的激情会在社会群体的交往中主动调整方向，在逐利的劳动中发掘人的能力，施展人的才华，追求人的幸福。人之为人的本质，就在于此。因而，我们也能够理解，作为人性科学的研究者，即便休谟也清醒地认识到商业社会的弊端，他还是如此地欢迎商业社会的到来。

① David Hume, "Of the Milddle Station of Life", see *PW*, Vol. IV.
② David Hume, "Of Civil Liberty", see *PW*, Vol. III, p. 99.

下 篇
"效用论"下的财富与德性之争

第七章　利益与效用

当"利益"战胜所有激情成为人们经济活动的主要驱动力时，休谟提出"效用"这一重要概念，这也是现代经济学的核心概念。他在改写《人性论》道德篇的《道德原理探究》中，特别强调"效用"在道德赞同等方面的作用。1752 年《道德原理探究》发表以后，围绕效用论的讨论不绝于耳。那么，休谟的效用论与现代经济学有没有关系呢？我们对休谟的效用论有多少理解，又有多少误读？

一

1. 关于休谟效用论的争论

在休谟道德哲学的研究中，效用论的争论最多。1960 年发表的一份亚当·弗格森这位休谟同时代思想家、也是其好友的手稿中，记录了罗伯特·克拉克、休谟和斯密三人的对话，其中，克拉克与休谟争论的重点是效用是否是德性之标准的问题。^① 休谟的答复可以概括为：道德判断和事物判断中的效用不可同日而语，但效用在两者的评判中都能赢得赞同。后来，他又在《道德原理探究》中重申这一观点，并再次强调效用之于道德赞同的作用。

回顾历史，休谟并非第一个持效用论的人。伊壁鸠鲁学派以及亚里士多德的伦理学思想^②中都包含效用说因素，且伊壁鸠鲁主义也常常被视为功利主义最早的萌芽；^③ 即便在休谟同时代，沙夫茨伯里（Shaftesbury）、哈奇森（F. Hutcheson）、哈特莱（D. Hartley）、图克（A. Tucker）等人都曾提出过不同的效用论，也可算得上效用论者。^④ 休谟为了论证效用原则的重要作用，曾在柏拉图、法德鲁斯（Phaedrus）、普鲁塔克、斯多葛学派的思想中为效用说寻找佐证。^⑤

---

① Ernest Campbell Mossner, "Of the Principle of Moral Estimation: A Discourse between David Hume, Robert Clerk, and Adam Smith": An Unpublished MS by Adam Ferguson, *Journal of the History of Ideas*, Vol. 21, No. 2 (Apr. - Jun., 1960), pp. 222-232, p. 226. Ernest Campbell Mossner 为这篇对话写了介绍性文字，他推测这段对话是真实的，可能发生于 1761 年的伦敦，那时候亚当·斯密的《道德情感论》第一版已经出版，休谟的《英国史》也付梓。这段对话中，克拉克与休谟讨论的问题如下：

克拉克：我喜欢你关于商业问题的论述。不过在道德和政治学方面，你似乎太过严肃了。

休谟：你真的认为我的"论道德"太严肃？

克拉克：对此我毫不怀疑。但是，说道德（morality）基于效用（Utility），德性只是供应一种特殊牛奶的奶牛，是对穷人的救济，是每个人对自己的救济，这种说法很奇怪。的确，这些行为是有用的（Useful）。善良的人们做这些事情，因为它们是有用的，邻居们同样也会因为有用而赞同它们；但是，有没有一件事比一块长势良好的谷地更有用呢？人们说，那里有充足的谷物，但人们不会说这是一块有德性的田地。

休谟：不会。这是一个好推理。道德德性具体是针对人的心灵而言的，是对源于心灵的效用和有用性而言的，即对于仁爱或善意而言的。

这段对话，围绕是不是所有的效用都能称为德性这一问题。这个问题其实一直是德性的话题。休谟在这段对话中反驳，在《道德原理探究》中也进行了反驳。

② 亚里士多德，《尼各马可伦理学》，廖申白等译注，北京：商务印书馆，2003 年。

③ Frederick Rosen, *Classical Utilitarianism From Hume to Mill*, Routeldge, 2007.

④ See Ernest Albee, Ph. D., *A History of English Utilitarianism*, London, New York: The Macmillan Co. 1902.

⑤ 休谟，《道德原理探究》，王淑芹译，北京：中国社会科学出版社，1999 年，第 34 页，脚注。

由于休谟在《道德原理探究》中十分强调"效用"这一术语，故而常常被当作 18 世纪"效用论"的代表。[①] 此后，批评与扬弃围绕这一论调展开。休谟的好友斯密在其《道德情感论》中专辟一篇讨论效用与道德赞同的关系，认为效用不是道德赞同的首要标准。[②] 但休谟的晚辈边沁，这位被后人视为古典功利主义的奠基者，充分发挥了"效用论"，坦言自己对"功利"（或效用）的认识受到《人性论》的启发，并说自己"顿时感到眼睛被擦亮了"。[③]

在古典功利主义的谱系中，休谟常常被认为占有重要一席[④]，尽管休谟研究者们对此有不同的声音，还伴随着激烈的争辩：一方强调休谟的思想不同于后来边沁的功利主义；另一方强调休谟与边沁功利主义之间的相似性和联系性。[⑤] 也有些学者将休谟的两部作品区别对待，认为休谟《人性论》中没有功利主义的思想，但在《道德原理探究》中已经流露出明显的功利主义思想。[⑥] 无论如何，休谟的"效用"思想对伦理学家甚至经济思想史的研究者都有着足够的吸引力：西季威克认为，休谟"在政治功利主义方面迈出了重要的一步"；[⑦] 但在布劳德那里，休谟的"效用"对赞同的作用是模糊不清的；[⑧] 而在罗尔斯那里，休谟、斯密提出的"同情"、"旁观者"理论显然与古典功利

---

① 将休谟视为英国功利主义史上的一位"效用论"者并不为过，因他也的确如此强调效用对赞同的作用。只是我们应该注意到，休谟的"效用论"具有强烈的情感色彩。See Ernest Albee, Ph. D, *A History of English Utilitarianism*, London, 1902, pp. 95-96.
② 亚当·斯密，《道德情操论》，第四卷，蒋自强等译，北京：商务印书馆，1997 年。
③ 边沁，《政府片论》，沈叔平等译，北京：商务印书馆，1995 年，第 149 页，边沁自己的注释。
④ See Ernest Albee, Ph. D, *A History of English Utilitarianism*, London, 1902.
⑤ Frederick Rosen, *Classical Utilitarianism From Hume to Mill*, pp. 29-30.
⑥ Bernard Wand, "Hume's Non-Utilitarianism", *Ethics*, Vol. 72, No. 3 (Apr., 1962), pp. 193-196。第 195 页批评 Melden 的观点时说 Melden 指的是《道德原理探究》中的休谟，意思是《人性论》和《道德原理探究》的效用论要区分对待。
⑦ 西季威克，《伦理学史纲》，熊敏译，南京：江苏人民出版社，2008 年，第 176 页。
⑧ C. D. 布劳德，《五种伦理学理论》，田永胜译，北京：中国社会科学出版社，2002 年，第 81 页。

主义有着直接的联系。① 除此之外，休谟经济论文中有关货币、利息的观点也引起经济思想史研究者的关注。而在经济思想的研究中，效用更是一个非常重要的因素。② 有鉴于此，辨析休谟的"效用"概念，分析休谟的效用论思想，显得十分重要。

罗森在《古典功利主义：从休谟到密尔》中提出要从《道德原理探究》（以下简称《探究》）回到《人性论》第三卷③，自有他的道理。虽然休谟本人对《探究》一书评价甚高，此书可视为他的成熟之作，但其年轻时代创作的《人性论》蕴含着睿智的论断，因此必须将两者联系起来考察才能看得更完整、更清晰。这是本章意欲按照从《人性论》到《探究》的顺序的重要原因。

二

2.《人性论》中的"效用"

根据 1828 年出版的四卷本《休谟哲学文集》，整部《人性论》中出现"效用"（utility）一词的频率要远低于《探究》这本小册子。由于休谟对《人性论》失败的"耿耿于怀"，《探究》改变了《人性论》"道德篇"的顺序，将"仁爱"这种自然之德放在"正义"之前，同时以"效用"和"快乐"贯穿整个研究，而"效用论"色彩更是浓烈。这里首先分析一下《人性论》中的"效用"内涵。

"效用"一词在哲学层面是指最大多数人的最大幸福，在经济学层面是指商品或劳务满足人们需要的能力。在 18 世纪，哲学与经济学尚未发生明显的分野，"效用"的含义常常混合使用。尤其是在休谟的时代，哲学上的"最大多数人的最大幸福"似乎还未成定见——

① 罗尔斯，《正义论》，何怀宏、何包钢、廖申白等译，北京：中国社会科学出版社 1988 年，第 26—27 页。
② Tatasuya Sakamoto, "Hume's Economic Theory", see *The Companion to Hume*, p. 373.
③ Frederick Rosen, *Classical Utilitarianism From Hume to Mill*, p. 29.

尽管哈奇森已经提出"最大多数人的最大幸福"①，经济学意义上的"效用"论或许还要等到约百年之后的边际革命才会出现。所以，休谟笔下"效用"的含义，最好从文本语境中得知。

从 utility 一词的最基本含义来看，"有用"、"实用"、"功用"、"用处"是事物、行为、规则、法则等的属性之一。在《人性论》引论的最后一段中，休谟提出其写作目的是要"建立一门在确定性上不输于、在有用性上高于人类知识范围内任何其他科学的科学"②。使用 utility 一词，即指这门人性科学的有用性。同样，休谟提到财产权、财产规则时，也是指这些规则对人类是有用的，具有"有用性"。"人们所以缔结稳定财物占有的协议，原是为了防止一切纠纷和争执的起因；可是我们如果允许在各种场合下，随着应用这个规则时所发现的各种具体效用，各不相同地来应用这个规则，那么我们就永不能达到防止争端的目的了。"③ "把财产权归于现实占有者的这个规则虽然是自然的，并且因此是有用的，可是它的效用不超出社会最初形成的时期；永远遵守这个规则，就会是非常有害的。"④ 所谓"各种具体效用"或"效用"，指一种用处、好处，这种好处包括利益，也包括快乐。休谟说，"大多数人将会因其效用而欣然承认心灵这种有用的品质"⑤，因为这些品质是有用的，所带来的效用是令人愉快的。由此可见，休谟提出"效用为什么令人快乐"并非他改写时的创见，只是更加突出了《人性论》的某些观点。

具体说来，《人性论》在什么层面上使用 utility 呢？主要是以下几个方面：

其一，效用常与美联系在一起。有时，休谟将效用作为美的来源之一；有时又将效用（或说"有用性"）与美相提并论，作为物本身

---

① Francis Hutcheson, *An Inquiry into the Original of Our Ideas of Beauty and Virtue in Two Treatises*, Edited and with an Introduction by Wolfgang Leidhold, Liberty Fund, Inc, 2004.

② 休谟，《人性论》（上），第 10 页，译文有改动，see *PW*, Vol. I, p. 11.

③ *T*. III . II. 3. 2, see *PW*, Vol. II, p. 274.

④ *T*. III . II. 3. 5, see *PW*, Vol. II, p. 277.

⑤ *T*. III . III. 6. 2, see *PW*, Vol. II, p. 413.

的两种不同属性。第一种情形在审美中更为多见。在"论激情"第一章第五节"论美与丑"中提到美丑观念的来源时，休谟说，"如果我们想到我们赞美的动物或其他事物的大部分美，来自便利和效用的观念，我们就会毫不犹豫地同意这个意见。"[1] 在第二章第五节内容"论对财富和权力的尊重"时休谟再次提到美的来源："这种说法也可以推广到桌子、椅子、写字桌、烟囱、马车、马鞍、犁，以及所有的工艺品；因为它们的美主要来自它们的效用，以及它们符合其注定的目的的适当性。"[2] 值得注意的是，休谟谈到美的来源时并不主张效用是唯一的来源，而是"效用以及适当性"两者，因而，"效用即美"这种说法并不符合休谟本人的原意。虽然休谟强调效用是美的主要来源，但这种说法抹掉了"适当性"这一说法。[3] 但休谟的这种强调的确常常让人忘了他还有这样一种观点，甚至休谟自己也会在写作过程中忘掉这一点，从而让人们有理由贴上"效用即美"的标签。后来斯密认为美在于合宜性而非效用的反驳，不能不说受到这种论调的影响。

有时，美和效用也并列成为事物的特性。"论激情"第一章第九节"论外在的优势和劣势"谈到人们喜欢夸赞外国贬低本土时说道，"因为这个缘故，所以他们才总是赞美外国事物的美、有用、稀缺比

---

① *T*. II . I. 8. 2, see *PW*, Vol. II, p. 32.
② *T*. II . II. 5. 17, see *PW*, Vol. II, p. 109.
③ 有些悖论的是，休谟在专门讨论趣味、美的文章中，几乎没提到"效用"，而强调"适当"（fitness）、美丽、新颖等特征。设若休谟像哈奇森那样，探讨河流、山川等自然风景，又或者几何图形之美，效用是否还能成为审美的一个因素？很难。比如说一座山的美，很难说是因为它有用。一朵花的美，也不能说是它的效用造成的。因而，的确不能说"效用是美的主要来源之一"是休谟的观点。

而在谈到批评趣味时，休谟也曾试图以"趣味"一词贯穿道德批评和审美批评，但《人性论》没有过多论述审美批评，后来在《论趣味的标准》一文中重申。在审美批评中，休谟很少提到"效用"。休谟的《人性论》试图将人性的各个方面都囊括进来，不过休谟似乎未曾处理效用与趣味之间的联系，即便他谈到"有用的可以是美的"，但如笔者的分析，绝不能说"效用即美"是休谟赞同的观点。

联系下文，"有用的是令人快乐的"，但不能说"令人快乐的都是有用的"，总之，效用与快乐、效用与趣味并不能完全统一。如果有些研究硬要把某些休谟不赞同的观点强加到他的头上，只能说这种研究曲解了休谟。

本国的东西好"。^① 外国货"有用"、"稀缺",因而更能赢得人们的赞
美。休谟论财产权提到财产对人自豪感的影响时说("论财产权与财
富"一节),"由于其效用、美丽或新奇而给人以快乐的任何事物的
财产权,如果也借着印象和观念的双重关系,产生了自豪感;那我们
就不必惊讶,获得这种财产权的能力也会有同样的结果。"^② 这里的效
用,与美丽、新奇并列为事物的属性,至于效用与美、新奇之间的相
互关系,休谟并不在意;而"对谁有用"这样的问题,休谟也未作区
分。桌椅的美观实用、舶来品的实用,不会因为对某个人无用而被否
定。这里的效用论,似乎具有客观效用主义的意味。

其二,效用与道德赞同的关系,休谟的论述体现在人为之德和自
然之德两个方面。当他论述正义时,常将"效用"与利益、好处连
用,与财富、财产权有关。在"论道德"第二章第三节"论确定财产
权的规则"中休谟说,"那些理由的成立,并不是由于具体的个人或
社会在享有任何具体的财富是比其他任何人占有那些财物时有更大的
效用或好处"。^③ 这里的好处更多是因占有财物带来,而财物与利益
直接相关。休谟在一个注脚中说道:

> 在现在的情形下,确定财产权的规则无疑地大部分都有
> 公共利益为其动机;但是我仍然猜想,这些规则主要是由想
> 象、或者说我们的思想和想象的较为浅薄的特性所确定的。
> 我将继续说明这些原因,让读者自己去决定,究竟是那些源
> 于公共效用的原因,还是那些来自想象的原因。^④

在这段话中,公共利益(public interest)和公共效用(public utility)
的意思显然是相同的;至少休谟在这里是视为同义的。相同的用法还

① *T.* II . I. 9. 8, see *PW*, Vol. II, p. 41.
② *T.* II . I. 10. 3, see *PW*, Vol. II, p. 46.
③ *T.* III . II. 3. 2, see *PW*, Vol. II, p. 273.
④ *T.* III . II. 3. 4, see *PW*, Vol. II, p. 276, note.

出现在第四节"论依据同意而进行的财产转移"以及第六节"对正义和非义的进一步思考"。

休谟不仅将效用运用到正义这种人为之德的语境中，还将效用运用于分析仁爱这种自然之德。或许也正因为如此，斯密才会指出"效用不是道德赞同的首要原则"。在休谟的这些语境中，个人利益与个人效用可以直接划上等号；而个人效用与公共效用的关系也可以参照个人利益与公众利益的关系。利益有着明显的主观色彩，"是谁的利益？""对谁有用？""由谁行动获得某种效用"、"个人的效用在何种情形下要服从公共效用"，这样的问题都具有明显的针对性，针对的是具体的行为者。这一点休谟在《道德原理探究》中进一步明确了。

其三，效用与快乐时常联系在一起。"论道德"第三章第二节"论心灵的伟大"中，"任何给我们自己带来效用和优势（advantage）的品质都是德性的来源，正如它给予别人的愉快一样"①，虽然休谟这里也将效用和优势相提并论，但这里的"优势"并不像上文提到的那样和利益有关，而是一种让人感到骄傲或自豪的条件。所以，休谟说到身体的效用时，其实也是指一种让人感到自豪、自尊的优势条件。"自豪或自尊的价值源于两个条件，即它给予我们的效用和愉悦；借此它使我们能够经营事业，同时给我们直接的满足感。"②更进一步说，这种效用是快乐的来源之一。"关于自然才能的进一步思考"中说道，"我们由考虑身体的有利条件时所获得的快乐的另一个来源，就是这些有利条件对具有它们的人的效用"。③身体的优势所具有的效用，给人们带来自豪、自尊、满足感等等，快乐由此产生。

在《人性论》中，效用与利益、好处、快乐等联系在一起时，显然与心理联想主义有关。在"论激情"篇第三章第十节"论好奇心，即真理之爱"中，休谟设问"效用和重要性以何种方式对我们施加影响？"哲学家对真理的追求或许没有任何用处，但这种工作却很

---

① *T.* III. III. 2. 8, see *PW*, Vol. II, p. 386.
② *T.* III. III. 2. 14, see *PW*, Vol. II, p. 391.
③ *T.* III. III. 5. 6, see *PW*, Vol. II, p. 408.

重要，那效用是怎样影响我们的呢？为了解释这一矛盾，休谟颇费周折，他先举了个例子：人们看到防御工事，看到那些设施相应地适合它们自己的目的，就会感到一种相应的快乐和满意。"这种来自于对象的效用而非形式的快乐，只能是对居民的同情，因为所有这些技术都是为了居民的安全"[①]；又比如打猎的快乐"必须伴有效用的观念，然后才能对我们产生影响"。在这两个例子中，休谟认为，"效用和重要性本身的确并不引起任何现实的情感，而只是需要它来支持想象"[②]。更确切地说，这一心理过程，是借助同情来完成的。

3.《道德原理探究》中的"效用"与道德赞同

相比《人性论》，《探究》显然在"效用"的阐释方面更加果断和明确。从词义上分析，与"效用"相近的词语诸如"有用的"（useful）、"有益的"（beneficial）、"有用性"（usefulness）、"优势"（advantage）等词语的运用也非常多见，其中，"有用"一词在《探究》中出现 50 多次，与"效用"使用次数不相上下，有时甚至直接替代"效用"。联系这些相近、相关的术语，《探究》中"效用"概念的内涵变得更加清晰。总的说来，在《探究》"效用"的用法并没有超出《人性论》的几个方面，但有些论断显得更加干脆，不留余地，也特别容易让人误解。

在某种意义上，改写的《探究》是对《人性论》中道德赞同四条原则——即"对他人是有用的，或对自己是有用的，或对他人是愉快的，或对自己是愉快的"[③]——中"有用"原则的进一步阐释。在大多数情形中，休谟以"有用性"或"有用的"一词来解释"效用"[④]。在《探究》中，休谟试图在论述"效用与道德赞同"中回答"效用是什么"。

---

① *T.* II . III. 10. 4, see *PW*, Vol. II, p. 210.
② *T.* II . III. 10. 8, see *PW*, Vol. II, p. 212.
③ 休谟，《人性论》（下），第 633 页。
④ 这一点完全可以在《探究》的第五章"效用为什么使人快乐"中看到。

首先来看休谟是如何论述效用与道德赞同的。休谟在《探究》中改变了《人性论》的顺序，将仁慈这种自然德性放在正义这种人为之德之前讨论。在论述仁慈时，休谟说："正如这些称赞的主题几乎总是在运用，我们总是因任何一个主题而激起尊敬，难道我们不能由此得出结论说，源于社会德性的效用，至少构成了这些德性的一部分功劳，是它们受到如此普遍的赞同和尊重的一个源泉吗？"[①] 因此，"有用"成为赞同原则的大部分标准，比如有些宗教崇拜太阳，是因为太阳是有用的；动植物或器物、制造业或商业，都可以因其有用而得到人们的认可。只是这些例子与道德赞同似乎又有些遥远。在他人的反驳之下，休谟不得不说明：

> 我们不应该设想，因为无生命的物体可以和人一样是有用的，那么按照这个体系，它也配得上"有德的"这个称号。这两种情形下，效用激发的情感是完全不同的。一方激起的情感混合着爱、尊敬、赞同等等，而另一方则没有。同样的道理，无生命的物体可以和人的形体一样有漂亮的颜色和优美的比例，但我们能和前者相爱吗？有无数的激情和情感，由于自然的最初构造，理性的造物成为这些情感最恰当的对象；即便同样的特性转移到无知无觉的物体上，它们也不会激起同样的情感。药草和矿物的有益属性确实在有些时候也能称为他们的"德性"（virtue），但这是语汇变化的结果，不该在推理中考虑的。因为，尽管甚至是无生命的物体，当它们有益时也有一类赞同伴随着它们，但这种情感非常无力，十分不同于那种对仁慈的执政官或政治家的情感，所以，它们不应归为一类或一个名称之下。
>
> 某一对象微乎其微的变化，甚至仍然保持这同样的特性时，也会破坏这种情感。因而，同样的美，转到不同性别之

---

① Davd Hume, "Of Benevolence", see *PW*, Vol. IV, p. 240.

上，只要天性没有极端颠倒，就不会激起性爱之情。①

　　休谟用这样一个注脚回应了克拉克的质疑：人的效用和物的效用对道德赞同的影响不在同一个层面；同时还附带说明，同样的效用在不同的对象上，在同一个人身上激起的情感也是不同的。引文的第二段表明：体现在不同人身上的美，同一个人的感受是不同的；我们还可以进一步推出，即便同样的美，不同人的感受也可能不同，因而，即便是美，其效用在不同事物上各不相同，不同人也有不同感受。"有用性"是客观存在的，但对于不同的感受主体却是相对主观的。

　　排除了这个问题，再来看效用与道德赞同的关系。在《探究》中，休谟指出：

　　　　在所有的道德决断中，社会效用（public utility）这个因素始终是最受重视的；关于义务界限的争论，无论是哲学还是日常生活中，无论如何都不能比全面弄清楚人类的真正利益能更可靠地解决这个问题。如果任何从表象出发的虚妄意见已经流行，一旦更多经验和更合理的推理给予我们关于人类事物更正确的概念，我们就会收回最初的情感，重新调整善恶的界限。②

休谟指出"所有的道德决断"都会重视"社会效用"这个因素，仁慈也不例外。值得注意的是，休谟很少提到义务，而这里提到义务界限却与利益有关。因为休谟随后列举的"施舍"例子以说明"施舍"并非义务：有些救危扶困的施舍值得赞同，而如果施舍助长了游手好闲和懒惰就不值得赞同了。同样，如果技艺的提高带来奢侈的同时也带来社会的繁荣，那么从社会利益来看，技艺的提高也是值得推崇的，而奢侈也不能一概视为罪恶。然而，如何判断施舍、奢侈的性质，却

① Davd Hume, "Why Utility Pleases", see *PW*, Vol. IV, p. 276, note.
② Davd Hume, "Of Benevolence", see *PW*, Vol. IV, pp. 241-242.

的确是件难事。休谟说要弄清楚人类的真正利益，但这个利益是很难把握的，所以休谟才会在《探究》的结论中说，"……德性要求的唯一辛劳在于对人类快乐的正确计算，对更大幸福的稳定选择。"① 这样的论断似乎与"最大多数人的最大幸福"的功利主义几近相似，唯一的区别是休谟没有提出计算法则。

休谟在这里没有明确指出快乐和幸福是物质上的还是精神上的。如果是休谟论述奢侈、施舍这样的语境中，这里的"幸福"应该指的是人们从社会进步中获得更多的物质利益，这个利益可以大概估算，具有相对的客观性；但如果是在论述德性的语境中，快乐和幸福很大程度上是指人的精神满足，而精神满足很难估算，具有主观性。公众效用或者说社会效用若与物质利益密切相关，是可以大概估算出来的。但效用带来的快乐，需要人们在感受到切身利益之后才会真切，则很难估算。休谟在《探究》中指出，仁慈之所以被人们赞同，与利益直接相关："很显然，没有什么东西比仁慈的情感更多地赋予人类以功劳；而且，它的功劳中至少有一部分是源于它有助于促进人类的利益和给人类社会造福的倾向。我们总是着眼于这种品格与性情所产生的有益后果；并且凡是具有如此良好影响、有助于实现令人满意的结果的品格和性情，都会使我们感到愉快和满足。"② 而"它有助于促

---

① Davd Hume, "Conclusion", see *PW*, Vol. IV, p. 347. 这句话似乎与边沁的理论如出一辙，只是休谟没有计算出来。然而，我们更需要联系休谟的上下文来理解这句话。休谟写道："但是，难道还有什么哲学真理比这里所给出的更有利于社会么？这里给出的哲学真理展现了德性全部的真挚而最迷人的魅力，使得我们轻松、亲切、热爱地接近她。很多神学家和某些哲学家套在她身上的阴沉外衣脱掉了；呈现出来的唯有文雅、人性、仁慈、和蔼可亲；非但如此，而且，甚至在适当的间或，还流露出嬉戏，欢乐和快活。她说的不是无用的苦行、严苛、痛苦和自我否定。她宣称，她唯一的目的是使她的信徒以及所有人类，在他们有生之年的每个片刻——如果可能的话——快乐安康；她不愿放弃任何快乐，除非有望在人生的某一时段得到充分的补偿。她要求的唯一辛劳（trouble）是对快乐的正确计算，以及对更大幸福的稳定选择。如果苦行的冒充者接近她，对于这些快乐的敌人，她要么将他们视为伪君子和骗子而拒绝他们，要么即使允许她进入她的队伍，也将他们列为最不受偏爱的信徒。"（see *PW*, Vol. IV, pp. 347-348.）这段话休谟的针对对象与宗教有关。
② 休谟，《道德原理探究》，第12页。稍有改动。

进人类的利益和给人类社会造福的倾向"正是对效用的说明。而德性功劳的"这一部分",究竟有多少呢?

在仁慈这种德性上,效用的功劳只有一部分;而在正义德性上,休谟谈道:"正义对社会有用,因而其功劳的这个部分至少是源于这种考虑。"① 休谟在《人性论》中详细阐述了利益在遵奉正义过程中的重要地位,阐释了确定财产权的利益原则,而在《探究》则直接强调了"效用"的作用。

> 再假定,几个完全不同的社群为了彼此的便利和好处而保持一种交往,正义的界限随着人们的视野以及他们相互联系的力度的扩大而扩大。历史、经验、理性充分地教给我们人类情感的这一自然进程,教给我们对正义遵守是随着我们对这一德性广泛效用的逐渐了解而逐渐增加的。

遵守正义的程度和范围,是随着对正义效用的认识而不断扩大的。确切地说,这种效用其实是给人们带来的好处、利益。因为人们遵守正义、制定相关的法律法规,其目的就在于增进人们的利益、福利。休谟说的更果断:"人们的福利(good)是所有这些法律法规的唯一目标。"休谟就是基于效用来批判平等派的政治主张的。无论从历史经验还是从常识中,"完全平等"的观念都无益于人类社会,对每个个体也更不公平。尽管历史上斯巴达实行了均分土地法,那也是因为在特定历史环境下产生了效用;在现代商业社会,这种做法是完全不可行的。所以,休谟的结论是:

> 总体上说,我们已经认识了本文坚称的这一原则的力度,能够确定在多大程度上尊重或道德赞同来自于对社会利益和社会效用(public interest and utility)的反思。正义对

---

① Davd Hume, "Of Justice", see *PW*, Vol. IV, p. 244.

于维持社会的必要性是这种德性的唯一基础；既然没有什么优点（excellence）能得到更高的尊重，那么，我们可以得出结论说，总的来说，有用性（usefulness）这个因素有着最强的活力，最完整地控制我们的情感。因此，它必定是相当大一部分属于人道、仁慈、友谊、公共精神以及印有这类标记的社会德性的功劳；正如它是给予忠诚、正义、诚实、正直以及其他可敬且有用品性和原则道德赞同的唯一源泉。①

在《探究》的第二章中，休谟指出："总之，有用的（useful）这个简单的形容词包含了多少的赞誉！而与之相反的词又包含了多少的谴责！"② 至此，效用与道德赞同之间的关系似乎已经非常明确：既然效用是仁慈这些合群的德性相当大一部分的功劳所在，又是正义这类人为之德获得道德赞同的唯一源泉，那么，是否可以这样推理：在休谟看来，效用是道德赞同的首要原则？

三

4. 斯密对休谟效用说的反驳与妥协

可能休谟的好友斯密就是这样推理的，所以他写《道德情感论》的第四卷"论效用对道德赞同的影响"，明确提出"效用不是道德赞同的首要原则"；③ 而且，他在《道德情感论》的不同部分，似乎时刻提醒读者：效用不是赞同的主要因素——无论是道德赞同，还是审美上的赞同，又或者对一般事物的赞同。"有人认为，这些才能的有用性，是最先赢得我们称赞的东西；毫无疑问，当我们注意到这一点时，

---

① Davd Hume, "Of Justice", see *PW*, Vol. IV, p. 267.
② Davd Hume, "Of Benevolence", see *PW*, Vol. IV, p. 241.
③ 可参见拙文《亚当·斯密〈道德情操论〉中的效用论辨析》，载《浙江大学学报（人文社科版）》2011 年第 5 期。

会赋予这些才能以一种新的价值。可是，起初我们赞成别人的判断，并不是因为它有用，而是因为其恰当正确、符合真理和实际情况；很显然，我们认为别人的判断富有才能不是因为其他理由，而是因为我们发现自己的判断跟它是一致的。同样，起初鉴赏力表示赞同，也不是因为其有用，而是因为其恰当和精确，同鉴赏的对象正好相称。有关这一切才能的有用性概念，显然是一种事后的想法，而不是最先赢得我们称赞的那些因素。"[①] 这里的矛头显然是针对效用论的。在斯密看来，审美或道德判断的首要标准是合宜性，效用只是"事后的想法"。

其次，斯密极力反驳效用是正义的唯一源泉。一个人遵守正义之德，并不是对社会效用的关心，而只是对某个具体事物的关心。"我们对个人命运和幸福的关心，在通常情况下，并不是起因于我们对社会命运和幸福的关心。……同样，我们也不因为个人是社会的一员或一部分，以及因为我们应该关心社会的毁灭，所以对这个人的毁灭或损失表示关心。不论在哪一种情况下，我们对个体的关心都不是出于对大众的关心；但是，在两种情况下，我们对大众的关心是复杂的，是由我们对不同个体的不同感受而生发的一些具体的关心构成的。因为有人从我们身上不正当地取走了一小笔金钱时，我们告发这一伤害行为，与其说是出于一种保护自己全部财产的关心，不如说是出于自己对已经失去的那一金额的关心。同样，当某个人受到伤害或摧残时，我们要求对在他身上犯下罪行的人进行惩罚，与其说是出于对社会总利益的关心，不如说是出于对那个受到伤害的人的关心。"[②] 斯密运用同情理论分析人对他人命运的关心，在小范围的群体中是说得通的。但是，如果说别人拿走的是自己仇人的钱财，此时同情对象发生了变化，要根据怎样的原则来判断呢？当同情的对象、同情的距离都发生很大变化时，这种解释就很难说得通了，而必须诉诸社会效用。

---

① Adam Smith, *TMS*, I. i. 4. 4. 此段《道德情感论》商务版译错之后完全颠倒了斯密的本意。

② Adam Smith, *TMS*, II.ii.3.10.

所以，斯密也不得不承认，有时候不得不需要以社会效用来作判断。他不得不承认，在某些场合下，虽然我们同情那个犯错的人，但我们仍然不得不根据社会效用来惩罚他。妨害国内治安或违反军纪的情形就是如此。"在某些场合，我们惩罚或赞同惩罚确实仅仅是出于某种对社会总利益的考虑，我们认为，不那样，这种利益就得不到保证。所有对各种妨害国内治安或违犯军队纪律的行为的惩罚，都属于这一类。此类罪行不会立即和直接地伤害任何个人；但可以设想，它们的长远影响确实给社会带来或可能引起不少麻烦或巨大的混乱。"① 尽管斯密批判效用论思想，但他的批判并不彻底；而且，在某种程度上，这样的批判恰恰证明了休谟的效用说。

必须说明的是，斯密反驳的这个命题是不是休谟本人的命题呢？还是他误解了休谟的命题？换言之，我们是否可以从休谟的论述中推断：效用就是道德赞同的首要原则？其实不尽然。虽然休谟的结论中说，效用是仁慈这类德性相当大一部分的功劳，是正义这类人为之德的唯一源泉。在休谟道德判断的四个原则中，"有用"占去了一半的位置，甚至有一位研究者谈到《探究》时指出："在休谟看来，人类德性品质主要应当由它们具有的'效用'性和'愉悦'这种功能性质的程度来衡量。而且，这两种性质中首要的是'效用'性。"② 也就是说，在道德判断的过程中，效用高于愉悦性、高于快乐。这种说法忽视了休谟对效用的心理机制。

5.《人性论》与《道德原理探究》之效用论比较

作为《人性论》的改写，《探究》更多的是明确清楚地宣布休谟自己的观点，甚至不惜得出断言式的结论。

其一，如果说在《人性论》中，休谟强调利益的激情，尤其这种激情方向的自我改变对道德赞同的影响，那么，在《探究》中，休谟

---

① Adam Smith, *TMS*, II.ii.3.11.
② 萨·巴特尔，《论休谟的德性效用价值论》，载《北京师范大学学报（社会科学版）》2008 年第 6 期，第 102 页。

则更直接地强调效用与道德赞同的关系，并突出社会效用、社会利益的地位。在《探究》中，休谟使用"效用"的频率之高，或许可以与《人性论》"论道德"中使用"利益"相提并论。在《探究》中，"效用"与利益（interest）、优势（advantage）相关的用法共有 26 处，这在"效用"的 55 处用法中占去了一半。为何休谟要抛弃"利益"选择"效用"一词呢？从上面的分析中可以猜测：或许，利益显得过于主观，而效用则显得稍微客观一些，尤其是在强调社会效用时，更是如此。

其二，《探究》比更明确地《人性论》体现了快乐主义的倾向。

效用与快乐的关系是《探究》的重要内容，尽管《探究》将效用和快乐联系起来的用法虽然只有两处，却用四章内容讨论效用和快乐的关系。休谟在这四章内容中，对效用、快乐以及德性之间关系的认识是非常复杂的，需要仔细分辨：有用的品质可以令人快乐，但令人快乐的品质是否一定是有用的呢？未必。休谟自己也承认："还有另一类精神品质，这些精神品质对于社会和其拥有者本人没有什么好处可言，或者说，没有促进他们的长远利益的趋向，但它们能扩散快乐并感染旁观者，从而赢得他人的好感和尊敬。"[1]应该说，在效用和快乐二者之间的关系上，休谟没有断言：凡是有用的就一定是令人快乐的；凡是令人愉快的就一定是有用的。而在效用、快乐和德性的关系上，休谟也没有断言，凡是有用的都是有德的，凡是令自己或他人愉快的品质都是有德的。一位研究者分析了休谟所说的德性品质的效用和愉悦性之间复杂关系，认为：对自己有用的品质、直接令自己愉快的品质属于私人的效用，对他人有用的品质和直接令他人愉快的品质属于公共的效用。这种划分将德性完全视为效用，但事实是，休谟自己也承认，有些德性品质不一定对自己有用，而只是让自己感到愉快而已，比如在"论直接令自己愉快的品质"中美狄亚这位女英雄的崇高精神，对自己的效用应该如何表现呢？如果一定要将对自己有用的

---

① 休谟，《道德原理探究》，第 71 页。

品质看作"私人的效用"，对他人有用的品质看作"公共的效用"[①]的话，那这里的"效用"将是一个无所不包的术语。因为在这两类品质中，有些是无法与效用直接联系起来的，比如崇高、礼貌、谦逊等等。显然，休谟并没有在这层意思上使用"效用"一词。西季威克指出，休谟所使用的"效用"是狭义上的效用，边沁扩大了效用的意义；但约翰·布鲁姆认为，边沁在一方面扩大了效用的意思，却在另一方面缩小了效用的含义。[②]休谟与边沁对"效用"一词的使用，究竟是扩大还是缩小了，如果不在同一个层面则很难断言。如果说从可以计算的层面上讲，边沁的确扩大了"效用"，似乎一切都可以囊括进来计算；但如果从个人的苦乐来看，休谟的"效用"则是广大无边的。这样看来，布鲁姆的断言是合适的。

其三，效用作为物的属性，《探究》在《人性论》基础上发生了些许变化。

《人性论》中至少有 4 处将效用与美相提并论，但《探究》中只有 2 处：在《论政治社会》一文中，休谟提到交易所的一个驼子用他的驼背当桌子给人们签订契约，由此赚得一大笔钱，但这种有用性绝不能使驼背成为美；[③]休谟在另一处尽可能稳妥地说道："尽管有用与否并不全然决定美或丑，但很显然，这些观念在相当大程度上是赞同或厌恶的根源。"[④]虽然在《人性论》中，休谟非常谨慎地提出效用只是美的部分来源，却没有举出"效用不美"这样的例子，《探究》则提出举出这样的反例。尽管关于效用和美的总体看法没有变化，但看得出来，在《探究》中，休谟一方面在观点上更加鲜明，另一方面在论述上更加谨慎。

另外，延续《人性论》中将效用作为物的属性，休谟在《探究》

① 萨·巴特尔，《论休谟的德性效用价值论》，第 104 页。
② John Broome, "Utility", *Ethics and Economics*, Vol. 1, edited by Alan P. Hamlin, published by Edward Elgar Publishing Limeted, 1996, pp. 110-111.
③ David Hume, "of Political Society", see *PW,* Vol. IV, p. 271.
④ David Hume, "of Qualities Useful to ourselves", see *PW,* Vol. IV, p. 309.

中还提到金子与铁的用处这一问题。金子没有铁的用处大，但由于它稀少，反而得到了远高于铁的价值。^① 金子与铁、钻石与水的例子，的确道出了效用与价值的关系，但休谟并没有发展出后来卡尔·门格尔在《国民经济学原理》中那样的主观效用论^②。即便他多次提到某种德性对其他人"有用"，但"其他人"是相对普遍的，并不强调其主观性。在这一点上，两本著作是一致的。

四

6. 效用与同情

休谟对于自己找到"效用"这一原则来阐释道德哲学是非常得意的，甚至拿它与牛顿的哲学推理相比。"一条原理被发现在某个事例中具有如此大的力量和活力，在所有类似的事例中都可以类似的活力归因于它，这与这些规则、甚至与日常推理是多么得一致。这实际上就是牛顿哲学推理的主要规则。"^③ 牛顿哲学当时在启蒙知识分子中的影响力是公认的，休谟以牛顿哲学来论证效用原则的解释力，足见他对效用原则的肯定程度。

但效用是什么呢？如果一定要追问这个问题，答案是很难确定的。因为涉及到：对谁有用？对什么有用？休谟的回答是："当然是某人的利益。那么是谁的利益？不只是我们自己的利益；因为我们的赞同常常会延伸很远。因此，它必定是那些遵从被赞许的品德或行为的人的利益；而这些人，我们可以断定，无论多么遥远，都不是与我们完全漠不相关的。"^④ 人们赞许某些品德或行为，人们遵从这些被赞许的德性或行为，是因为自己的利益在此。无论这些品性、这些行为离自己多么远，哪怕发生在遥远的古代，体现在敌人的身上，人们也会

① David Hume, "of Qualities Useful to ourselves", see, *PW,* Vol. IV, p. 305.
② 参看卡尔·门格尔，《国民经济学原理》，第52—53页。
③ Davd Hume, "Of Justice", see *PW*, Vol. IV, p. 267.
④ Davd Hume, "Why Utility Pleases", see *PW*, Vol. IV, p. 281.

尊重这些品性。所以休谟在界定"有用性"时才会说，手段和目的总是有关系的。休谟提到，"有用只是达到一定目的的一种趋向；任何事物都是作为达到目的的手段而令我们愉悦，而目的本身却丝毫不影响我们，这在说法上就自相矛盾。"[1] 休谟在另一处再次强调手段和目的的关系：

> 效用仅仅是达到某种目的的趋向；如果这个目的与我们毫不相干，那么，我们同样也会对其实现手段采取漠然置之的态度。情感在这里有必要展现自己，以便使有用的趋向超过有害的趋向。这种情感只能是对人类幸福的感受和对人类痛苦的怨愤；因为这些感受正是德与恶通常造成的不同结果。因此，理性在这里告诉我们不同行为的不同趋向，人道则体现了那种有用和有益的趋向的特征。[2]

正因为手段和目的相关，个人与外界总是有关联，所以他才说："如果有用是道德情感的一个来源，如果这种有用并不总是与自我相关，那么可以理解为：凡是有助于社会幸福的事情，其本身都会使自己成为我们赞同和善意（good will）的对象。"[3] 如果这种有用性与自己无关，那么如何理解效用原则呢？休谟在注脚中提到了同情，并指出人们对他人怀有人道之情或同胞之情不需要过多的论证，因为这是人类的秉性。休谟在这里再次强调了他的同情理论。"没有人能与他人的福祸绝对无关。他人的幸福有一种产生快乐的自然趋向，他人的不幸有一种产生痛苦的自然趋向。人人都能在自己身上发现这一点。"[4] 而所有的道德情感，无论是人为之德，还是自然之德，它们的效用都是借助同情来传达它们的愉悦的。

---

① David Hume, "Why Utility Pleases", see *PW*, Vol. IV, p. 283.
② David Hume, "Appendix I: Concerning Moral Sentiment", see *PW*, Vol. IV, p. 354.
③ David Hume, "Why Utility Pleases", see *PW*, Vol. IV, p. 283.
④ David Hume, "Why Utility Pleases", see *PW*, Vol. IV, p. 283. note 1.

既然是同情来传达效用的快乐，那就必然涉及同情的主体，涉及到同情主体对这种效用的认识。此时，德性的效用是主观的，还是客观的？休谟的回答非常模糊。这种效用似乎可以预见，但却不一定在现实中实现，而这种"预见"完全是出于同情的考虑。他说：

> 我们总是根据一个人所拥有的地位、按照他置身其中的关系，来期望他所带来的程度不等的好处；当我们失望时，我们就谴责他无用，如果他的行为举止造成了不利或损失时，我们对他的谴责更加严厉。当一国利益妨碍到另一国利益时，我们评价政治家功劳的依据，是他的措施和谘议给国家带来的利弊，而不考虑他给敌国造成的损失。①

如此一来，利益或损失其实都是可以预见、可以想象的，因而评价一个政治家的功劳也有了一个比较固定的标准。或许，休谟正是从这样一个原则来评价当时的首相罗伯特·沃尔波尔的。②但在另一些情形下，这些可以预见的结果却未必出现，此时应该如何评判呢？休谟写道：

> 同样的理由，行为和品性的趋势，而非它们实际的偶然结果，是我们在道德决断或一般判断中所重视的，尽管在我们的真实感受或真实情感中，我们禁不住更尊重这样一个人——他的地位，连同他的德性一起，让他对社会产生了实际的用处，而不是这样一个人——他只是在良好的意图和仁爱的感情中实践他的社会德性。发挥思想中既容易又必要的

---

① David Hume, "Why Utility Pleases", see *PW*, Vol. IV, p. 289. note.
② David Hume, "A Character of Sir Robert Walpole", see *Essays: Moral, Political and Literary*, Edited and with a Foreword, Notes, and Glossary by Eugene F. Miller, With an apparatus of vat, ant readings from the 1889 edition by T. H. Green and T. H. Grose, 1987, pp. 574-576.

努力将品性和机运分开，我们断定这些人都是一样的，并给予他们同样全面的称赞。判断力矫正或试图矫正现象，但不能完全战胜情感。

为什么说这棵桃树比那棵桃树好，不只是因为它能结出更多更好的果实？尽管它的桃子在成熟之前遭到蜗牛或害虫的毁坏，难道不该给它同样的称赞吗？在道德上也一样，不也是"树由果知"吗？在这两种情形下，难道我们不能很容易地区分本性和偶然性吗？①

从这些段落看来，休谟这里所说的"效用"绝非一种实际的效果，或实际用处；尽管实际效用在判断中的确非常重要，但由于各种偶然性的因素，这里的"效用"更多是一种趋势，一种达到目的的趋向。这种趋向是可以认识、可以预见、可以在实际中发生的。因此，休谟的"效用"不完全是一种实际结果，或者确定的利益；这种效用甚至通过预期、估计看到某种结果，但是否可以通过精确的计算给出结果，却是另外一回事。

重要的是，有益的趋向是通过同情传导的。同情的力量能够穿越时间和空间，使人真切地感受到德性的温度和热度。必须承认，人类的同情能力和范围是有局限的，人们总是最先同情自己，同情与自己相关的人，对那些与自己相距遥远的人或事的同情，则显得非常缥缈。这是事实。也正因为这样一个事实，人们在冷静的判断和讨论中，必须忽略这些差异，让我们的情感变得更公共、更合群。"自然明智地规定：私人关系通常战胜普遍的观点和考虑，否则我们的感情和行动就会因缺乏恰当的有限对象而烟消云散。因而，施予我们自己或我们亲密朋友的小恩惠所激起的爱和赞同，比施予一个遥远国家的大恩惠所激起的爱和赞同，要生动得多。但我们仍然要知道，这里和所有判断一样，通过反思矫正这些差异，记住善恶的一般标准——此

---

① David Hume, "Why Utility Pleases", see *PW*, Vol. IV, p. 292. note.

标准主要建立在总体有用性之上。"[①] 同情的范围扩大时，需要运用反思才能更加公正而不偏私。对于遥远的人或事，将冷淡的赞同转变成热烈的友谊和尊重，也需要这种同情。同情的力量在其活跃性中体现出来。因而，对于品性或风俗等的赞同与否，是借助对其有利或有害趋向的同情共感来实现的。

> 　　我们对品性和风俗的一般赞同，社会德性有用的趋向不
> 是靠对自利的考虑而打动我们的，而是有着普遍、广泛得多
> 的影响。看来，有利于社会福利的趋向，促进社群的和平、
> 和谐和秩序的趋向，不总是靠影响我们构造中的仁慈秉性来
> 使我们参与到社会德性的一边的。[②]

这种普遍广泛的影响是人们在历史和经验中认识到的，并可能随之发生改变。可以看到，休谟希望借助"普遍广泛的影响"来表达德性相对客观的效用，但无可否认，所有这些都难以衡量。或许，休谟根本就没有想过对这些效用有一个数值上的界定——虽然他总是抛却个人对于总体的主观认识，而只强调总效用、总利益。所以我们也只能说，对于效用的主观性或客观性，休谟都没有给出任何说明。或许，在他零星的举例中，能看到一鳞半爪的断言。

最后，从同情与效用的关系回到本章开头提出的问题，休谟的效用论与现代经济学的效用论有何关联？虽然休谟的效用论与现代经济学的效用主义之间的确存在某些共同之处，但却完全不是后者意义上的。现代经济学强调"效用是一物满足人类欲望的能力"，而休谟将"效用"视为一种趋势，一种到达某种效果的趋势，它可能具有满足人类欲望的效能，但它并不一定得以实现。而且，这种"效用"还必

---

① David Hume, "Why Utility Pleases", see *PW*, Vol. IV, p. 294. note.
② David Hume, "Why Utility Pleases", see *PW*, Vol. IV, p. 295.

须通过同情机制才能感受得到。如果一个"效用"在一个人身上的作用为 A，那么通过同情机制，另一个人是否能够同样感受到 A？如果同情只是单向的照射，那么另一个人的确会感受到 A，但同情是一个复杂的反射过程，在这个过程中，A 的影响会不断扩大和延伸，最终甚至会延伸到 B。主流经济学中所说的基数效用论和序数效用论，是否能够完全反映出人们准确的效用函数呢？尽管福利经济学也着手从心理机制来考虑人们的效用函数，但能够数据化的只是表现出来的效用值，而未表现出来的效用完全被忽略了。

如果当代经济学真正认识到休谟的效用论，那么他们的论断是不是应该考虑得更全面一些呢？

第八章　财富与德性：市场、道德与人的本性

　　《圣经》上说，"富人进天堂比骆驼穿过针眼还困难。"此言是精神上对穷人的鼓励，也是对富人的一种"同情"。在很长一段时间内，贫穷有着肯定积极的道德内涵①，而奢侈则有着败坏道德的极大"嫌疑"。然而，到了17、18世纪，这些词语的内涵悄然变化，有人开始大肆宣扬奢侈、财富，最著名的便是曼德维尔提出"挥霍是一种高贵罪孽，而奢侈亦在支配着上百万穷苦之士"。②曼德维尔的观点立刻遭到道德学家们的一顿谴责；然而，1752年，休谟却发表《论奢侈》一文，为"奢侈"正名。即便是休谟这样在当时已经颇有名声的大作家，这样的观点同样引来了一顿批判，不仅包括英国思想界，而且由于很快翻译成法语，也包括来自法国思想家的痛批。德·马布利甚至说，"若一般人认为贸易是商人的事，奢侈得到称赞我还不奇怪。但是，休谟先生，一位哲学家和政治家，为什么也陷入这种惊人的错误

---

① Christopher J. Berry, "Hume and Superfluous Value(or the Problem with Epictetus's Slippers)", see *David Hume's Political Economy,* p. 49.
② 伯纳德·曼德维尔,《蜜蜂的寓言》,第18页。

之中？"① 在如此众多的批评质疑之后，休谟在 1758 年② 之后，不再使用"论奢侈"这一标题，改用"论技艺的进步"，标题的更改或许从一个侧面反映了当时思想界中对这一问题的争论的激烈程度。然而，自始自终，休谟都没有修改他对奢侈的看法，只在 1768 年添加了一个注释。对于商业社会的德性与财富之争，市场与道德的矛盾，如何在追求人性的完满中得到体现？休谟借助这篇文章道出了他的看法。

一、奢侈或技艺的进步：休谟的说法

该文开篇便从"奢侈"的定义说开。"'奢侈'一词的含义并不确定，既可以用作褒义，也可以用作贬义。通常说来，奢侈是指对各种感受享受的满足有了极大的改进，它是被看作有益无害还是该遭谴责，那就要视时代、国家或个人的具体情况而定了。这里，美德和罪恶之间并不好确切地划定界限，更不用说其他道德层面的诸种问题了。"③ 所谓"感官享受的满足有了极大的改进"，这一层面的定义完全反映了人的物质欲望的满足，安全、便利、舒适的生活都可称得上"奢侈"。休谟对"奢侈"一词的定义，抛弃了该词的感情色彩，对其褒贬不做评判，这一态度在的认可④；同时，休谟将人们对奢侈的态度置于经验和环境之中，将伴随奢侈的道德问题也置于情境之中。当休谟把标题改为"论技艺的进步"，其实是指出了"奢侈"的另一面。换言之，至少在物质方面，奢侈促进了物质消费，同时也意

---

①   Gabriel Bonnot de Mably, "Principles des négociations(1757)", see *David Hume's Political Economy*, p. 203.

②   David Hume, "Of refinement in the arts", see *Political Essays*, p. 297.

③   *Ibid.*

④   亚当·弗格森，《文明社会史论》，林本椿、王绍祥译，沈阳：辽宁教育出版社，1999 年。"如果奢侈被认为是人们满足虚荣心的东西和满足想了的昂贵物质的偏好，那么它对人类品格是有害的。如果奢侈被认为仅仅是对某个年代所具备的衣食住行和便利条件的利用，那么是否奢侈则取决于已取得的制造业上的进步和人类财富分配不均的程度，而并不取决于某些人作恶或行善的倾向。"（第 273 页）

味着技艺的进步。奢侈，或技艺的进步，只是休谟对同一个问题的两种表述而已。

休谟从两个方面说明奢侈对社会的影响：其一，所有的文明时代都是最幸福和最邪恶的；其二，如果奢侈不再是无害的，那么，它也将不再是有益的；如果奢侈的程度加深，它只是本质上的罪恶，可能还够不上政治社会最大的祸根。[1] 任何文明社会，或者说任何社会、任何群体都不是十全十美的，奢侈也不是造成一个政府分崩离析的主要原因。这段话的第一点，表明休谟对"文明"以及文明时代的看法。"文明"不是衣不蔽体、食不果腹；文明的时代不是蛮荒时代，不是狩猎时代；"文明"是人的基本需求得到满足的状态；文明时代是一个相对丰裕的时代。生活在相对丰裕的时代，人们必然会获得更好的感官享受，同时也必然伴随着一些道德败坏的行为。一个完全纯粹的乌托邦社会在休谟的意识中是不存在的。第二点，奢侈的有害性和有益性同时存在，但其危害构不上政治社会的最大威胁。这一点是休谟和很多批评者的不同之处。多数批评者认为奢侈腐化是罗马帝国衰亡的重大原因，但休谟认为奢侈不是最主要的原因，而是其他原因，比如威尼斯贵族的嫉妒；佛罗伦萨的商业民主；罗马僧侣的掌控主宰；那不勒斯的女人统治。[2] 休谟批评这些错误的观点，指出奢侈和帝国衰亡没有必然的因果联系 [3]，从历史经验中论证奢侈并非"罪大恶极"。

那么，休谟如何看待奢侈或技艺进步的利弊呢？在休谟看来，技艺进步自然是有利于人类及人类社会的。这些方面不仅体现人类自身的幸福以及人性的趋于完满，公民自由以及政治自由的完善，而且还提供了就业，推动了经济发展等等。休谟将前两者归为奢侈对个人生活和公众生活的影响，而后者则是奢侈行为带来的积极结果。

人类的幸福在于人性的趋于完满——如果说人性不能达到绝对的

---

[1]　David Hume, "Of refinement in the arts", see *Political Essays*, p. 106.

[2]　*Ibid.*, p. 110.

[3]　*Ibid.*, p. 111.

完满的话，那么，趋于完满是可以达到的。休谟说，"人类的幸福似乎体现在三个方面：劳动、娱乐与闲暇。根据每个人的具体情况，这三个方面应该以不同的比例混合在一起；任何一个方面都不可或缺，否则，就会在某种程度上破坏幸福统一体的趣味。"① 这是休谟对人类幸福的总结。奢侈在三者之中占有两者：劳动和娱乐。所谓奢侈，无非是人们的享受更加精细，这就意味着劳动技艺更加精湛，同时娱乐活动也更丰富。而人类生活去掉了奢侈，劳动和娱乐都不复存在，剩下的"闲暇"也会索然无味。技艺的改进还会孕育文学艺术的成长，促进人类各种能力的觉醒。"时代精神影响着一切技艺，人类的心灵一旦从昏睡中觉醒，就会蕴育成长，并在各个方面展示自己的才能，提高各项技艺，提升各门科学。愚昧无知被彻底摒弃，人们享受着理性人的荣耀，享受着思考和劳动的乐趣，享受着培育心灵和肉体的乐趣。"② 随着技艺的精进，人的社会性越强烈，社会活动越频繁，而各种能力在社会交往中也得到了提高。"绅士淑女济济一堂，轻松自在、怡然自得，人们的性情举止变得温文尔雅。"③ 人类的本性在交往中不断提升，逐渐趋于完满，逐渐达到幸福的目标。

技艺的进步不仅带来个人自我的提升，同样也有益于政治社会的自由。技艺进步带来物质生活的提升，为社会和国家储存劳动力和物资；并且，政治社会就在这个进程中逐渐变得文明、开化。"一个连纺车都不会制造、连织布机都不会使用的民族，他们所建立的政府如何可能成为一个好的榜样？更毋庸说，愚昧的年代容易滋生迷信，使得这个政府充满偏见，还妨碍人们追求利益和幸福。治国安邦的学问是温和谦虚之父，并以人类基本准则的利益而不是残忍和惩罚来教导人们，后一种方式迫使臣民揭竿而起，而又因赦免无望，所以连归顺都是行不通的，最后只有对抗到底。当人们的性情变得温和，学问大有长进之时，人性依然呈现出丰富多样，其主要特征是将开化年代从

---

① *Ibid.*, p. 106.

② *Ibid.*, p. 107.

③ *Ibid.*, p. 107.

野蛮愚昧的时代中区分出来。"① 蒙昧落后的年代不仅不利于治国安邦，也不利于个人幸福；开化政府允许并鼓励追求个人利益，其政治制度恰是建基于个人的利益和自由。这是技艺进步给人类带来的最大福利。

　　在文明社会中，个人自由与政治自由才有可能得到保证。个人意志不会因为技艺进步失去勇敢的士气，只会变得更加文雅。政治自由不会因技艺进步而衰退，反而会逐渐兴盛。休谟看到：技艺落后的时代，人们既无很好的生存技能，更不可能奢求个人的自由。以农业生产为主的时代，劳动力固定在土地上，社会分层主要是土地所有者和依附其上的封侯、农民。这样的结构势必会建立专制政府："或者，为了寻求安全和秩序，他们必定会臣服于一位绝对君主；或者，如果他们想和古代的贵族一样维持自己的独立性，必定会陷入争斗和竞争之中，最终整个社会陷入一团混乱——这可能比最专制的统治还要糟糕。"② 但奢侈孕育的商业社会，中间阶层逐渐壮大。休谟认为这一阶层正是"公共自由最良好、最坚实的基础"，因为他们不像农民那样轻易屈服于他人的奴役，也不希望像贵族那样奴役他人，更不会因为薪酬臣服于君主专制。"他们渴望平等的法律，如此才能保障他们的财产安全，防止他们陷入君主专制或贵族专制。"③ 平等、自由、安全，休谟将这些精神的实践寄托在中间阶层。哈孔森认为这段描述体现了休谟对现代欧洲诞生的认识。④ 笔者非常赞同这一看法。的确如此，中产阶层的形成与现代欧洲的产生可谓密不可分，安全与自由的保障、平等与民主的精神，恰恰在中产阶层中间体现得最为明显。⑤

---

① *Ibid.*, p. 109.
② *Ibid.*, p. 112.
③ *Ibid.*, p. 112.
④ *Ibid.*, p. 298.
⑤ "大人物们耽于享乐，穷人们只顾为生计奔波，他们都无心倾听平静的理性之声。从很多方面看，中等生活是最幸福的生活，特别是，过中等生活的人有充足的闲暇，能够思考自己的幸福，能够从比较自己的生活状况与那些高于或低于自己的人的生活状况中，收获新的快乐。"这是休谟对中产阶层的评价。中产阶层的特征决定了他们有时间同时也有能力去思考其他事务，社会的繁荣和进步需要中产阶层的推动。See David Hume, "Of the Middle Station of Life", see *PW,* Vol. IV, p. 529.

也正是由于这些原因，休谟对商业社会的肯定、对奢侈的积极评价，才一直没有改变。奢侈或技艺的进步，为自由和公共精神提供了条件，怎能指责它是祸根呢？

除此之外，奢侈带来的最直接的后果是促进消费，进而创造更多的就业机会，推动经济的发展。"圣诞节餐桌上一碟豌豆所需要的操劳和辛苦，却能维持一大家子六个月的生活。"[1] 这是休谟最常用的例子，说明富人的奢侈给穷人带来工作机会。在促进消费、增加就业方面，奢侈无疑有着积极的作用。

但无论如何，奢侈都有消极的一面。享受、消费在传统农业社会中往往会遭到道德的抨击，"挥霍浪费"、"奢华无度"这些词语从来都是用来批评奢侈生活的。休谟自然认识到这些问题。不过，在《论技艺的进步》一文中，休谟再三表示："人性中还有其他一些缺点，比如懒散、自私、不关心他人，而奢侈在某种程度上却提出了一剂疗法；正如一种毒药是另一种毒药的解药一样。但是，美德就像健康有益的食物一样，比毒药要好，只是需要正确地使用毒药。"[2] 休谟对人性的全面认识使得他充分意识到奢侈对人性的疗治作用：奢侈对人性中的懒散、自私、冷漠，就好像以毒攻毒。同样，对于国家或社会来说，奢侈有着相同的疗效。"如果禁止'罪恶的'奢侈，而不医治懒惰和对他人的冷漠，那只能减损这个国家的勤勉精神，也无益于仁爱之心和慷慨之情。因此，不妨满足于这种说法：国家中两种对立的恶可能比单独一种恶更有益处；不过我们从未说'恶'本身是好的。"[3] 消除或禁止一个社会的"奢侈"——确切地说，这种奢侈在休谟口中还只是消费而已，是一种适度的消费，因为休谟本人也不赞同导致家破国衰的奢侈——也意味着降低了国家的生产热情，对仁爱慷慨的社会风气也没益处。当然，"恶"永远都不是"德"，哪怕它有利于"德"的突显。休谟特别强调过度消费、过度奢华与技艺的进步之

---

① David Hume, "Of refinement in the arts", see *Political Essays*, p. 113.
② *Ibid.*, p. 113
③ *Ibid.*, p. 114.

间的区别。他在 1768 年版增添了一个注释："挥霍浪费并不会和技艺的进步混淆起来。在文明的年代，恶似乎也没有那么频繁地产生。勤奋和利润刺激了较低阶层和中间阶层以及一切繁忙职业者的节俭。"①适度的奢侈，不仅不会导致挥霍浪费，还会促进中下层人们的勤俭节约，促进社会经济的发展。从这里也可以看出，休谟所认同的奢侈，绝非"富贵之人"的挥霍无度，而是有节制地消费；这种消费虽然对道德有腐蚀作用，但不至于毁坏整个社会的节俭之风。这与斯密强调"节俭会增加公共资本、浪费会减少公共资本"②的观点并不矛盾；因为休谟同样强调节俭之风对于社会经济的发展。

在奢侈促进经济发展这一点上③，休谟完全肯定了曼德维尔的观点。对于立法者来说，是应鼓励适度的奢侈，还是颁布禁止奢侈法？休谟认为，前者是明智的选择。"无论人类奇迹般的变革会带来怎样的影响，如同它赋予人们每一种美德使得人们摆脱每一种罪恶一样，它都与行政长官无关。行政长官的目标只是可行性的问题，他也不可能用一项美德来代替一种罪恶，而他通常能做的是，用一种恶来遏制另一种恶。在这种情形下，他应该选择那些对社会不太有害的恶。"④正是这种肯定奢侈的态度，遭到了同时代英国和法国人士的批评，也为后来很多批评家诟病。

然而，我们还必须弄清楚休谟写作该文的意图。在《论奢侈》一文中，休谟并没有否定"奢侈"本身的道德性质，"我们从未说'恶'本身是好的"，这是休谟的态度；休谟更强调的是"奢侈"的另一面——技艺进步的积极作用。技艺进步，意味着人会日益从各种琐事

---

① David Hume, "Of refinement in the arts", see *PW*, Vol. IV, p. 307.
② 斯密，《国富论》（上），第 387 页。
③ 仅仅是在这一点上，休谟肯定了曼德维尔的观点。在其他方面，休谟并不赞同曼德维尔的观点。他"攻击曼德维尔功利主义式的观点，即因为消费刺激了流通、实业和就业，所以所有的消费在道德上都是同等意义的。尽管和曼德维尔一样，休谟甚至看到了有害的奢侈的某些好处。" John Shovlin, "Hume's *Political Discourse* and the French *luxury debate*", see *David Hume's Political Economy*, p. 209.
④ David Hume, "Of refinement in the arts", see *Political Essays*, p. 114.

中解放出来，人性能够越来越接近完满和幸福，这是休谟作为"人性科学"家最与众不同的认识；技艺进步，意味着消费的能力和水平提高，这同时带来了就业机会，带动整个经济的发展。一个社会若怠惰而不思进取，即便存在奢侈的消费，但人们未必就能有很好的享受，然而这样的社会，无论哪位思想家都不会认同。[①]一个怠惰的社会，人们中间盛行的是野蛮鄙俗，不知礼节，于人自身的发展也毫无益处。

同时，所有的批评者似乎都没有注意，休谟的这段评论看似是对任何立法者的提醒，其实具体指的是不列颠的立法者科学，而非法国或其他国家的情形。18世纪中期的不列颠，"消费社会"已露端倪。休谟敏锐地察觉到消费、奢侈其实反映了技艺的进步，它所带来的福利对个人和社会而言都是利大于弊，因此才会给予奢侈肯定的态度。

二、奢侈与腐败的争论

奢侈与败德，两者似乎总有某些联系。人们批判奢侈，却又向往奢华舒适的生活。从历史上看，18世纪的人们比以往的任何时代更深刻地体会到物质丰裕带来的好处，相伴随的则是对道德败坏的反思。无论是道德学家，还是历史编撰者，对于18世纪的"丰裕社会"都带着多多少少的悲观态度，比如休谟好友斯密，以及卢梭等等。而曼德维尔、笛福等人则以肯定的态度看到了奢侈促进的物质进步。"道德学家和乐观主义者对进步观念有各自的态度。"而"乐观主义者和怀疑论者的冲突可以追溯到法国以及后来英国的甚嚣尘上的古今文化之争"[②]。在这样的大争论下，休谟必定也意识到商业社会的道德败坏，但他却依然站在乐观主义的一面——这样的态度不仅遭到同

---

① "一个欧洲君主的生活用品，并非总是大大超过一个勤劳节俭的农民的生活用品，而这个农民的生活用品却总是超过非洲君主的生活用品，这些君主正是数以万计的赤裸野蛮人的生命与自由的绝对主宰啊。"《国富论》（上），第15—16页。斯密的这段话同样说明了文明社会中的消费问题。

② Malcolm Jack, *Corruption & Progress: The Eighteenth-Century Debate*, New York: A. M. S. Press, 1989, p. 5, p. 12.

时代人的指责，还遭到后人的诟病。休谟遇到的反对声音，在英国以亚当·弗格森、斯密等人为代表，这两位都与休谟有着不错的友谊；[①]在法国，则不仅卢梭，其他大哲们也发出很多反对之声，声势浩大。这些批评和质疑从侧面反映休谟的切入点以及他忽视的内容。

1. 英国的反对者

亚当·弗格森在其 1767 年首次发表的《文明社会史论》中指出："对于'奢侈'这一术语的用法，或和国家繁荣相一致的那部分含义，或和人性中操行正直的精神相一致的那部分含义，我们还远远没有达成共识。有时，它指的是我们认为对文明、甚至对幸福都不可或缺的一种生活方式。按文明时代的赞美词来说，它孕育了艺术，支持了商业，造就了国家的强大和富饶。按我们对于堕落风尚的谴责来说，它是腐化堕落的根源，是国家走向衰亡的征兆。它既受人赞美，又遭人谴责。它既被视为可以装点门面，派上用场，又被当成是一种恶习而遭禁止。"[②] 显然，弗格森也看到了奢侈的两面性，既肯定"奢侈"这一说法蕴含的积极一面——这其实是休谟所说的技艺进步的一面，同时也对奢侈的消极作用进行了批判。弗格森认为奢侈与腐化堕落有着直接的关系，而且是"国家走向衰亡的征兆"。这一点显然与休谟的看法完全不同。休谟认为，奢侈虽然有害，但还没有成为国家衰亡的主要原因，而且奢侈对于促进社会进步有积极作用，立法者应该选择这种危害比较小的"恶"。

为什么弗格森要特别强调奢侈与国家衰亡的关系呢？弗格森联系奢侈与社会风尚的关系进行论述，他断定奢侈会对民风民俗产生不利影响，强调人们在追求奢侈、享受奢华生活中出现的偏差或是对目标或是对依据的错误判断，进而腐化了道德和社会风尚。"如果说在追

[①]　休谟与斯密的友谊自不必多言。休谟还曾为弗格森的求职给斯密写过信。参见欧内斯特·莫斯纳、伊恩·辛普森·罗斯编，《亚当·斯密通信集》，编号 31，北京：商务印书馆，1992 年，第 64 页。
[②]　亚当·弗格森，《文明社会史论》，第 268—269 页。

求奢侈或享受奢侈中必不可少的等级差别和财富不均导致了在判断地位先后以及评估中的错误依据；如果，仅仅出于贫富的考虑，有的阶层在他们自己看来被抬高了，而有的阶层却被贬低了……鉴于社会成员不再遵守平等、独立、自由的原则办事，全体大众就都腐化堕落了，社会风尚也恶化了。"① 在弗格森看来，一个社会追求奢侈，势必会形成嫌贫爱富、相互攀比的风气，富有无形中被赋予了高贵感，富人甚至享有原本不属于他的特权。而且，当整个社会都屈服于财富的"淫威"之时，平等、独立、自由的原则显然被破坏了。人们竞相追求财富，贫穷成为可耻。"人们之所以贪得无厌、惟利是图并不仅仅是因为财富所能换来的享乐，也不仅仅是因为富人们桌子上摆满的珍馐美味。在自然的享受中天性是很容易得到满足的。它是一种与财富相关的对显赫出众的看法，是与贫困相伴而生的下贱感。"② 人性对财富的向往、对贫困的厌恶，使得人们永无止境地追求利益、财富、地位等等。弗格森的这一分析与斯密在《道德情感论》中关于人类"钦羡富贵、鄙视贫贱倾向导致道德情感的败坏"的分析，如出一辙。人类本身的欲望得到满足并不需要很多外在的物质条件，然而，却在"钦羡富贵、鄙视贫贱"的天性驱使下不断追逐财富和权力。有学者认为，这样的分析"让人沮丧地认识到，败德是人类情感在商业社会自然运行的一个必然结果"③。从弗格森和斯密对人类天性的分析中的确可以得出这样的结论。

而且，弗格森虽然强调奢侈和腐败的联系，但也强调两者的差别。他认为前者是指"财富积累和享有财富的方式的改进"，"它是勤劳的目的或手工技艺和商业技艺发展的结果"；而腐化堕落则是指"存在于技艺发展的任何任何阶段，存在于任何一种外部条件或外部环境中的真正弊病或人类品格的沦丧"。④ 弗格森尤为强调的是文明社会

---

① 亚当·弗格森，《文明社会史论》，第275—276页。
② 亚当·弗格森，《文明社会史论》，第279页。
③ 罗卫东，《情感 秩序 美德——亚当·斯密的伦理学世界》，第81页。
④ 亚当·弗格森，《文明社会史论》，第274页。

或文明国家的奢侈发展到一定程度之后伴随的腐化堕落。这一点或许斯密暗藏在《道德情感论》中没有明确指出，因为，如果说人的天性中一直都存在"钦羡富贵、鄙视贫贱"的倾向，那么在任何时代，由具有这样人性的人组成的社会，都会出现败德的现象，并非发展到商业社会才会出现。联系斯密生活的时代，很多读者更愿意将斯密所说的道德情操的败坏归到商业社会的头上，尤其是当这些作家在言语中对古典时代的朴素道德充满向往之情时，更是如此。弗格森就在《文明社会史论》中对古典时代的道德风尚流露出明显的赞誉之词。而斯密，则更倾向于将财富与败德的问题置于自然神论的框架之中，或者以他的经典比喻"看不见的手"来解释。人类的虚荣心、好胜心、野心，都在那只看不见的手的引领之下，追求财富和地位，虽然存在着奢侈、败德，但最终的结果是维持社会秩序。

　　休谟与这两位均不相同。他虽然也赞美古典德性，但并不认为当代的道德就一定比古代堕落。而且，从他的言论之中可以推断，任何时代都有道德败坏的情形出现，商业社会是否比以往的时代更糟？休谟常常遭到批判的对商业社会的乐观精神并非盲目的乐观，他更强调人在物质充裕的条件下，劳动、娱乐、闲暇相互调剂，以适当的比例混合在一起，使得人性能够逐渐趋于完满。就社会进程来说，休谟也不认为商业社会、文明社会就必然丧失自由，走向堕落。"休谟不愿意使用'贫穷善良'、'富裕腐朽'这样奢侈的字眼，他发现了富裕国家中善的历史命运——稳定的财富、绅士文化及得体的礼仪。在他看来，贫穷不是美德的随从。"[①] 富裕社会才更有可能保障人们的安全与自由，政治社会才会更有活力。这是休谟的主张。

　　在自由方面，弗格森所持观点仍然与休谟大不相同。他认为沉溺于奢华生活的人，在很大程度上会导致心灵的堕落。弗格森说："一个朝气蓬勃的人的习惯是在与困难作斗争的过程中形成的，而不是在

---

① Istvan Hont, "The 'rich country-poor country' debate in Scottish Classical political ecnonomy", see Hont, Istvan; Ignatieff, Michael(ed.), *Wealth and Virtue: The Shaping of Political Economy in the Scottish Enlightenment*, p. 272.

享受安逸中形成的。洞察力和智慧是阅历的结果，而不是在退隐和休闲中吸取的教训。热情和慷慨是一个因自己着迷的事业而亢奋、而受到激励的人的素质，而不是思考或知识的赐予。"[1] 显然，弗格森将奢侈看做一个人的全部生活状态，而非生活的一部分。事实可能也是如此，从道德上讲，当奢华生活成为习惯，的确会腐蚀一个人的品质，毁掉一个人的德性。弗格森的描述自然有理。顺着这一逻辑推理，当一个社会充斥着邪恶的人时，这个社会的自由势必完全沦丧，政治社会的自由也不复存在。

显然，弗格森所说与休谟所言的奢侈并非同一种状态。休谟所说的"奢侈"是一种"有节制的奢侈"。"富人圣诞节桌上的一碟豌豆"，的确是奢华生活，但如果这种奢华生活并不过分，仍然是可以忍受的。休谟也曾说明奢侈在多大程度上是可以忍受的，"只有当这种享受花掉了一个人的全部家产，再也没有能力以他的身份和财富去履行责任、从事施舍行为的时候，这种享受才是一种罪恶"，奢侈在这个程度上是一种恶；如若"这个人改掉了恶习，把一部分钱用于自己孩子的教育、周济自己的朋友、救济穷人"，[2] 奢侈便不是恶，不仅促进了社会发展，而且形成了慷慨的社会风气。而由这样的个体构成的政治社会，必然也会充满自由和朝气。

2. 来自法国的质疑

《政治论文集》在英国首版后，1754年迅速有了第一个法语版。初版之后的15年，法国共有三个不同的法语版本，可见此书在法国的影响程度。休谟1763年在法国受到了热烈的欢迎，王公贵妇几乎都读过他的著作。[3] 而休谟关于奢侈的观点，在法国更是激起了热烈的讨论。法国学界对待奢侈的态度分为辩护者和批评者，不过一位学

---

[1] 亚当·弗格森，《文明社会史论》，第282页。
[2] David Hume, "Of refinement in the arts", see *Political Essays*, p. 113.
[3] 欧内斯特·莫斯纳、伊恩·辛普森·罗斯编，《亚当·斯密通信集》，编号77，北京：商务印书馆，1992年，第138页。

者指出，休谟的辩护没有说服法国人——即便是那些为文明和商业现代性所做出的哲学辩护，其原因在于休谟的分析没有抓住法国的背景。①

　　首先需要简单了解一下法国思想家们对奢侈的态度。在时间上，18 世纪上半期，"奢侈"还是得到一定的肯定的；而到了后半期，对奢侈的批评之声非常强大。在孟德斯鸠的《波斯人信札》中，他借郁斯贝克（Usbek）之口对奢侈进行了类似于休谟的辩护。郁斯贝克警示人们说，一个没有技艺和商业的国家，只会让自己干涸；个人没有收入，国王同样也不会有财富。而另一个替奢侈辩护的、也是休谟经常引用的是法国作家让·弗朗索瓦·梅隆。②梅隆指出，即便奢侈毒害了个人，它依然为国家带来的财富和安全，它是实业的刺鞭，因为它是工作的激励。伏尔泰也受到这种观点的鼓舞，认为消费、精致、快乐是技艺和趣味的同盟，并赞扬世俗之人的"开化"。对奢侈的肯定态度在 18 世纪上半期的法国比较流行。然而到了 18 世纪后半期，以卢梭为代表的思想家便毫不客气地指责"进步"带来的"恶"。卢梭列举奢侈了几条罪状：一，"浪费时间是一桩大罪过。然而由文艺产生的罪过还要坏得多。由于人类的怠惰与虚荣而产生的奢侈，便是其中的一种"；二，"奢侈的必然结果——风化的解体——反过来又引起了趣味的腐化"；三，"当生活日益舒适、工艺日臻完美、奢侈开始流行的时候，真正的勇敢就会削弱，尚武的德行就会消失"。③卢梭将科学和艺术的进步带来的弊端一一展现，谴责奢侈是人性之恶，而且导致社会风尚、趣味的腐化，导致人们的勇敢精神衰落。《论科学与艺术》最初发表于 1749 年，而休谟发表于 1752 年的《论

---

① John Shovlin, "Hume's *Political Discourse* and the French *luxury* debate", see *David Hume's Political Economy*, p. 205.
② 让·弗朗索瓦·梅隆（1675—1738）是个公职人员，在短暂的约翰·劳"制度"时期，曾与约翰·劳共事。他的《商业政策论》（1734 年，1738 年英译本）在法国国内和国外都取得了巨大成功，产生了很大的影响。
③ 卢梭，《论科学和艺术》，见《卢梭文集 2：社会契约论》，何兆武译，北京：红旗出版社，1997 年，第 286、287 页。

奢侈》，似乎有意与这几点针锋相对，谈到适度的奢侈或技艺的进步，不仅不会让人们陷入怠惰，而且有利于促进节俭和勤勉，有益于人们趣味的优雅，也不会削弱人们的勇敢精神。既便如此，休谟的观点仍然受到诸如马布利和米拉波等人的批评，他们面对的法国的奢侈问题完全不同于英国。

那么，18 世纪后半期，法国的经济形势是怎样的情形呢？在 18 世纪的历史中，宫廷经济和金融家一直以来都在法国有着重要地位，前者与奢侈密切相关；而另一方面，农业在事实上是法国经济的主宰。在魁奈、富邦纳西（Forbonnasi）等人的思想中，奢侈多少能激发人们的进取心，因而也能带来一定的积极作用。这与休谟的观点大体一致。不过，马布利否认奢侈有助于贸易。他认为奢侈导致劳动力变得更加昂贵，抬高整个国家的商品，使得更穷、更廉价的竞争者廉价抛售商品。而米拉波则指出，奢侈不仅不能与优雅、勤勉和技艺相提并论，而且它实际上还毁掉了后者。① 对于法国来说，宫廷的奢侈不仅毁掉了经济发展——不断课征的各种赋税，让人们不堪重负，而且败坏了整个社会风气：从路易十四到路易十六，这种状况没有得到一点改善，反而愈演愈烈。"偌大一个国家中，虽然有一些严肃的杰出人物哀叹信念和习俗的堕落，但许多人却急不可耐地在为自己或他们的子女追求他们所垂涎的地位。"②

所以，对于法国这样一个国家来说，无论技艺进步会带来多么大的好处，奢侈腐化的风气侵蚀着旧制度下的整个社会，并成为一大社会恶疾。虽然法国启蒙思想也想尽量保留"奢侈"这一术语的积极内涵，但在法国经济实践中，奢侈的确带来了很多负面的影响，因而遭到法国人的强烈抵制。最根本的问题，是财富与德性的矛盾。休谟的解释几乎不能令法国评论家满意；当然，也没有令英国思想家满意；

① John Shovlin, "Hume's *Political Discourse* and the French *luxury* debate", see *David Hume's Political Economy,* p. 213, 216.
② J. S. 布朗伯利编，《新编剑桥世界近代史：大不列颠和俄国的崛起（1688—1725）》，中国社会科学院世界历史研究所组译，北京：中国社会科学出版社，2008 年，第 454 页。

后人更是强烈批评这种乐观主义。

三、财富与德性之争

　　财富与德性的矛盾存在于任何时代，只是到了商业社会，这种矛盾更加明显了。社会在不断繁荣，物质日益丰盛，然而，道德和民风民俗却与朴素的传统社会格格不入。传统社会向现代商业社会过渡的特征一一显露出来，财富与德性的矛盾尤其体现在"奢侈"上。而 18 世纪的"奢侈"，大体而言还只是指消费。已经有人将"丰裕"、"消费"这样的词汇贴在 18 世纪之初这个时段上[①]，也有人认为，18 世纪中后期，特别是在 1775 年前后，"消费社会"的繁荣达到了革命性的规模。[②] 时尚，开始引领着消费潮流；虚荣，驱使着人们竞相竞争、模仿；奢侈的消费，成为人们攀比的手段。1767 年，N. 福斯特写道："在英格兰，几个阶层的人们几乎毫无察觉地滑入彼此的境地，平等精神充斥着制度的每一个角落。不同身份、不同地位的人为竞争而产生了强烈的竞争心，每个下层人为了提升自己、立即越过'农门'而产生了持久的、永无平息的野心。在这样一个国家，这样的时尚必定无法控制，摇晃不定。而时髦的奢侈就像传染病一样必定传遍全国。"[③]"改善自己的境况"，成为人生的伟大目标。[④] 在个体越来越意识到平等和自由时，野心的刺激和鞭打变得越来越强烈，驱使着人们通过勤勉劳作改善自己的境遇。而在宗教改革之后，教徒们开始相

---

① Preben Mortensen, "Francis Hutcheson and the Problem of Conspicuous Consumption", *The Journal of Aesthetics and Art Criticism*, Vol. 53, No. 2. (Spring, 1995), pp. 155-165.

② Neil Mckendrick, John Brewer and J. H. Plumb, *The Birth of a Consumer Society: The Commercialization of Eighteenth-Century England*, London, Europa Publications Limited, 1982, p. 9.

③ N. Forster, *An Enquiry into the Present High Price of Provisions*(1767), p. 41, 转引自 Neil Mckendrick, John Brewer and J. H. Plumb, *The Birth of a Consumer Society: The Commercialization of Eighteenth-Century England*, London, Europa Publications Limited, 1982, p. 11.

④ Adam Smith, *TMS*, I. iii. 2. 1.

信勤奋劳动与自我救赎的统一。然而，劳动之后的消费——无论是奢侈的，还是节制的，日益成为商业社会的主题之一。即便是对商业社会持狐疑态度的斯密，也如此说道："消费是所有生产的唯一目的，只是在为了促进消费者的利益时才应当去注意生产者的利益。这个原则完全是自明之理，试图去证明它倒是荒谬的。"① 斯密是在谈到重商主义的错误时提到消费的，重商主义似乎将工商业的最终目的看成了生产而非消费。

如此众多的思想家都注意到消费对于生产的影响，而且看到一个消费社会对于物质生产的促进作用，不过，对待奢侈的态度却往往是另一回事。而休谟的写作背景，正出于消费社会即将达到"革命性规模"的前夕。关于财富与德性的矛盾，休谟以"一种恶抵制另一种恶"的说法自然没有给出一个令人满意的解释，而且，休谟也没有对此有过多的说明。他更多强调的是，在适度奢侈的消费背后，人性趋于完满的一面。而人性本身又是极为复杂的，谁也无法保证一种现象只会产生好的结果。

实际上，大多数思想家都不能很好地处理财富与德性之间的矛盾。18 世纪的苏格兰启蒙思想家，一方面热烈欢迎这个丰裕富庶的商业社会的到来，一方面又哀叹传统道德的逐渐消失。这样一个两难问题，苏格兰思想家都没有很好地解决，他们不像卢梭那样强烈谴责科学和艺术的进步，但也觉得像休谟这样为进步高歌也有些不妥，只是谁也拿不出一个两全的方案，不过是从古代贤哲或古代制度中找到一些榜样，或者寄托于自然法的运行之中。休谟曾说，人性中厚古薄今的情绪根深蒂固，就连真知灼见、学识广博的人也会受其影响。② 只有他如此高调地宣称商业社会的好处，并且相信，人性会在这个过程中变得积极进取，逐渐趋于完满。因而，在一片质疑批评声中，休谟仍然坚持他的观点。

休谟未曾预料的问题是，商业社会进一步发展到工业社会时，人

---

① 斯密，《国富论》（下），第 725 页。

② David Hume, "Of the Populousness of Ancient Nations", see *PW*, Vol. III, p. 493.

性遭到了前所未有的摧残，而发展到所谓的后工业社会时，人们的奢侈消费完全异化成了符号。如果休谟看到英国资本主义给 19 世纪带来的悲惨情形，看到狄更斯笔下描述的那些人间地狱，他断然不会说人性在"劳动、娱乐、闲暇"中得到了完善；如果休谟看到 20 世纪成熟的消费社会，看到人们礼拜的是成为符号的消费品、奢侈品，他可能就不会如此乐观地坚持"技艺进步"、坚持为"奢侈"辩护了。20 世纪的法国人让·鲍德利亚写道："消费是个神话。也就是说它是当代社会关于自身的一种言说，是我们社会进行自我表达的方式。在某种程度上，消费是唯一的客观现实，正是消费的思想，正是这种不断被日常话语和知识界话语提及而获得的常识力量的自省和推论。"[1] 人们不断消费的其实是自己。自我在这场消费盛宴中不断消费，最终迷失了人的天性。人以自己的灵魂与魔鬼交换单纯的丰盛：黄金、财富等等，这与休谟的设想完全是两回事。

四、市场、道德与人的本性

商业社会的逐渐形成，意味着传统农业社会的逐渐消失，新的经济体系逐渐改变了传统的经济模式。过去所谓的"公平价格"[2] 逐渐

---

① 让·鲍德利亚，《消费社会》，刘成富、全志钢译，南京：南京大学出版社，2008 年，第 199 页。

② "公平价格"的观念盛行于中世纪。托马斯·阿奎那就主张"公平价格"。这种观念认为，一切事物都有它公平的价格，这是根据自然法规定的抽象的价值决定的，这一价值包括物质、劳动和时间。只要没有不正当的人干涉市场秩序，公平价格就会保持不变。见 G. R. Elton, *England under the Tudors*, London and New York, Routledge, 1991, p. 225.

马克·布劳格对"公平价格"如此写道："……'公平价格'概念，它常被认为反映着一种关于公平工资的重要观点。这似乎是一个历史的虚构。在经院学者的文献中没有由生产者社会状况所决定的、与生产成本相一致的公平价格的提法。经院学者不区分短期均衡和长期均衡，没有竞争如何产生一个正好与成本相符的长期的正常价格的概念。他们很少对构成公平价格的东西给予更多的注意，但通常他们把它与现行的市场价格相等同，这一价格对个人来说是既定的，不受个人的影响。他们没有探讨国家权力机构的建立和调节价格的规律性，在这个意义上，公平价格只不过是当时占主导地位的价格，不论它是否由竞争造成的。"马克·布劳格，《经济理论的回顾》，第 17 页。

被市场价格替代，20 世纪 70 年代，E. P. 汤普森将这种传统社会向商业社会的过渡称为家长专制的道德经济学向亚当·斯密所提倡的自由放任的政治经济学的转变。① 20 世纪 90 年代有位作者从三个方面阐释"道德经济学"的内容：一是从历史背景中区分经济领域的两种形式以及经济融入到社会中的两种方式，二是理解或区分市场社会还是非市场社会，三是以此反观现代性批判。② 这种理解单独从"道德经济学"本身蕴含的内容出发，摆脱了汤普森将道德经济学与政治经济学的对立。大多数人对"道德经济学"的基本界定都是非市场的、管制的、前现代的，因而与 18 世纪提倡的自由放任的经济政策是对立的。这自然忽视了斯密等人对立法者的论述。18 世纪的立法者科学没有忽视市场与道德的关系，立法者的任务正是制定顺应市场的要求，进而以国家政制维持市场秩序、维护市场道德。

在《政治论文集》中，我们常常可以看到休谟对立法者的评论："……立法者，……肯定会通过贸易限制和税收想方设法从征服者那里获取个人好处，同时也谋取社会福利"③；"立法者最好的策略是顺应人类的普遍倾向，提出各种易于接受的改进措施"④，等等。在休谟眼中，经济学其实是政治学，虽然他也用"经济学家"这样的字眼称呼其他作家⑤，但仍然将经济论文收入名为"政治"的论文集中，并

① E. P. Thompson, "The Moral Economy of the English Crowd in the Eighteenth Century", *Past and Present*, No. 50, 1971, pp. 89-94.

不过，"道德经济学"一词也并非汤普森最先提出，历史学家、人类学家、经济史学家、甚至政治家们都会偶尔挂在嘴边，而且早在七十年代之前人们就已经提出过这个术语，但很少有人专门界定该词。

② William James Booth, "On the Idea of Moral Economy", *The American Political Science Review*, Vol. 88, No. 3 (Sep., 1994), pp. 653-667, p. 653.

③ David Hume, "That Politics may be reduced to a Science", see *PW*, Vol. III, p. 16.

④ David Hume, "Of Commerce", see *PW*, Vol. III, p. 284.

⑤ 1769 年 7 月 10 日，休谟致莫雷累书信，"我看你你很小心，没有在你的意见书中提出你的看法，来得罪你们的那些经济学家；在这一点上，我赞扬你的审慎。可是我希望你在你的著作中攻破他们，击溃他们，粉碎他们，使他们成为灰烬！"或许，休谟对"经济学家"的称呼有另外的含义。杜格，《关于财富的形成和分配的考察》，附录，第 96 页。

常常围绕着"立法者"论述。斯密则在休谟之后更加突出了立法者的作用，虽然"国家作为守夜人"这样的说法常常让人们产生不同的误读，但其实，"看不见的手"只是在特定条件下才能起到调节资源配置的作用，其中最重要的条件是国家以法律的方式保护人们的财产权利。在这里，斯密表达了一个非常重要的观点，即如果说市场经济的特征在于鼓励自发的经济活动的话，那么市场经济本身却不是自发形成的，相反，它的形成有赖于一套特定的政治与法律制度，有赖于现代国家的建立。[①] 人们的财产权需要制度、法律的保护，需要国家和政治的保护，所以，好的立法者并非隐身背后，而是通过遵循人类事务的发展倾向，提出各项改进措施。所以，政治经济学并没有抛弃国家的角色，只是不再像传统社会的道德经济学那样发布命令。

当传统社会的"公平价格"被商业社会的"市场价格"替代之后，人们在追求利益的过程中，道德是否被扔掉了？还是被另一种"道德"替代了？休谟其实没有直接讨论这个问题，不过或许可以从正义论读出一二。正义是一种人为的德，是以社会效用为基础的，休谟常常以另一个术语来说明这种社会效用，即利益。利益的激情是人性中最为持久、最具破坏力的激情，同时也是能够自我改变方向的激情。这些特征使得人们在追求利益时不得不形成一定的伦理体系，并遵守这一体系。商业社会的市场中充斥的都是这样的个体。对于这样的个体来说，最重要的是判断什么是真正的利益？如果换成经济学术语，就是判断什么对自己最具效用？怎样才能达到最大的效用？无止尽的贪婪绝不会带来最大的效用？效用函数曲线的最高点绝不能置道德于不顾。

那么，市场道德以何为根据呢？回到人的本质、人在稀缺条件追求利益的顾虑，休谟的道德哲学为市场道德提供了基础。在此基础上形成商业社会的市场道德，比如诚实不欺、守时守信，比如尊重所有权，自由流通，比如慷慨仁慈、节制消费等等。传统社会的某些道德

---

① 李强，《自由主义与现代国家——中国自由改革下国家建设的挑战》，见梁文涛等编：《政治理论在中国》，香港：牛津大学出版社，2001 年，第 147—148 页。

可能会在商业社会中消失，但也会其他方式延续下来。道德体系从来不是强制性的法律体系，它无法强制人们必须做什么不做什么，但是人类必须看到，违背市场道德终究会带来苦果，而且长期看来，遵守这种道德更有利于人类本身。遗憾的是，人们常常认识不到什么才是自己真正的利益。回到休谟，然后重新发现自己的利益；从人性本身出发，从利益的激情出发，市场与道德之间达到均衡，或许还有些可能性。

　　原本按照休谟的设想，人的天性、人的本质在丰裕社会中越来越趋于完满，而现实中，人的本质却在一步步异化，直到丧失其原有的底色。或许，出错的不是休谟，而是我们自己；需要反省的不是休谟的乐观主义，而是我们自己天性的沦丧。

附 II：消费社会的"奢侈"辩证法

——大卫·休谟与让·鲍德里亚

  任何时代为奢侈"正名"都会激起一片哗然：显然，在任何时代，奢侈总是与道德上的不光彩如影随形，即便"奢侈"的确在某种程度上推动了技术革新和生产进步，但奢侈对道德规范的突破常常冲击了人类的伦理底线，就像伯纳德·曼德维尔《蜜蜂的寓言》那样遭到同时代的一片骂名。尽管如此，18世纪那位伟大的哲学家大卫·休谟还是写下了为奢侈"正名"的文章，这"粗戾之音"吹响了消费社会的号角，让那"物质匮乏"的时代充满了创造的活力；一种传统的政治经济学在休谟那里业已成形。两百多年以后，消费社会已千疮百孔，奢侈之物成为符号、标签，贴在各种社会秩序之上，让这"物质丰裕"的社会中显得疲软、乏力；符号政治经济学批判在法国思想家鲍德里亚那里自成一体。在工业社会诞生之际与所谓的"后工业社会"（其实都是消费社会），两种不同的政治经济学，相同的是"消费"这一人类行为，不同的是"消费"背后"人"的欲望的满足，以及如何追求这种欲望的满足。从休谟到鲍德里亚，奢侈在消费的历史中变得有些无所适从、方向尽失。

1. 为"奢侈"正名

1752 年，休谟出版的《政治论文集》立即引来了英法哲学家的好评，唯独"论奢侈"一篇，招来一片批评和谴责。虽然休谟后来将标题改为《论技艺的进步》，但其正文却一字未改，反倒其他篇幅都有或多或少的删改。这可以说明休谟对"奢侈"的态度没有改变。那么，休谟是如何界定奢侈的呢？"通常说来，奢侈是指对各种感受享受的满足有了极大的改进。"（休谟，《论技艺的进步》）所谓的"感官享受"，自然是人们能够得到更好的物质享受，甚至从中获得更满意的精神享受。这种享受可以是道德的，也可能是有损道德的，因而休谟才将"奢侈"一分为二：奢侈之于社会的利弊同时存在，若奢侈不再有害，它也将不再有利。一个文明社会，不是一个衣不蔽体、食不果腹的社会，而是一个物质相对丰裕的社会。美食华服、豪宅良马，富人的奢华消费为穷人提到了就业机会，"圣诞节餐桌上一碟豌豆所需要的操劳和辛苦，却能维持一大家子六个月的生活。"（《论技艺的进步》）每个人都有权利享受自己的劳动成果，穷人也需要得到基本物质资料的满足，人，才会感受到人之为人的"人性的尊严"。

然而，笼统地解释这种"人性的尊严"是有失休谟本意的，因为这个术语在每个世纪的内涵可能都在不断变化，即便今天也仍然在说"人要活得有尊严"；正确的做法是将其置于历史背景之下，然后延续至今，再重新理解。很难说明，休谟所说的奢侈仅仅只是人对基本生活资料等物质上的满足，而没有阶层划分、身份地位等符号消费的内涵，因为在消费过程中也包含了人的精神满足，这种自我满足本身就包含了社会学意义上的很多其他功能，比如炫耀性消费、或莫斯所说的"夸富宴"式的消费等等。不过，休谟语境中的"奢侈"，更多与物的"有用性"或使用价值相关，而与抽象的符号较少联系；换言之，休谟所获的"奢侈"，似乎还只是技术革新及其解放人类自我的一种手段。

可以认为，休谟为"奢侈"的正名是对人类消费行为的肯定，是对技艺进步的提倡，是对人性自我解放的诉求（这与他主张节俭反对铺张浪费并不矛盾）。"奢侈"意味着需要人类技艺的进步，同时人的其他欲望也会在这个过程中得到更多满足。技艺的进步孕育文学艺术的成长，意味着人类各种能力的觉醒。"时代精神影响着一切技艺，人类的心灵一旦从昏睡中觉醒，就会孕育成长，并在各个方面展示自己的才能，提高各项技艺，提升各门科学。愚昧无知被彻底摒弃，人们享受着理性人的荣耀，享受着思考和劳动的乐趣，享受着培育心灵和肉体的乐趣。"（《论技艺的进步》）18世纪还是一个"唤醒心灵"的时代，思考、劳动、从身到心的解放，这些都会在"奢侈"的名义下突显出来。尽管"恶"永远不是"善"，"毒药"永远都有"毒"，但人类如若不是受到奢侈"这种毒药"的侵蚀，便是受到懒惰、自私等"毒药"的腐蚀，后者只会让社会沦为一具僵尸、一潭死水，只会让人性在愚昧与盲从的遮蔽之下失去光彩。因而，奢侈抑或技艺的进步，在休谟的政治经济学中占有的位置，仅仅在"利益的激情"这一驱动力之后，和贪婪一样推动着经济社会的前进。这正是休谟《论奢侈》（抑或《论技艺的进步》）一文的主要观点，它与卢梭截然相反，与亚当·斯密大相径庭；这两位与休谟交往过密的学者，前者严厉抨击败德连带着一起谴责奢侈，后者虽然深知嫌贫爱富终能带来社会财富的增加，但对此带来的人类败德行为则表示深深的忧虑。但是，两者都没有公然承认这种"毒药"的作用；休谟承认了：因为，这本就是矛盾重重的人类本性之一。

2. 消费的捷径：信用

即便如此，休谟也不会为奢侈唱起赞歌，他没有像曼德维尔那样鼓吹社会秩序是由"恶"、奢侈、贪婪等等建构而成；作为历史学家的休谟，同样看到信用在消费社会的脆弱性——而信用背后潜藏的正是对未来的消费，甚至是对未来的奢侈消费。虽然休谟对社会信用的认识更多是基于17、18世纪欧洲时战时和的局势，但其观点放在现代正当其时的信用社会却一点儿也不过时。抵押国家收入，让子孙后代还债，不正是当今社会非常流行的做法吗？发行公债的确可以刺激经济的发展，但也能让一个国家陷入贫困虚弱的境地；而一旦人们疏于维护信用体系，信用便会像脆弱的瓷器一触即溃，整个社会轰然坍塌，底下埋葬着累累白骨；人，终因其过度的欲望和贪婪而付出应有的代价。几年前华尔街信用膨胀的灾祸，正是最好的例证。故而休谟有言：不是国家毁灭信用，就是信用毁灭国家。（休谟，《论社会信用》）

社会信用脆弱难建，却又能一再重建；一个信用体系崩溃，另一个信用体系又开始建立；这是因为人的欲望在时刻催促着重建信用以方便自己，而信用又反过来不断驯化欲望。如果说在 18 世纪信用消费还不太普遍，没有驯养出人的消费习惯，那么从 20 世纪至今，这样一个看起来非常"丰裕"的消费社会，它所进行的是消费培训以及面向消费社会的社会驯化。鲍德里亚简单地提到信用在消费社会中的决定性角色。他说："信用表面上是一种额外奖励，是通向丰盛的捷径，具有'摆脱了储蓄等老旧桎梏'的享乐主义品性。但实际上信用是对几代消费者进行的面向强制储蓄和经济计算的社会经济系统驯化，否则它们在生存中就可能避开需要的规划而成为无法开发的消费力。信用是榨取储蓄并调节需求的一种训练程式——正如有偿劳动是榨取劳动力并增加生产力的一种理性程式一样。"（鲍德里亚，《消费社会》，2008 年，第 63 页，着重号为笔者所加）消费社会向人的欲望大开方便之门：以你的信用购买你想要的任何东西，然后你会拥有你想要的丰盛，满足你的各种欲望，最后，请付出你一生的劳动偿还这笔债务。在不断的抵押与还债的过程中，在对好几代消费者进行驯化的过程中，信用终于成为后工业社会须臾不离的伴侣。个人可以抵押信用，机构或公司也能抵押信用，国家同样抵押信用。试看如今充斥于日常生活的信用卡、房车按揭等等，充斥着企业和机构的风险投资与信用评估，乃至某个经济体系中某个主权国家的信用体系，无不处于一台无形的消费能力的"挖掘机"之下。

无可否认，信用对于整个经济社会发展的强大刺激作用；贪婪的欲望在信用的许诺下得到满足，并且不断向纵深之处开挖，同时获得的是技术革新、物质丰盛。这是一种在"想象"和"幻像"的感召力之下形成的信用经济体系。"当代人越来越少地将自己的生命用于劳动中的生产，而是越来越多地用于对自身需求及福利进行生产和持续的革新。"（《消费社会》，第 62 页）整个社会经济系统驯化的不仅仅是个体的消费者，而且包括社团和群体的消费者，甚至反过来驯化了整个社会经济系统本身。交换和消费在这种经济系统的驯化与自我驯化中异化成各种各样的符号、符码。

3. "奢侈"的符号

现代社会就是一个信用社会；奢侈或消费正是在信用的承诺之下得以扩张。只是现代的奢侈或消费的内涵在经济学意义上悄悄地改变了；传统的政治经济学是一种关于需求、（最广泛意义上的）物品和满足的理论（《消费社会》，第 57 页），鲍德里亚认为传统的理论已被符号政治经济学替换。因为物品和需求都改变了："在消费中物品朝着某种广泛的范例进行变化，其中有另外某种语言在进行表达，有另外某种东西在发言"；需求的客观特点变得更加难以确定，因它贪得无厌、永远无法满足。（《消费社会》，第 59 页）消费中的物品，比如冰箱，它可以是用于冷藏的储物柜，可以是没有发挥其功能的奢侈品，可以是标识使用者经济能力的符号，它是什么不重要，它的意义在于"它与其他物的关系之中，存在于依照意义的符号的等级而具有的差异之中"（鲍德里亚，《符号政治经济学批判》，2009 年，第 45页）。它的使用价值和交换价值的逻辑显然无法以传统政治经济学解释。同样，服饰、美食、居所、代步工具，语言、文化、科学、宗教以及肉体本身，在消费理论中都需要以新的眼光看待。在资源稀缺性的条件下（所谓的丰裕社会只是相对的丰盛，而资源稀缺和匮乏却是人类社会存在的常态），"奢侈"并不等于你拥有了某个"物"，而是等于你拥有了某个符号。

艺术品拍卖市场体现了现代社会最典型的符号交换体系。在拍卖会上，艺术作品的审美价值因被忽视、被否认而缺失，经济意义上的交换价值和象征价值都失去了自身的地位，成为符号/价值的追随者。艺术品进入拍卖市场，意味着一种"投资"，审美功能的重要性微乎其微，隐身于买卖的背后，作为奢侈的理性升华。在今天世界各个角落的艺术品拍卖市场，无不充斥着这种符号消费。传统社会中高贵的艺术品依然带着奢华的面孔，而真正的艺术欣赏却成为一种"奢侈"。

同样，开一辆梅赛德斯和开一辆捷达、穿香奈儿套装和穿地摊上的便宜货、住顶级海边别墅和住闹市区一间小公寓，完全代表着两个不同的阶层、不同的地位和身份。显著的阶层差别形成的意识形态，借助媒体将这种社会秩序传达到世界的每个角落，激发亚当·斯密所说的人人都有的"改善自己境遇"（better one's own condition）的欲望，调动人性中每一种可以达到此目的的激情，在"符号"的秩序中建构社会秩序，借此巩固这种意识形态，进而再次巩固这种社会秩序。电视、网络、平面媒体的广告每天都在"引诱"人的欲望：拥有"这个"，你便拥有了什么地位，成为了什么人；必须拥有"那个"，因为它正在某某人群中流行，它就代表着时尚和潮流，否则你就过时了。不必在意"这个"或"那个"究竟有什么用处，你只需要拥有这个符号代表的意义即可。鲍德里亚称之为对"符号"的崇拜，并以马克思的商品拜物教重新阐释了当今社会："拜物教实际上与符号 - 物关联了起来，物被掏空了，失去了它的实体存在和历史，被还原为一种差异的标记，以及整个差异体系的缩影。"（《符号政治经济学批判》，80 页）如鲍德里亚所言，欲望的满足不是建立在实体之物带来的快乐的基础之上，而建立在体系的基础之上。

4. 欲望的满足与毁灭："奢侈"辩证法

在所谓的后工业社会，欲望的满足变得光怪陆离，因为欲望总在不断变动、不断消逝，又不断生产和创新。人们被不断提醒着"不要错过这种享受"、"不要错过那种体验"，各种以美和快乐的名义命名的"设计"变换方式激发人体内的欲望，进而让人为此付出各种各样的代价。这对于经济社会来说本不是错——恰如那只"无形的手"的引导；错的是人的欲望满足已然找不到方向，远离人的幸福大门。在久远的 18 世纪，休谟说人的幸福体现在三个方面，即"劳动、娱乐和闲暇"，三者以不同的比例混合，才会找到幸福的统一体，才不会破坏幸福的趣味。如今欲望的无限膨胀似乎完全破坏了这一趣味。欲望催促着人们不断劳动，敦促人们享受劳动成果，在片刻欢愉之后投入下一次劳动之中。劳动的成就感在瞬间消失，娱乐变得索然寡味，闲暇则早就被欲望主宰。人，本在启蒙时代就开始自我解放，却在现代社会被束缚地越来越紧。鲍德里亚说：欲望不是在"自由"中得以满足，而是在法则中——不是在价值的透明中，而是在价值符码的不透明中。这就是欲望的符码，这一欲望"需要"恢复游戏的规则——它需要这些规则——以满足自身。正是欲望所带来的规则，正是在欲望获得满足的视域下，社会秩序才得以建立。社会秩序为了能够再生产自身而不断被拜物教化了的颠覆秩序（欲望的满足）结合在一起。（《符号政治经济学批判》，第 211 页）于是，人在满足自我欲望的同时，也在毁灭欲望的满足感；人本应在奢侈品的消费中获得快乐和幸福，在技艺的进步中感受到人性的提升与解放，并在此过程中趋于人性的完美和完善；遗憾的是，人没有在欲望的满足之中感受到自我的提升，反而感到越发的不满足，人性也变得越发残缺不全。何以至此？

18 世纪的休谟自然无法预料到后工业社会的消费主义，但他从人类本性出发的教诲放在今天还不算过时。贪婪本是人的天性，也是勤勉的刺鞭，若禁止"罪恶的"奢侈，而不医治人性中的懒惰和冷漠，勤勉和进步将会与奢侈同时消失；人性自有恶的一面，唯有良好的教养才能让人学会尊重、学着谨慎克制、学着成为一个"优雅之士"。休谟希望人能够在善恶的权衡和比较中、在奢侈和消费的积极影响下自我解放；但这一任务到今天仍然没有完成。20 世纪的鲍德里亚直接从消费出发，揭示从物到人的主人—奴隶的关系，进行符号政治经济学批判。在休谟时代，尽管人性充满矛盾，但人至少还没有完全沦为物的奴隶——彼时，消费社会初始方兴；19 世纪以降，消费社会则成为一个巨怪，吞噬一切人性、主宰所有的物和人。在这个巨怪的魔力之下，人性的全部内容沦为物的奴隶——此时，消费社会正当其时。的确，如今的批评领域缺乏对消费"异化"的批判，不过此前要做的功课，是应该探究一下"异化"之前的消费与奢侈究竟如何。消费社会的奢侈辩证法批判或许是一条路径。

余论：人性科学体系中的政治经济学

1776 年 11 月 9 日，休谟逝世后不久，斯密在致威廉·斯特拉恩信件的结尾处是这样评价休谟的："总而言之，我始终认为，无论生前死后，如同人类脆弱的本性可能允许的那样，他都几乎接近博学多才、道德高尚的君子典范。"[1] 作为休谟的挚友，斯密的悼词巧妙地避开了争议不断的休谟哲学，只是高度评价了休谟的人格气质，说他"和蔼可亲"、"宽大为怀"、"朴实大方"、"幽默诙谐"等等，如今看来这些赞美之词即便再多一些也不过分，但在当时，这封对休谟高度评价的信件公开发表之后却引来一轮对休谟的攻击。[2] 历史证明这些攻击最终烟消云散，而休谟的哲学、历史、文学、政治、经济和伦理学以及人的科学，依然位列于思想史的长廊之中。

---

[1] *The philosophical works of David Hume*, including all the essays, and exhibiting the more important alterations and corrections, in the successive editions published, by the author, in four volumes, Volume I. Thoemmes Press, 1996, xxv.

[2] "斯密在写这封信的时候根本不想伤害人们的基督教信仰，他只不过为自己喜欢的朋友说了几句好话，记录下他从朋友身上观察到的一些非凡的品质而已。但是在当时的人们听来，这些直率的话就像向对宗教信仰本身的直接挑战。"见约翰·雷，《亚当·斯密传》，周祝平、赵正吉译，北京：华夏出版社，2008 年，第 242—243 页。

一、休谟生平与其经济论文

休谟于 1711 年旧历 4 月 26 日（新历是 5 月 7 日，18 世纪旧历比新历早 11 天）出生在爱丁堡，是霍姆家（休谟原来姓氏是 Home，后改为 Hume）的次子。父母双方均系名门贵族，但不幸幼年丧父，其母独自支持家庭。由于家境并不富裕，休谟的大学教育并不完整。1725 年，休谟从爱丁堡大学肄业退学，还乡自学。因其次子身份，休谟能够继承的遗产微乎其微，因而青年时代总有生计顾虑。他曾在商场上略试身手，做过会计，最终放弃这些尝试，隐居法国乡间潜心读书。其第一次学术努力因《人性论》的无声无息而以失败告终，对他打击颇大；直至 1742 年《论文》(Essay) 发表才略有成功。此年，休谟三十一岁。十年之后，休谟才算声名鹊起。1752 年出版的《政治论文集》大获成功，各种评论纷至沓来，连同以前不被关注的《人性论》及其改写也得到评论。但这十年之间，休谟在求职中又遭到两次打击：1744 年申请爱丁堡大学伦理学和精神哲学教授职位失败，1752 年申请格拉斯哥大学道德哲学教授职位，再次失败。最终，《英国史》的发表为休谟赢得了声名，还带来不菲的收入。然而，即便在休谟名利双收之后，反对之声依旧，甚至更多。[①]

1776 年 4 月 18 日，休谟预见到自己不久离世，便提笔为自己做传：对于自己的文名，他不再牵挂；对于自己的人品，他深感欣慰；对于曾经遭受的诽谤，终其一生他都未作任何辩护；他肯定自己绝非错置了这份自负之心，事实可以明鉴。[②] 四个月之后的 8 月 25 日，休谟平静离世。在休谟的一生中，他曾为生活逐利，也曾参与政治事

[①] *The Letters of David Hume*, No. 345, edited by J. Y. T. Greig, Volume II, Oxford at the Clarendon Press, 1932, pp. 74-75.

参见陈尘若，《作者生平和著作年表》，见休谟，《人性论》(下)，关文运译，北京：商务印书馆，1980 年，第 776 页。1766 年，休谟"告诉杜尔阁，五十年代，反对他休谟的大书小册子可以摆满（？）一个大房间。"这份生平和著作年表清晰地表明，对休谟的批评和质疑在他有生之年从未停止过，即便在他去世之后，各种批判也未消停。

[②] 参见休谟，《休谟自传》，见《人类理解研究》，关文运译，北京：商务印书馆，1957 年。

务；担任过贵族家庭的私人教师，也曾担任陆军中将的随军秘书、大使秘书、国务大臣的副大臣等这些显赫高官；但其大部分时间都过着文人的生活，笔耕不辍，勤勉治学，以其深邃的哲学思维洞悉人性，以旁观者的姿态思考政治经济的历史与现在，以参与者的身份品鉴道德与审美的趣味。

从其生平来看，休谟一生算不上顺利，早年颇受挫折，成名之后陷入宗教审判的危险之中，这与他的朋友斯密的一帆风顺大不相同。然而奇怪的是，前者对待自己生活的时代充满乐观与信心，而后者在晚年则颇有疑虑。或许，休谟个性中乐观的精神对他的思想多少有些影响；同时，英国上升的经济社会中的"进步观"也成为一股潮流——即便当时的思想家们也会谴责商业社会的腐败问题，但"进步"是无法否认的。恩格斯在《反杜林论》中评价休谟经济论文时写道："他的经济论著之所以能影响当时的知识界，不仅是因为卓越的表达方法，而且更多地还是因为他的论著是对当时繁荣起来的工商业做了进步的和乐观的赞扬，因而他的论著自然要博得资本主义社会的'赞许'。"[1] 这一评价正确，但并不完全。休谟的政治论著大受欢迎，的确如恩格斯所说"博得资本主义社会的'赞许'"，但这不应该成为恩格斯批评休谟的理由。而恩格斯又就休谟的生平写道："正如对一个苏格兰人所应当希望的那样，休谟对资产阶级赢利的羡慕，绝不是纯粹柏拉图式的。他出身贫穷，可是后来却达到每年一千镑的巨额进款……他是对'教会与国家'颂扬备至的辉格党寡头统治的热烈拥护者，为了酬谢他的这些功劳，所以他最初得到巴黎大使馆秘书的职务，后来得到更重要的、收入更多的副国务大臣的官职。"[2] 如此将休谟置于既得利益者的地位，有损于休谟经济思想的理解。由于杜林指出休谟在"整个科学部门（经济学）的创造是更有见识的哲学"，

<hr>

[1] 《马克思恩格斯全集》（第二十卷），北京：人民出版社，1956年，第264页。
[2] 《马克思恩格斯全集》（第二十卷），北京：人民出版社，1956年，264—265页。事实上，恩格斯在《反杜林论》中对休谟关于利息、税收、货币等的论文都做了批评。这种批评现在或许应该重新看待。

并被抬到很高的地位，所以很不幸，杜林对休谟的赞扬都成为恩格斯批判的借口，自然也不会给休谟什么好语气。无论如何，休谟的出身都算不上"贫穷"，而他没能更长寿，没能活到谴责"资本主义"的时代。在他去世的 1776 年，《国富论》才刚出版，美洲殖民地才刚独立，法国大革命十几年之后才爆发。因而，我们需要在历史中重新审视休谟的经济思想，现在仍然有这种必要。

回到 1752 年，《政治论文集》首次出版，论文 12 篇。[①] 事实上，休谟在与詹姆斯·奥斯瓦尔德、图克（又译"塔克"）等人通信讨论的基础上形成了这些经济论文[②]。他们争论的中心问题是：是否有这

---

① 即：论商业、论奢侈、论货币、论利息、论贸易平衡、论势均力敌、论赋税、论社会信用、论某些值得关注的惯例、论古代国家之人烟稠密、论新教继承、论完美共和国的观念。

② 这些信件散落在不同的书信集中。See Istavan Hont, "The 'rich country-poor country' debate in Scottish classical political economy", note 8: 与奥斯瓦尔德的意见交换发生在休谟把其政治论手稿交给出版商前的那一年。有意思的是，在 1751 年 9 月定稿之前，他曾经带着这封信拜访了考德威尔的威廉·穆尔。事实上，奥斯瓦尔德这封冗长的信就保存在穆尔的财产当中。见"穆尔男爵通信集与杂集（1753—1764）"（*Correspondence and Miscellaneous Papers of Baron Mure*, 1753—1764），载于《保存在考德威尔的家庭文集节选》（*Selections from the Family Papers preserved at Caldwell*），三卷本（格拉斯哥，1854 年），第二部分，第 1 卷，第 93—107 页。对该次会面，可见休谟于 1751 年 9 月 22 日给罗伯特·华莱士的信，《大卫·休谟新书信集》（*New Letters of David Hume*），R. 卡利巴斯基（Klibansky）与 E. C. 莫斯纳（编）（牛津，1954 年），第 28—30 页，以及《穆尔男爵通信集（1753—1764）》（*Correspondence of Baron Mure*, 1753—1764），第 116 封。一个略去一些重要段落的简化版本重刊于休谟的《经济论文选》（*Writings on Economics*），见第 190—196 页。就休谟对奥斯瓦尔德的回答可见《大卫·休谟的书信》（*The Letter of David Hume*），J. Y. T. 克雷格（编），两卷本，（牛津，1932 年），第 1 卷，第 142—144 页。休谟—塔克的通信是通过亨利·霍姆，凯姆斯勋爵而实现的。塔克在 1758 年 2 月 11 日请凯姆斯带一本他的手稿给休谟，见"亨利·霍姆，凯姆斯勋爵通信"（*Correspondence of Henry Home, Lord Kames*），苏格兰档案馆，Abercairny 契据，GD 24/I/558, fols. 4-5。休谟是回复凯姆斯的日子是 1758 年 3 月 4 号。整封信，包括评论都寄给凯姆斯，并最终送达塔克手里。之后，它为谢尔本勋爵所收藏。在塔克过世后，谢尔本允许 T. B. 克拉克（Clarke）把这封信发表在《对大不列颠的强大与繁荣的一个回顾，通过其在汉诺威政府就职之前以及之后商业、农业与人口等等方面的发展进行说明：塔克院长与大卫·休谟在一封与凯姆斯勋爵的通信体现的观察，这是第一次出版》（*A Survey of the Strength and Opulence of Great Britain, wherein is shown the Progress of its Commerce, Agriculture, Population, etc., before and since the Accession of the House of Hanover: with Observations by Dean Tucker and David Hume, Esq. in a Correspondence with Lord Kaimes*,（转下页）

样的"自然的"过程，在这种过程中，国际经济会自然而然地保持平衡，如果平衡被打乱，不需要政府的广泛或有步骤的干预即可自行恢复；如果有这样的"自然的"过程，它又是如何起作用的。[①] 在前面第六章的论述中，休谟的确以"自然过程"为中心就商业、货币等问题做出了精彩的回答。

介绍、评论和不同译本接踵而至。同年一月，斯密据此书在格拉斯哥文学社（Literary）宣读了休谟论述商业的几篇文章。此书出版后，休谟惠赠孟德斯鸠，不久巴黎有了勒·布朗神父的法译本。苏格兰的《每月评论》（*Monthly Reviews*）一月号以 19 页评论《道德原理探究》，25 页评论《政治论文集》；二月号继续评论后者；阿姆斯特丹《欧洲……分类书目》以 5 页向大陆读者介绍该书；1753 年，爱尔兰根学报和哥廷根学报分别于六月号、九月号和五月号、八月号先后评论《哲学论著》和《政治论文集》。[②] 由于欧洲各国的经济发展各不相同，此书所引起的争论侧重点也各不相同。

同一个文本，每个时代的经济学家都会有不同的解读。在经济学经历了非常专业化、理论化的当代，解读休谟经济论著也会有不同的维度。思想史探索的目标之一是尽量接近思想本身，进而提供一些启示。因而，探讨休谟的经济思想应该考虑更广、更深的经济思想史维度。

（接上页）now first publish)（伦敦，1801）。现在，它已被重印于休谟的《通信集》（Letter），见第 1 卷，第 270—272 页。塔克的回应首次是由 A. F. 泰特勒，伍德豪斯利勋爵（Lord Woodhouselee）发表，《纪念尊敬的凯姆斯的亨利·霍姆的一生与著作，苏格兰法院的参议员，其中一位司法官：包括苏格兰在 18 世纪大半部分中的文学发展与总体进步概览》（*Memoris of the Life and Writings of the Honourable Henry Home of Kames, on of the senators of the College of Justice, and one of the lords commissioners of justiciary in Scotland: containing sketches of the progress of literature and general improvement in Scotland during the greater part of the eighteenth century*），两卷本（爱丁堡，1807），第 2 卷，附录，第 4—6 页。重刊于休谟，《经济学论文集》（*Writing on Economics*），第 202—205 页。See Istvan Hont, Michael Ignatieff, *Wealth and Virtue: The Shaping of Political Economy in the Scottish Enlightenment*, Cambridge: Cambridge University Press, 1983, pp. 275-276.
① 胡企林，《简评休谟的经济理论》，见《休谟经济论文选》，第 2 页。
② 参见陈尘若，《作者生平和著作年表》，见休谟，《人性论》（下），第 762—763 页。

二、在历史经济学的视野下

在历史经济学的视野之下谈论一位 18 世纪作家的经济论著是理所应当的，却似乎是边缘的。在那场著名的方法论之争过后，理论经济学在经济学界获得了广泛的胜利，并且成为经济学研究的主流，而历史经济学在 20 世纪以来的大部分时间里都处于边缘的地位。这场方法论之争发生在大约 19 世纪 70 年代，一直延续到 20 世纪二三十年代，即奥地利学派与德国历史学派之间、英国历史经济学家与理论经济学家之间关于经济学归纳研究与演绎研究的争论。在英国，"1870 年至 1926 年间，英国历史经济学家对古典经济学和新古典经济学在理论、政策指导及学术等方面在英国的统治地位提出挑战。他们把经济史创建成一门独立的、受到学术界认可的研究领域，鼓励开展应用经济学研究，推动公共管理和企业管理的研究，推出了颇有价值的经济思想史论著，并对演绎经济学的普遍性与社会效用加以限制。"[①] 历史经济学家尝试创建兼有经济史、应用经济学、经济思想史与经济理论的历史经济学模式，到 20 世纪初也获得了一定的成功，在各大院校的经济学教学计划中占有相当大的份额，并创办了相关杂志。但从经济学本身的发展来看，最终获得胜利的是理论经济学，虽然马歇尔、凯恩斯等人在方法论上都是综合性的，但在这场争论中，他们站到理论经济学的一边，摒弃了归纳的经济研究：马歇尔选择了更理论化的庇古接替了他的教职，凯恩斯也更倾向于抽象的演绎法。但是，马歇尔及其追随者也越来越认识到：一切经济思想和经济政策必须与特定的时间和地点相对应。[②]

之所以重提这段历史，并且可以将休谟的经济论著置于历史经济学的视野之下考量，主要是因为：18 世纪的经济论著，无论休谟的论文还是斯密的专著，他们在写作中并没有刻意运用归纳或演绎的方

---

① 杰拉德·M.库特，《英国历史经济学：1870—1926——经济史学科的兴起与新重商主义》，乔吉燕译，北京：中国人民大学出版社，2010 年，第 217 页。

② 同上，第 222 页。

法，往往是两者兼而有之①；就休谟而言，我们从历史经济学的角度分析他的人口论、公共信用以及国际贸易等问题会更清晰，而且也应该如此。

比如，休谟的长篇论文《论古代国家之人烟稠密》所运用的归纳方法。虽然该文中的论断早已被后来的马尔萨斯人口论证实而基本被忽视，但对于经济研究仍有方法论的启示，但 18 世纪，孟德斯鸠等人仍然主张当代的人口数量不及古代。休谟在这篇长文中从历史记载、自然条件、生理和精神等多个方面证明现代国家更利于人口增长，指出人口增长与政治经济等方面的发展密切相关。在政治环境方面，古代奴隶制、弃婴、杀婴制都不利于人类繁衍，军事和政治动荡对于人口增长也无好处；虽然现代的宗教制度也不利于人口增长，但总的说来，现代农业、制造业和商业的发展都有利于人口的自然繁衍。"人口最终不仅要受到政治因素的制约，同时也受到食物供应的制约，而食物供应又进一步受到该社会的经济组织形式的制约。"②食物供给和价格变动、居住和医疗条件和技艺改进的状况、交通运输和贸易系统、婚姻和抚养子女的条件、古今气候变化、宗教信仰等等，这些因素都会影响到人口的增长。③休谟在古希腊罗马作家的大量文献中挑拣他认为可信的数据，描述古代农业和工商业发展的情形，对比当时欧洲的政治经济状况，在综合比较之后得出古代人口并不如人们想象的那样多的论断。在当时的观察家看来，18 世纪的英国也存

---

① 这一点，参阅库特在《英国历史经济学：1870—1926》列举的历史经济学家乔治·昂温等对斯密《国富论》的研究成果即可。关于归纳和演绎的方法论之争，笔者认为不能刻意将 18 世纪作家运用的方法简单地归类。
② 斯金纳：《经济学理论》，见亚历山大·布罗迪主编，《苏格兰启蒙运动》，第 171—172 页。
③ David Hume, "Of the Populousness of Ancient Nations", see *PW*, Vol. III, pp. 410-493.

在着一些不利于人口增长的问题，比如食物骚乱[①]、交通不便[②]、教区在册的出生率和死亡率难以显示人口增长趋势[③]，等等，但相对古代来说，现代废弃了奴隶制，杀戮也不像古代那样频繁，政治自由和经济自由都有了很大的改善。我们考证休谟人口论的方法以及论证他的这些论断，需要运用历史经济学的研究方法：在史料中寻找证据、从政治经济等各种社会现象中归纳出合理的论断。

同样，我们了解休谟论述公共信用的依据，需要考察 18 世纪英国银行业、物价水平、英国政府的财政政策以及同时代人对信用问题的论述。据克拉彭统计，自英格兰银行 1694 年成立直到 18 世纪末，英国金融业共经历了 9 次危机，有时候还演化金融恐慌：1696年、1701 年、1720 年、1745 年、1753 年、1763 年、1772—1773 年、1783 年和 1793 年。[④] 其中有 5 次金融危机发生在休谟的生活中，而1772—1773 年的金融恐慌在《休谟通信集》中被特别强调。[⑤] 沃尔波尔和皮特当政时期的税收政策，以及 1745 年詹姆斯王党人的反叛行径对公共信用有着或大或小的影响和冲击。战争、投机行为、金融和财政政策等都会影响商业社会这一脆弱的公共品——信用这一商业社会的主题之一。如此频繁发生的金融危机，自然会引起观察家们的注意。笛福、斯威夫特、伊萨克·德·品托（Isaac de Pinto, 1715—1782）等人都对信用问题发表过评论。从历史角度评价休谟的"公共信用"论，需要综合考虑各种因素。在经济史中考察信用问题，为当

① 参见 Christopher A. Whatley, *Scottish Society, 1707—1830: Beyond Jacobitism, towards industrialisation*, Manchester University Press, 2000, p190. 以及周立红，《论 1740—1800年英格兰食物骚乱》，载《史学月刊》2005 年第 1 期。
② 18 世纪的道路建设，基本依靠地方教区完成，但大多数道路状况都非常泥泞，即便富人出行也有很大困难，而教区与教区之间的界限也非常难以逾越。"穷人要越过教区的认为界限比军队跨过大海、翻越高山还要难。" see T. S. Ashton, *An Economic History of England: the 18th Century*, London: Methuen & CO. LTD, 1955, p. 14.
③ T. S. Ashton, *An Economic History of England: the 18th Century*, London: Methuen & CO. LTD, 1955, p. 5, p. 7.
④ Clapham, op. cit, i, chap, 7. 转引自约翰·H. 伍德，《英美中央银行史》，陈晓霜译，上海：上海财经大学出版社，2011 年，第 40 页。
⑤ 参见前文第六章对信用的论述。

下的金融社会提供借鉴，不失为一个好的研究课题。

显而易见，休谟经济论著中的很多问题都可以置于历史经济学的视野之下重新论证，而且相信在《英国史》的参照和经济史的背景之下，研究经济现象背后的政策得失，对拟定公共经济政策会有很多贡献。

三、在理论经济学的框架中

休谟的经济思想也可以在理论经济学的框架中评述，比如赋税论、利息论、货币数量论及相关的缓慢通胀理论等。关于货币数量论的研究，经济思想史著作已经说的很多，而且一直到现在仍有人在讨论。[①]通常，休谟的货币数量论被视为现代经济学中货币思想的源头，而且该理论在当代也还有着一定的影响。这里简要介绍一下休谟的货币数量论。

现在熟悉的交易方程式是 $MV \equiv PT$，即货币（M）乘以既定时间内换手的次数（V）恒等于商品贸易总量（T）乘以商品的平均价格（P）。据马克·布劳格的说法，17、18 世纪货币数量论的核心命题是强调"货币刺激贸易"，休谟同样强调这一点；但休谟与洛克、约翰·劳等重商主义不同的是，他强调自我调节的硬币流通机制。在休谟的假设下，T 和 V 对货币变化是不敏感的，M 和 P 将成比例地发生变化。只要货币只是一种价值标准和交易的媒介，这个理论命题就只是一种同义反复。[②]事实上，休谟的确只是将货币视为交易媒介，而没有看作价值储藏。但是，如果将货币需求看作价值储藏——这也是所有货币理论辩论的关键——M 和 P 就必然不会按比例变化。布劳格指出：休谟说明了动态意义上的洛克的货币数量论观点，"在确定的和相当精确的意义上把 M 和 P 联系在一起，在那个时代被认为是对现实世界的一种可证实的和很清楚的说明"。[③]斯密在《国富论》

---

① See Arie Arnon, *Monetary Theory and Policy from Hume and Smith to Wicksell: Money, Credit, and the Economy*, Cambridge: Cambridge University Press, 2011.
② 马克·布劳格，《经济思想的回顾》，第 9 页。
③ 同上。

中直接引述休谟的货币论，批判洛克等人。一般认为，直到 20 世纪 20 年代，休谟的货币理论才受到挑战 [①]；但在 20 世纪 80 年代，该理论又被货币学派重新阐发。

相应地，跟随货币数量变化而来的是利息率和国际、国内贸易的变化，这一点可作为该理论的补充。货币数量增加，利息率下降，有利于工商业发展和财富的增加。休谟指出，这种缓慢通胀在一定程度上是有利于经济发展的。等到货币在一个国家真正膨胀之后，休谟便寄希望于"富国—穷国"的经济协调，随着制造业的迁移，贫穷地区也会逐渐富裕起来，最终造福于整个人类。不同地区货币数量的差异和流通，不会导致穷国更穷、富国更富，因为制造业会不断从成本高昂的地区迁移到成本低廉的地区，进而带动那个地区的发展。[②] 这是休谟设计的国际贸易模式，在自然的货币流通过程中，各地区的经济

[①] 斯金纳，《经济学理论》，见亚历山大·布罗迪主编，《苏格兰启蒙运动》，第 172 页。

[②] 可参考洪特对休谟国际贸易模式的概括：1. 由于"一种奇妙的机缘凑合"，国际贸易拥有一种处于构建之中的、自我纠正的机制。这一机制服务于人类的利益。2. "贸易与财富的增长"的"枷锁"那令人满意的好处在于，它阻止了一种世界垄断的商业，也即利益"完全属于某一个人"的商业的产生。3. 这种垄断是仅只考虑"一个已经建立起来的商业的优势"时"可能最先自然生成的一种恐惧"。4. 这些优势确实令人畏惧；因此，"当一个国家在贸易中占得先机，另外一个国家很难再把失去的市场夺回来"。5. 富国的这些优势包括"更优的工业和技术"，"更多的资本"。而作为拥有更多资本和更高产量的结果，富国还可以在一个"小得多的利润率"上进行贸易。6. "那些尚未拥有大规模商业的国家的廉价劳动"只能"在一定程度上"补偿这些优势。7. 欠发达国家的部分优势仅存在于那些"不拥有大量金银"的"穷"国。8. 在国际贸易中，"各种机缘一致凑合"的结果是，"制造商们不断辗转迁移，离开那些他们已使之富裕起来的国家和省份"，"飞"向那些"有廉价食物和劳动力"的地方。9. 穷国相较富国所拥有的相对优势迟早会自动消失。当新工业使那些曾经贫穷的国家富裕起来后，一样向工资更低、替代成本更低的国家的迁移就会自动重复。"同样的缘由"将再次发挥作用。10. 总的来说，尽管拥有各种巨大的优势，每个富国还会面临一个关键"劣势"，即"百物腾贵"。这给"每一个国家中已经建立起的商业设置了一个约束"。11. 由于富国"货币量的充足"，这种百物腾贵的格局最终都会出现。12. 最后，这种世界贸易自我约束机制的运转可以从"较穷的国家在一切市场上以低于较富国家的价格进行销售"这一现象中观察到。Istavan Hont, "The 'rich country-poor country' debate in Scottish classical political economy", see *Wealth and Virtue: The Shaping of Political Economy in the Scottish Enlightenment*, pp. 274-275. 这一概括适用于处于同一经济体系中的国际贸易，而没有考虑风俗习惯的影响，后者不在理论经济学的考察范围之内。

会渐近地得到发展。这个模式存在着巨大的弊端，即穷国只能通过低工资在国际劳动分工中分得一杯羹。[①] 休谟的确说过，贫穷地区的优势是低工资，因而可以吸引制造业的转移，而且，他在潜意识中认为核心技术最终会在竞争和模仿中为各地区共享。如此，在开放的、长远的国际分工中，贫穷地区也会变得富裕，进而制造业再向更贫穷的地区转移。在此过程中，一个完全自由开放的、毫无贸易壁垒的国际市场调控着各地区的物价、利息率和货币数量。这是休谟理想的自由贸易模式，但恐怕在现实中很难实现，毕竟各地区都会保护各自的利益，而不会采取完全自由放任的经济政策。有学者指出休谟货币论的缺陷时说："每个贸易地区的货币数量和价格水平都由国际市场决定。各种自动调节的力量将会照顾到各种变化，而平衡机制不需要成为各种政策的目标。这一结论排除了对货币政策的必要担忧，而实际上造成货币政策概念无效，这是18世纪后半期形成货币思想的休谟式寓言。"[②] 所以，休谟货币政策中的各种变量是需要根据不同情形进行调节的。货币学家们完全可以在这个基础上产生他们的发现，在 $MV \equiv PT$ 这个恒等式基础上作新的演绎。正如弗里德曼所言："大概没有哪种经济中所能观察到的经验关系，像货币存量和价格短期实质变化之间的关系那样，在如此广泛的变化环境下发生得如此协调一致；这一个与另一个不变地连在一起，并按同一方向变化；我觉得，这种协调一致具有像形成物理学基础的一致性那样的同样的条理。"[③]

因此，休谟的货币论是值得放在理论经济学的框架中讨论的；不止如此，相关的"国富—国穷"的讨论、利率、税收等也是理论经济学研究的对象。如果联系休谟写作时的那些讨论分析这些思想，肯定

---

① Istavan Hont, "The 'rich country-poor country' debate in Scottish classical political economy", p. 278.

② Arie Arnon, *Monetary Theory and Policy from Hume and Smith to Wicksell: Money, Credit, and the Economy*, Cambridge: Cambridge University Press, 2011, p. 25.

③ 转引自马克·布劳格，《经济思想的回顾》，第492页。

会有收获。

四、在人性科学的体系之内

在人性科学的体系内考察休谟的市民社会理论、社会哲学思想，这种研究并不少见。1982 年，日本学者大野精三郎的论文《休谟对市民社会的系统认识》就是从人性科学出发的，他认为"作为《人性论》的出发点的人，即在原始状态下具有直接破坏社会的利己心的人，在《政治论丛》所探讨的商业社会的相互依存关系中，转化成了最符合自身本性的市民"，以达到认识休谟对古典政治经济学建立所起作用的目的。[①] 这篇论文对《人性论》的分析过于简单，而对休谟市民社会理论更系统的研究在芬利的专著中做到了。他在《休谟的社会哲学》一书中对市民社会和商业社会的结构关系做了精细的辨析，尤其是从情感出发对个体、群体的心理互动关系的分析，对后来者的研究有很大的启发意义。[②] 从休谟本人自许而且也值得称道的"人的科学"出发，从一个完整的体系分析其政治哲学、社会思想等，不失为一种很好的思路。

本书对休谟经济思想的分析，采取的正是这一路径。在这一思路的引导下，笔者强调休谟《人性论》中的"情感论"，尤其强调人的某些秉性借助同情共感机制如何参与到社会秩序的构建之中。人天性中的同情秉性在这一过程中起了重要的作用。事实上，18 世纪的启蒙思想家几乎同时都认识到同情机制在人类社会中的作用，但这一点基本被后来的研究者——无论是社会学家还是伦理学家——忽视了。因此，笔者以同时代的卢梭、斯密的同情理论为参照，从休谟的论述

[①] 大野精三郎，《休谟对市民社会的系统认识》，胡企林译自日本《经济研究》1982 年 4 月号，载《休谟经济论文选》，第 173—174 页。

[②] Christopher J. Finlay, *Hume's Social Philosophy: Human Nature and Commercial Sociability in A treatise of Human Nature*, Continuum, 2007. 绪论中对该书做了简单的介绍。该书对本书第二章对"骄傲、爱"这些激情的分析有很大的启发意义。

中爬梳出一种以同情为起点的社会秩序理论。

这种理论的论述兼有归纳与演绎，它预设了人的秉性，但在现象和经验中总结出论断。我们可以简要推理一下休谟的论述。在最初的群居部落中，人的同情秉性就已经让他/她知道哪些特征会受人爱戴，令自己感到骄傲，哪些特征会遭人轻视，令自己感到自卑；个体之间最初的生理和智力差异逐渐成为不平等的起源，形成不同的层级，反过来又激发人的模仿和好胜之心，在群体中促成一种不断流动的秩序。风俗习惯、民族特性在不断累积的经验中形成，并且可以反过来影响个体或群体的情感。与此同时，对人类情感的同情共感促成了个体对社会交往的认识。看到别人的痛苦自己也会感到痛苦，看到别人的快乐自己也会感到快乐，这种最原始的同情心是人类在自然状态下最直接的交往法则[1]，但在文明状态中，这种交往法则变得复杂，在社会交往中常常以自己为原点，表现出自利、自爱的一面。按照卢梭的说法，人类由此堕落；但在休谟看来，人类由此开化，而同情的对象随着人类的活动而不断变化，构成历史的进程。

历史的进程由无数个体的行为和经验推动、累积。虽然每个个体的追求、目标在不同的时代各有不同，但从人的本性出发，他们/她们都渴望在群体中被人爱，渴望成为自己成为被爱之人，渴望从获得自尊和骄傲，获得他人的认同和被认同。哪些因素能得到群体的认同、哪些因素又会得到自己的认同，这些只能从历史经验中寻找。每种"文明"[2]赋予被他人认同和被自己认同的内涵的确各不相同，同情的对象也会随之不同，因而追求的目标也各不相同。休谟对同情在塑造"民族性"作用的阐释可以佐证。虽然利益的激情持久而有力，也最容易获得自我认同，但是，只有当利益的激情最终获得一定地域范围内的社会认同时，自我认同和社会认同统为一体之后，才真正获得胜利。仅有自我认同而得不到社会认同，或仅有社会认同而没有自我认同，这类情感或多或少偏离了人类的本性。前者如宗教社会中对

① 休谟主张仁爱论，认为人的秉性中仍有仁爱之心，或许是基于这种认识。
② 笔者这里采用历史学家汤因比的"文明"概念。

利益的鄙视，后者如西方文艺复兴前夜的宗教情感。在情感的自然史中，人类总在不断追寻着二者的统一，追求同时获得自我认同和社会认同的外部环境。

在休谟看来，18世纪的英国社会中，自我认同和社会认同逐渐趋于统一；而根据他的人性科学，这种趋近的统一应该随着社会的发展越来越完善。因而，在同情机制的作用下，强劲有力的利益激情获得支配性地位，有利于建立一种良性的社会秩序。这是休谟政治经济学的基础，与其说成笼统的"人性科学"，不如更具体地说成"情感的人性论"。在这种"人性论"中，"勤勉"与"贪婪"不过是人类激情驱使下的行为，产权制度是人类活动的依据，立法者的良策是顺应并引导利益激情良性发展。休谟的设计是让情感主宰财富的创造，而非让财富驾驭情感的方向。这一设计是启蒙时代的遗产；不幸的是，这一遗产没有被继承下来。

当然，我们可以选择从不同的维度理解休谟的经济思想，而且每一个维度都会展现出不同的层面，回答不同的问题。本文以休谟的同情理论为出发点分析人的利益情感与商业社会的互动关系，从追求财富的微观个体延伸到产权制度、经济政策，延伸到休谟的效用论思想，最后是对追求财富的宏观社会的反思。这一研究思路有时不得不参考经济史背景，有时也涉及某些经济理论，但始终以休谟的情感论为中心，并且以"人"为政治经济学的主体，目的在于更好地理解休谟的政治经济学。回顾经济思想的发展史，"情感的"、"伦理的"的因素常常被排斥在外，本文在人性科学的体系之内、以哲学上的情感理论阐释休谟政治经济学，论述休谟的经济思想，只是希望能够为这种经济思想史提供一点"边缘的"参考。

参考文献

一、休谟著作

The philosophical works of David Hume, including all the essays, and exhibiting the more important alterations and corrections, in the successive editions published, by the author, in four volumes, Volume I. Thoemmes Press, 1996. (This is a reprint of the 1854 edition.)

The philosophical works of David Hume, including all the essays, and exhibiting the more important alterations and corrections, in the successive editions published, by the author, in four volumes, Volume II. Thoemmes Press, 1996.

The philosophical works of David Hume, including all the essays, and exhibiting the more important alterations and corrections, in the successive editions published, by the author, in four volumes, Volume III. Thoemmes Press, 1996.

The philosophical works of David Hume, including all the essays, and exhibiting the more important alterations and corrections, in the successive editions published, by the author, in four volumes, Volume IV. Thoemmes Press, 1996.

Essays: Moral, Political and Literary, Edited and with a Foreword, Notes, and Glossary by Eugene F. Miller, With an apparatus of variant readings from the 1889 edition by T. H. Green and T. H. Grose, 1987.

The Letters of David Hume, edited by J. Y. T. Greig, Volume I, Oxford at the Clarendon Press, 1932.

The Letters of David Hume, edited by J. Y. T. Greig, Volume II, Oxford at the Clarendon Press, 1932.

Private correspondence of David Hume with several distinguished persons, between the years 1761 and 1776, now first published from the originals, London, printed for Henry Colburn and Co., 1820.

New Letters of David Hume, edited by Raymond Klibansky and Ernest C. Mossner, Oxford at the Clarendon press, 1954.

Writings on Economics, edited with an introduction by Eugene Rotwein, with a new introduction by Margaret Schabas, Transaction publisher, 2007.

Political Essays, edited by Knud Haakonssen, Cambridge University Press, 1994, 中国政法大学出版社影印版。

A History of England, from the Invasion of Julius Caesar to The Revolution in 1688, Vol. I&II, Based on the edition of 1778, with the Author's Last Corrections and Improvements, edited by William B. Todd, Liberty Classics, 1983.

《人性论》（上），关文运译，北京：商务印书馆，1980 年。

《人性论》（下），关文运译，北京：商务印书馆，1980 年。

《人类理解研究》，关文运译，北京：商务印书馆，1957 年。

《道德原理探究》，王淑芹译，北京：中国社会科学出版社，1997 年。

《道德原则研究》，曾晓平译，北京：商务印书馆，2001 年。

《自然宗教对话录》，陈修斋、曹棉之译，北京：商务印书馆，1962 年。

《宗教的自然史》，徐晓宏译，上海：上海人民出版社，2003 年。

《休谟经济论文选》，陈玮译，北京：商务印书馆，1984 年。

《休谟政治论文选》，张若衡译，北京：商务印书馆，1993 年。

《休谟散文集》，肖隼译，北京：中国社会科学出版社，2006 年。

《休谟经典文存》，瑜青主编，上海：上海大学出版社，2002 年。

《人类理智研究 道德原理探究》，周晓亮：沈阳：沈阳出版社，2001 年。

二、其他参考文献

1. 英文

Arnon, Arie, *Monetary Theory and Policy from Hume and Smith to Wicksell: Money, Credit, and the Economy*, Cambridge: Cambridge University Press, 2011.

Ashton, T. S., *An Economic History of England: the 18ᵗʰ Century*, London: Methuen & CO. LTD, 1955.

Baier, Annette C., *A Progress of Sentients: Reflections on Hume's Treatise*, Harvard University Press, 1991.

Beck, Lewis White, *Essays on Kant and Hume*, New Haven and London, Yale University Press, 1978.

Berry, Christopher J, *The idea of luxury: a conceptual and historical investigation*, Cambridge: Cambridge University Press, 1994.

Black, Jeremy (ed.), *British Politics and Society from Walpole to Pitt(1742-1789)*, Macmillan, 1990.

Blaug, Mark (ed.), *David Hume(1711-1776)and James Steuart(1712-1780)*, Edward Elgar Publishing Limited, 1991

Devine, T. M., *Conflict and Stability in Scottish Society: 1700-1850*, Edinburgh: John Donald Publishers LTD, 1990.

Dow, Alexander and Dow (ed.), Sheila, *The history of Scottish economic thought*, London; New York: Routledge, 2006.

Dwyer, John, *The Age of The Passions: An Interpretation of Adam Smith and Scottish Enlightenment Culture*, Tuchwell Press, 1998.

Elton, G. R., *England under the Tudors*. Routledge, London and New York, 1991.

Emerson, Rogier L., *Essays on David Hume, Medical Men and the Scottish Enlightenment, 'Industry, Knowledge, and Humanity'*, Ashgate, 2009.

Ferguson, Adam, *An Essay on the history of civil society,* Cambridge: Cambridge University Press, 1995.

Ferguson, Adam, *The correspondence of Adam Ferguson*, edited by Vincenzo Merolle; with an introduction by Jane, Brookfield, VT: William Pickering, 1995.

Finlay, Christopher J., *Hume's Social Philosophy: Human Nature and Commercial*

Sociability in A treatise of Human Nature, Continuum International Publishing Group, 2007.

Force, Pierre, *Self-Interest Before Adam Smith: A Genealogy of Economic Science*, Cambridge University Press, 2003.

Hont, Istvan; Ignatieff, Michael (ed.), *Wealth and Virtue: The Shaping of Political Economy in the Scottish Enlightenment*, Cambridge: Cambridge University Press, 1983.

Hutcheson, Francis, *An Inquiry into the Original of Our Ideas of Beauty and Virtue in Two Treatises*, Edited and with an Introduction by Wolfgang Leidhold, Liberty Fund, Inc, 2004.

Hutcheson, Francis, *Thoughts on Laughter and Observations on the Fable Bees in Six letters*（1758）, Thoemmes Bristol, 1989.

Hutcheson, Francis, *An Essay of the Nature and Conduct of Passions and Affections, with Illustrations on the Moral Sense*, Edited and with an Introduction by Aaron Garrett, Liberty Fund, Indianapolis, 2002.

Jack, Malcolm, *Corruption & Progress: The Eighteenth-Century Debate*, New York: A. M. S. Press, 1989.

James, Susan, *Passion and Action: The Emotions in Seventeenth-Century Philosophy*, Clarendon Press · Oxford, 1997.

Jones, Peter, *The 'Science of Man' in the Scottish Enlightenment: Hume, Reid and their Contemporaries*, Edinburgh University Press, 1989.

Lowry, S. Todd. (ed.), *Pre-classical economic thought: from the Greeks to the Scottish enlightenment*, Boston : Kluwer-Nijhoff Pub., 1987.

Mckendrick, Neil; Brewer, John and Plumb, J. H., *The Birth of a Consumer Society: The Commercialization of Eighteenth-Century England*, London, Europa Publications Limited, 1982.

Norton, David Fate; Taylor, Jacqueline (ed.), *The Cambridge Companion to Hume*, Cambridge: Cambridge University Press, 2009.

Pike, E. Royston (ed.), *Human Documents in Adam Smith's Time*, London, 2010.

Pocock, J. G. A., *Virtue, Commerce, and History: essays on political thought and history, chiefly in the eighteenth century*, Cambridge: Cambridge University Press, 1985.

Porter, Roy, *English Society in the Eighteenth Century*, Penguin Books, 1982

Price, John Valdimir, *David Hume* (updated Edition), Twayne Publishers, 1991.

Radcliffe, Elizabeth S. (ed.), *A Companion to Hume,* Malden, MA : Blackwell Pub., 2008.

Rosen, Frederick, *Classical Utilitarianism From Hume to Mill*, Routeldge, Taylor & Fracis Group, 2007.

Rostow, W. W., *Theorists of Economic Growth from David Hume to the Present*, Oxford: Oxford University Press, 1990.

Smith, Adam. The Glasgow edition of the works and correspondence of Adam Smith (1981), *An Inquiry into the nature and cause of the wealth of nations*, vol. I, Oxford: Clarendon Press; New York: Oxford University Press, 1987.

Smith, Adam. The Glasgow edition of the works and correspondence of Adam Smith (1981), *An Inquiry into the nature and cause of the wealth of nations*, vol. II, Oxford: Clarendon Press; New York: Oxford University Press, 1987.

Smith, Adam. The Glasgow edition of the works and correspondence of Adam Smith (1981), *Essays on the philosophical subjects*, vol. III, Oxford: Clarendon Press; New York: Oxford University Press, 1987.

Smith, Adam. The Glasgow edition of the works and correspondence of Adam Smith (1981), *The Theory of Moral Sentiments*, vol. VII, Oxford: Clarendon Press; New York: Oxford University Press, 1987.

Taylor, Jacqueline. *Reflecting Subjects: Passion, Sympathy, and Society in Hume's Philosophy*, Oxford University Press, 2015.

Todd, William B.（edited）, *Hume and the Enlightenment: essays presented to Ernest Campbell Mossner*, Edinburgh University Press, 1974.

Wennerlind, Carl and Schabas, Margaret (ed.), *David Hume's Political Economy*, Routledge, 2008.

Whatley, Christopher A., *Scottish Society, 1707—1830: Beyond Jacobitism, towards industrialisation*, Manchester University Press, 2000.

Arkin, Marcus, "The Economic Writings of David Hume—A Reassessment: A Review Article", *The South African Journal Economics*, see *David Hume(1711-1776)and James Steuart(1712-1780)*, Edward Elgar Publishing Limited, 1991.

Berdell, J. F., "The Present Relevance of Hume's Open-Economy Monetary Dynamics", *The Economic Journal,* Vol. 105, No. 432 (Sep., 1995), pp. 1205-1217

Booth, William James, " On the Idea of Moral Economy", *The American Political Science Review*, Vol. 88, No. 3 (Sep., 1994), pp. 653-667, p. 653.

Bowlin, John R., "Sieges, Shipwrecks, and Sensible Knaves: Justice and Utility in Butler and Hume", *The Journal of Religious Ethics*, Vol. 28, No. 2 (Summer, 2000), pp. 253-280.

Broome, John, "Utility", *Ethics and Economics*, Vol. 1, edited by Alan P. Hamlin, published by Edward Elgar Publishing Limeted, 1996.

Denis G. Arnold, "Hume on the Moral Difference between Humans and Other Animals", *History of Philosophy Quarterly*, Vol. 12, No. 3 (Jul., 1995), pp. 303-316.

Duke, Michael I., "David Hume and monetary adjustment", *David Hume(1711-1776) and James Steuart(1712-1780)*, Edward Elgar Publishing Limited, 1991.

Falk, W. D. "Hume on Is and Ought, *Canadian Journal of Philosophy*, Vol. 6, No. 3 (Sep., 1976), pp. 359-378.

Fausten, Dietrich K. "The Human Origin of Contemporary Monetary Approach to the Balance of Payments", *The Quarterly Journal of Economics*, Vol. 93, No. 4 (Nov., 1979), pp. 655-673.

Frank Petrella, "Adam Smith's Rejection of Hume's Price-Specie-Flow Mechanism: A Minor Mystery Resolved", *Southern Economic Journal*, Vol. 34, No. 3 (Jan., 1968), pp. 365-374.

Gruene-Yanoff, Till and F. McClennen, Edward, "Hume's Framework for a Natural History of the Passions", see *David Hume's Political Economy,* ed. by Carl Wennerlind and Margaret Schabas, Routledge, 2010.

Luttrell, C. B. " Thomas Jefferson on Money and Banking: Disciple of David Hume and Forerunner of Some Modern Monetary View"s, see *David Hume(1711-1776) and James Steuart(1712-1780)*, edited by Mark Blaug, Published by Edward Elgar Publishing Limited, 1991.

Mayer, Thomas, "David Hume and Monetarism", *The Quarterly Journal of Economics*", Vol. 95, No. 1 (Aug., 1980), pp. 89-101.

Michelman, Frank I., "Property, Utility, and Fairness: Comments on the Ethical Foundations of 'Just Compensation' Law", *Harvard Law Review*, Vol. 80, No. 6

(Apr., 1967), pp. 1165-1258.

Purviance, Susan M., "What Makes Utility the Moral Quality of Actions? ", *History of Philosophy Quarterly*, Vol. 11, No. 2 (Apr., 1994), pp. 191-203.

Raphael, D., "David Hume and Adam Smith on Justice and Utility", *Proceedings of the Aristotelian Society*, New Series, Vol. 73 (1972 - 1973), pp. 87-103.

Raynor, David R., " Hume's Abstract of Adam Smith's Theory of Moral Sentiments", *David Hume (1711-1776)and James Steuart(1712-1780)*，Published by Edward Elgar Publishing Limited, 1991.

Sally, Razeen, "David Hume, Adam Smith and the Scottish Enlightenment", *Society*, Jan/Feb 1999.

Staley, C. E. "Hume and Viner on the International Adjuustment mechanism", see *David Hume(1711-1776)and James Steuart(1712-1780)*，Published by Edward Elgar Publishing Limited, 1991.

Thompson, E. P., "The Moral Economy of the English Crowd in the Eighteenth Century", *Past & Present*, No. 50 (Feb., 1971), pp. 76-136.

Vanderschraaf, Peter, "Hume's Game-Theoretic Business Ethics", *Business Ethics Quarterly*, Vol. 9, No. 1 (Jan., 1999), pp. 47-67.

Wand, Bernard, "Hume's Non-Utilitarianism", *Ethics*, Vol. 72, No. 3 (Apr., 1962), pp. 193-196.

2. 中文

亚里士多德，《尼各马可伦理学》，廖申白等译注，北京：商务印书馆，2003 年。

约翰·洛克，《政府论》，杨思派译，北京：中国社会科学出版，2009 年。

霍布斯，《利维坦》，黎思复、黎廷弼译，杨昌裕校，北京:商务印书馆。1985 年。

伯纳德·曼德维尔，《蜜蜂的寓言》，肖隼译，北京:中国社会科学出版社,2002 年。

威廉·配第，《政治算术》，马妍译，北京：中国社会科学出版社，2010 年。

威廉·配第，《赋税论》，马妍译，北京：中国社会科学出版社，2010 年。

弗朗西斯·哈奇森，《道德哲学体系》，江畅等译，杭州:浙江大学出版社,2010 年。

亚当·斯密，《道德情操论》，谢宗林译，北京：中央编译出版社，2008 年。

亚当·斯密，《道德情操论》，蒋自强等译，北京：商务印书馆，1997 年。

亚当·斯密:《国富论》(上、下)，杨敬年译，西安：陕西人民出版社，2001 年。

欧内斯特·莫斯纳、伊恩·辛普森·罗斯编,《亚当·斯密通信集》,北京:商务印书馆,1992年。

亚当·弗格森,《道德哲学原理》,孙飞宇、田耕译,上海:上海人民出版社,2003年。

亚当·弗格森,《文明社会史论》,林本椿、王绍祥译,沈阳:辽宁教育出版社,1999年。

埃德蒙·柏克,《崇高与美——伯克美学论文选》,李善庆译,上海:三联书店,1990年。

杰米里·边沁,《政府片论》,沈叔平等译,北京:商务印书馆,1995年。

杰米里·边沁,《道德与立法原理导论》,时殷弘译,北京:商务印书馆,2000年。

约翰·穆勒:《功利主义》,徐大建译,上海:上海人民出版社,2008年。

让－雅克·卢梭,《论政治经济学》,王运成译,北京:商务印书馆,1962年。

让－雅克·卢梭,《社会契约论》,何兆武译,北京:红旗出版社,1997年。

杜阁,《关于财富的形成和分配的考察》,南开大学经济系经济学说史教研组译,北京:商务印书馆,1978年。

西季威克,《伦理学史纲》,熊敏译,南京:江苏人民出版社,2008年。

C.D.布劳德:《五种伦理学理论》,田永胜译,北京:中国社会科学出版社,2002年。

罗尔斯,《正义论》,何怀宏、何包钢、廖申白等译,北京:中国社会科学出版社,1988年。

布莱恩·巴里,《正义诸理论》,孙晓春、曹海军译,长春:吉林人民出版社,2004年。

埃利·哈列维,《哲学激进主义的兴起:从苏格兰启蒙运动到功利主义》,曹海军等译,长春:吉林人民出版社,2006年。

唐纳德·温奇,《亚当·斯密的政治学》,褚平译,南京:凤凰出版传媒集团 译林出版社,2010年。

加文·肯尼迪,《亚当·斯密》,苏军译,北京:华夏出版社,2009年。

亨利·威廉·斯皮格尔,《经济思想的成长》,晏志杰等译,北京:中国社会科学出版社,1999年。

马克·布劳格,《经济思想的回顾》,姚开建译校,北京:中国人民大学出版社,2009年。

阿列桑德罗·荣卡格利亚,《西方经济思想史》,罗汉等译,上海:上海社会科学院出版社,2009年。

约瑟夫·熊彼特，《经济分析史》，第一卷，朱泱译，北京：商务印书馆，1991年。

约瑟夫·熊彼特，《经济分析史》，第二卷，朱泱译，北京：商务印书馆，1991年。

康芒斯，《制度经济学》（上），于树生译，北京：商务印书馆，1962年。

阿马蒂亚·森，《伦理学与经济学》，王宇、王文玉译，北京：商务印书馆，2000年。

弗里德里希·冯·哈耶克，《自由秩序原理》，邓正来译，北京：三联书店，1997年。

卡尔·门格尔，《国民经济学原理》，刘絜敖译，上海：上海人民出版社，2005年。

弗里德里希·李斯特，《政治经济学的自然体系》，杨春学译，北京：商务印书馆，
    1998年。

维尔纳·桑巴特，《奢侈与资本主义》，王燕平、侯小河译，上海：上海人民出版
    社，2005年。

让·鲍德里亚，《消费社会》，刘成富、全志钢译，南京：南京大学出版社，2008年。

让·鲍德里亚，《符号政治经济学批判》，夏莹译，南京：南京大学出版社，2009年。

艾伯特·赫希曼：《欲望与利益：资本主义走向胜利前的政治争论》，李新华、朱
    进东译，上海：上海文艺出版社，2003年。

莱昂内尔·罗宾斯，《经济科学的性质和意义》，朱泱译，北京：商务印书馆，
    2007年。

巴里·斯特德，《休谟》，周晓亮等译，济南：山东人民出版社，1992年。

努德·哈孔森，《立法者的科学：大卫·休谟与亚当·斯密的自然法理学》，赵立岩
    译，杭州：浙江大学出版社，2010年。

努德·哈孔森，《自然法与道德哲学：从格劳秀斯到苏格兰启蒙运动》，马庆、刘
    科译，杭州：浙江大学出版社，2010年。

丹尼尔·豪斯曼编，《经济学的哲学》，丁建峰译，上海：上海人民出版社，2007年。

亚历山大·布罗迪编，《苏格兰启蒙运动》，杭州：浙江大学出版社，2010年。

J. S. 布朗伯利编，《新编剑桥世界近代史：大不列颠和俄国的崛起（1688—1725）》，
    中国社会科学院世界历史研究所组译，北京：中国社会科学出版社，2008年。

J. O. 林赛编，《新编剑桥世界近代史：旧制度（1713—1763）》，中国社会科学院
    世界历史研究所组译，北京：中国社会科学出版社，1999年。

A. 古德温编，《新编剑桥世界近代史：美国革命与法国革命（1763—1793）》，中
    国社会科学院世界历史研究所组译，北京：中国社会科学出版社，1999年。

蒋自强、张旭昆，《经济思想史》（1-4卷），杭州：浙江人民出版社，2003年。

周晓亮，《休谟及其人性哲学》，北京：社会科学文献出版社，1996年。

高全喜，《休谟的政治哲学》，北京：北京大学出版社，2004年。

罗卫东，《情感 秩序 美德——亚当·斯密的伦理学世界》，北京：中国人民大学出版社，2006 年。

杨春学，《经济人与社会秩序分析》，上海：三联书店，上海人民出版社，1998 年。

罗中枢，《人性的探究：休谟哲学述评》，成都：四川大学出版社，1995 年。

张钦，《休谟伦理思想研究》，北京：中国社会科学出版社，2008 年。

李非，《富与德：亚当·斯密研究》，广州：广东人民出版社，2009 年。

胡企林，《简评休谟的经济理论》，《休谟经济论文选》，陈玮译，北京：商务印书馆，1984 年。

M. 马特拉沃斯，《休谟论信用》，《国外社会科学》，2006 年第 1 期。

冯克利，《腼腆的信用女神——也谈金融危机》，《读书》，2010 年第 3 期。

李强，《自由主义与现代国家——中国自由改革下国家建设的挑战》，见梁文涛等编：《政治理论在中国》，香港：牛津大学出版社，2001 年。

张正萍，《亚当·斯密〈道德情操论〉中的效用论辨析》，《浙江大学学报（社会科学版）》，2011 年第 5 期。

萨·巴特尔，《论休谟的德性效用价值论》，《北京师范大学学报（社会科学版）》，2008 年第 6 期。

陈晓明，《大卫·休谟货币数量论研究》，《江西社会科学》，1986 年第 3 期。

余方，《大卫·休谟经济学说的三个"第一"》，《中国财政》，2008 年第 9 期。

韩升、谢丽威，《休谟经济哲学的人性之维与经济之维》，《湖北经济学院学报》，2006 年第 2 期。

张清，《论休谟的正义观》，《道德与文明》，2004 年第 3 期。

何建华，《休谟的经济正义思想》，《伦理学研究》，2003 年第 3 期。

赵修义，《试论休谟的经济伦理思想》，《华东师范大学学报》，1998 年第 6 期。

黄济鳌，《对休谟正义理论的一种解读》，《江汉论坛》，2004 年第 9 期。

索 引

致　谢

　　本书的缘起，是我作为浙江大学经济思想史博士后的研究兴趣。自 2011 年底完成初稿之后一直都想努力充实完善，但自己对于书稿出版充满敬畏之心，总担心自己的观点和论证都不十分完美，而且自己的思想也在不断变化，所以一拖再拖。2016 年，我利用在格拉斯哥大学访学的机会，重新修订这本书稿，便是现在的这一文本。

　　若从经济思想史上论及 18 世纪苏格兰启蒙哲学家们的地位，第一位自然是亚当·斯密，而非大卫·休谟。然而，在阅读和翻译休谟《政治论文集》期间，我发现，休谟的文本非常明显地将人的情感和经济行为直接关联起来。我并不是说，斯密没有做到这一点——斯密在他的情感理论和经济学中也展现了这一点，我的意思是说休谟的文本更明显，并且将经济行为背后的那种情感动机在其不同的论文中更直白地表现出来。

　　当我选定休谟的人性科学和政治经济学作为研究对象时，我还需要回答，他的经济思想对经济学有何特别的贡献？休谟的效用论与现代经济学的效用理论有何关联？休谟在经济思想史上有什么地位？我只是偶然地站在经济学的门槛上，尤其是像货币论这种专业的经济学理论，这样的问题常令我措手不及，我的思维方式和学科训练让我无法给出令经济学研究者满意的答案。我尝试着去了解经济思想史，了解理论经济学中的"效用"概念，在努力去理解休谟的效用论与经济学的效用论之后，我放弃了从纯粹理论的角度探讨这两者的关联。在我看来，这两者基本没有联系。于是我只好另辟蹊径，从经济学与伦理学的交叉中寻找突破口。阿马蒂尔·森、赫希曼等前辈已经在这方面树立了很多好榜样，而我所做的是在他们开拓的方向上继续前行，通过详细解读休谟的文本来阐释休谟对财富创造、对资本主义的态度以及他对人性自身的展望。我知道，这样的探索远远偏离了主流经济学的方向，但我只能在这个方向成为一名"旁观者"。两年多的时间太短暂，还来不及领悟到经济学的魅力，所以我依然只能站在经济学的门槛上。

一个人没有成绩而致谢他人实属损伤他人的名誉，而致谢也会显得颇为尴尬。但我还是必须感谢这位将我引领到经济学门口的人，他为我打开经济学的大门，他的循循善诱和宽宏大量始终鼓励着我前进。如果本书尚有优点，那所有的优点都要归功于恩师罗卫东先生，而所有的缺点都应归因于自己。在本书的修改过程中，我曾将中国的休谟经济思想研究以英文形式向日本名古屋大学水田洋教授汇报过，并得到老先生的邮件指导，先生以为我采用的方法并非伽达默尔的阐释学。认真回顾自己的研究和写作，我以为先生所言甚是。论文在答辩时获刘北成、高全喜、韦森、应奇、高力克、陈正国等诸位老师或书面或口头的指点，在出版之际又获徐向东、渠敬东两位老师的点评，在此一并致谢。书中不足之处与这些老师没有任何关系，全系作者一人之责。同时感谢《读书》《启真》等杂志允许我在这里使用已经发表过的一些文字。

我深知自己在书中的论证和观点仍然存在诸多问题，比如休谟政治经济思想的对话者——《政治论文集》写作之前约翰·劳、范德林克、梅隆等人的经济思想；以及休谟所面对的真实的政治经济史：南海泡沫、密西西比计划、沃尔波尔内阁的政策，以及18世纪银行业的扩张和破产等等，对于这些，需要给予更为充分的展现，但本书尚未做到，或做得不够好。同时，我还想专辟一文讨论休谟的"自然史"，这一渗透在苏格兰启蒙运动中的方法论对其政治经济学思想以及宗教思想都有着极为重要的意义，然目前为止这一想法尚未成熟，只能期待将来另文专论。在此只能深以为憾。如若读者认为本书根本不值一提，那么就权当作者为养家糊口而不得不发表这些观点吧。

最后，承蒙浙江大学出版社及启真馆负责人王志毅，编辑王军、何啸锋认真负责的工作，这一书稿才得以呈现。特此致谢！

张正萍

2017 年 1 月于格拉斯哥

图书在版编目（CIP）数据

激情与财富：休谟的人性科学与其政治经济学 / 张
正萍著 . —杭州：浙江大学出版社 , 2018. 3
（启蒙运动研究）
ISBN 978-7-308-17359-9

Ⅰ . ①激… Ⅱ . ①张… Ⅲ . ①休谟（Hume，David
1711-1776）—人性论—研究 ②休谟（Hume，David 1711-
1776）—古典资产阶级政治经济学—研究 Ⅳ . ①B561. 291
② B82-061 ③ F091. 33

中国版本图书馆 CIP 数据核字（2017）第 214308 号

激情与财富：休谟的人性科学与其政治经济学
张正萍 著

责任编辑	王志毅	
文字编辑	何啸锋	
装帧设计	王小阳	
出版发行	浙江大学出版社	
	（杭州天目山路 148 号 邮政编码 310007）	
	（网址：http://www.zjupress.com）	
排　　版	北京大观世纪文化传媒有限公司	
印　　刷	北京市燕鑫印刷有限公司	
开　　本	635mm×965mm　1/16	
印　　张	16.5	
字　　数	238 千	
版 印 次	2018 年 3 月第 1 版　2018 年 3 月第 1 次印刷	
书　　号	ISBN 978-7-308-17359-9	
定　　价	49.00 元	